KB105668

한국사 시험에
가장 많이 나오는
100문 100답

한국사 시험에
가장 많이 나오는
100문 100답

유정호 지음

책들의정원

부담 없이, 재미있게 한국사를 익히자

중·고등학교 시절 학교에서 배웠던 과목 중에서 유독 흥미롭고 재미있는 과목이 한국사였습니다. 다른 과목과 달리 몇 번을 읽어도 지겹지 않았고, 역사책에는 늘 새롭고 재미있는 이야기들로 가득했습니다. 역사 지식이 늘어날수록 기존에 알고 있던 역사적 사실이 새롭게 해석되는 것이 신기했고, 그런 모습에 저 스스로 뿌듯함을 느꼈습니다. 이외에도 역사에는 인간의 삶이 담겨있고, 모든 사건과 행위에는 원인과 결과가 뚜렷하게 제시되어 있었습니다. 복잡한 현실을 일목요연하게 표현할 수 있다는 점에서도 역사는 저에게 매력적이었습니다. 그러나 대부분의 친구들은 한국사를 좋아하지 않았습니다. 고리타

분하고 외워야 할 것이 너무나 많아서 머리를 아프게 하는 암기 과목이었을 뿐이었습니다. 그래서일까요? 한국사를 좋아하는 저와 친구들은 서로를 이해하기 어려울 때가 종종 있었습니다.

이런 고민은 역사를 가르치는 교사가 되어서도 계속되었습니다. 역사를 좋아하는 학생들은 특별한 교수 방법을 동원하지 않아도 수업을 재미있게 들었습니다. 그러나 역사를 좋아하지 않는 학생들은 다른 어떠한 과목보다도 지겨워하고 힘들어합니다. 이것은 비단 중·고등학생만이 아닙니다. 최근 역사의 중요성이 커지면서 대학수학능력시험과 공무원 그리고 교사가 되기 위한 임용시험까지 각종 시험에서 한국사는 꼭 응시해야 하는 필수과목이 되어버렸습니다. 중·고등학교 시절 시험기간에만 달달 외우고 잊어버렸던 한국사를 다시 공부해야 한다는 사실에 많은 수험생들은 눈앞이 캄캄해졌다는 경험을 토로합니다. 그래서인지 공공도서관에 가면 한국사 인터넷 강의를 듣는 젊은이들을 가장 많이 보게 됩니다.

수능을 준비하고 있는 학생부터 임용과 공무원을 준비하는 후배와 지인들까지 한국사를 어떻게 하면 잘할 수 있냐고 자주 질문을 합니다. 이런 질문을 받을 때마다 명확하게 답해

주기가 참 어렵습니다. 역사에 흥미와 관심이 없지만 단기간에 좋은 성적을 얻어야 하는 사람에게 해줄 수 있는 말은 많지가 않습니다. 억지로 공부해서 좋은 성과를 얻는 것은 보통 어려운 일이 아니기 때문입니다. 또한 대표적인 한국사 시험인 대학수학능력시험과 한국사능력검정시험은 출제 의도와 문제 유형이 다르기 때문에, 공부하는 방향과 방법도 달라야 합니다. 그렇다 보니 한국사를 가르치는 교사지만, 질문에 뚜렷한 답안을 제시하지 못하고 두루뭉술하게 답을 해줄 수밖에 없었습니다.

저는 아직도 역사 지식과 수업 스킬이 부족하여 교단에서 늘 후회하고 반성하는 교사지만, 역사를 공부해야 하거나 역사를 좋아하는 분들을 위해 용기 내서 이 책을 저술하게 되었습니다. 14년 동안 교단에서 학생들을 가르친 경험을 토대로 효과적인 역사 교육 방법을 네 가지로 정리했습니다. 첫째, 역사는 사실을 암기하도록 가르치는 것이 아니라, 왜 그런 일이 일어났는지를 먼저 파악하게 하는 것이 중요합니다. 사건이 일어난 원인과 배경을 알게 되면 결과가 자연스럽게 도출되면서 특별히 힘들이지 않아도 역사적 사건을 기억할 수 있습니다. 둘째, 역사에 숨겨진 재미있는 이야기나 현재와 관련된 부분이 나오면, 역사의 흥미도가 높아지면서 쉽게 역사를 이해할 수 있습니다. 셋째, 역사적 사건의 전체적인 내용을 한눈에 볼 수 있도록 요약된 표가 제시되었을 때 학습 효과가 높아집니다. 넷째, 사료를 통해 역사적 사실을 접했을 때, 이해도가 향상되고 사료를 제시하는 문제도 쉽게 맞힐 수 있습니다. 이 네 가지를 바탕으로 이 책을 구성하였습니다. 단, 사료가 이해하기 어려운 옛 용어로 되어있는 경우, 이해도를 높이기 위해 원사료를 재구성하였습니다. 그렇기에 시험문제에 제시되는 사료와 조금씩 다를 수 있으니 양해의 말씀을 올립니다.

이 책은 역사에 관심이 없는 분이 읽으셔도 지루하지 않고 재미있게 역사를 만날 수 있도록 도와줄 것입니다. 그리고 한국사와 관련된 시험을 준비하는 분에게는 부담 없이 읽으면서도 학습하는 효과를 줄 것입니다.

2022년 5월

유정호

차 례

작가의 말_부담 없이 재미있게 한국사를 익히자

1부 고대부터 삼국시대까지

2부 통일신라부터 고려까지

3부 조선 전·후기

4부 일제강점기부터 근대까지

1

홍수 아이의 이름은 어디서 왔을까?

충북 청원에서 김흥수 씨가 운영하는 석회암 광산 현장에서 오래된 동물의 뼈가 계속 출토되었다. 평소 역사에 관심이 많던 김흥수 씨는 동물의 뼈가 선사시대의 유골이 아닐까 하는 생각에 충북대 고고미술학과의 이융조 교수에게 연락했다. 이융조 교수는 동물의 뼈보다는 사람 뼈가 더 큰 의미가 있으니, 사람 유골이 출토되면 꼭 연락해달라고 답변하였다. 그렇게 6년이라는 시간이 흘러 1982년 12월 5일, 이융조 교수에게 전화 한 통이 왔다. 두루봉 동굴에서 사람의 것으로 추정되는 뼈가 나왔다는 김흥수 씨의 다급한 전화였다.

막상 광산 현장에서 사람 뼈가 출토되자 김흥수 씨는 많은 고민을 했다. 사람 뼈가 출토된 사실이 알려져 발굴이 시작되면, 광산 운영을 하지 못한다는 사실을 알고 있었기 때문이었다. 유골이 나왔다는 사실을 알리는 것은 자신의 생계가 달린 매우 중요한 일이었다. 김흥수 씨는 오랜 고민 끝에 역사의 진실을 찾는 것이 더 중요하다고 생각하고 이융조 교수에게 전화를 걸었다.

이융조 교수가 중심이 된 충북대 발굴팀이 출토된 사람의 뼛조각을 조사한 결과 4만 년 전 구석기시대에 살던 다섯 살 정도로 추정되는 어린아이의 뼈로 판명이 되었다. 당시 발굴에 참여했던 사람들은 최초 발견자인 김흥수 씨의 이름을 따서 동굴을 '흥수 골', 발견된 아이의 이름은 '흥수 아이'라 부르기로 하였다. 한 푼의 보상금도 없이 광산 현장이 문화재보호 구역으로 지정되면서 생계가 막막해진 김흥수 씨에 대한 발굴팀의 작은 보답이었다. 이것은 우리나라에서 발견자의 이름을 유적 이름에 붙인 첫 번째 사례가 되었다.

◆홍적세
신생대 마지막 시기로 약 200만 년 전부터 현재까지를 일컫는다. 홍적세 기간 동안 4~5차례의 빙하기와 간빙기가 있었고, 이 시기에 인류가 지구상에 나타나게 된다.

하지만 김흥수 씨의 용기 있는 결단으로 세상에 알려진 흥수 아이를 한 명으로 잘못 알고 있는 사람이 많다. 흥수 아이는 4만 년 전 후기 홍적세 시대에 살던 두 명의 어린아이다. 발견 당시 흥수 아이 제1호는 60% 이상의 뼈가 남아 있었고, 제2호는 몸체만 발견되었다.

흥수 아이는 호모 사피엔스(Homo sapiens)로 4~6살의 나이에 뇌 용량은 1,200~1,300cc, 키는 110~120cm로 과거 구석기인과 우리의 체형이 크게 다르지 않다는 것을 보여주었다. 구석기인의 골격을 알게 된 것보다 놀라웠던 점은 흥수 아이 주변에 고운 흙과 국화꽃이 뿌려져 있었다는 사실이었다. 이것은 구석기인의 생활과 관념을 알 수 있게 해주는 중요한 단서가 되었다.

◆인류의 출현

명칭	오스트랄로피테쿠스	호모 에렉투스	호모 네안데르탈렌시스	호모 사피엔스
시기	약 400만 년 전	약 180만 년 전	약 40만 년 전	약 20만 년 전
특징	직립보행, 간단한 도구 사용	불과 언어 사용	시체 매장	인류의 직접적인 조상
대표적 사례	루시(대표 화석)	베이징인, 자바인	네안데르탈인	크로마뇽인, 상동인

일반적으로 구석기인들은 무리를 지어 이동하며 사냥과 채집 그리고 어로 생활을 통해 삶을 영위했다고 알려져 있다. 하지만 거친 자연에서 먹잇감을 사냥하는 일은 결코 쉽지 않은 일이었다. 사냥을 떠났던 사람들이 빈손으로 돌아오는 경우도 많았고, 사나운 짐승에게 목숨을 잃는 일도 빈번하게 일어났다. 이처럼 삶이 불안정했기에 구석기인들은 사냥의 성공과 함께 안전한 귀가도 염원하게 되었다.

이들의 바람은 점차 종교가 되어 영혼들만 모여 사는 사후 세계가 있고, 사냥의 성공과 안전을 도와주는 초월적인 존재가 있다는 믿음으로 이어졌다. 구석기시대에 사후 세계처럼 형이상학적 관념과 원시종교가 등장했다는 가설이 흥수 아이를 통해 국내에서 처음으로 입증된 것이었다. 그리고 우리 민족의 기원을 밝혀낼 수 있는 단서를 제공했다는 점에서 흥수 아이는 우리에게 매우 큰 의미가 있다.

흥수 아이를 발견한 김흥수 씨는 우리 역사학계에 큰 선물을 주었지만, 정작 그가 받은 것은 충북대로부터 받은 감사장이 전부였다. 그러나 김흥수 씨는 우리 역사를 올바르게 정립하는 데 기여했다는 사실에 보람과 자긍심을 갖고, 흥수 아이를 발견하고 신고한 것을 후회하지 않는다고 한다.

★ 한눈에 보는 역사

구석기시대	
시기	약 70만 년 전부터
도구	뗀석기, 뼈 도구
경제	채집, 사냥, 고기잡이
주거	동굴이나 바위 그늘, 강가의 막집에 거주 → 이동 생활
유적	평양 상원 검은모루 동굴, 충남 공주 석장리, 경기 연천 전곡리

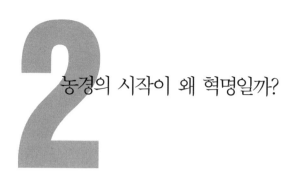

농경의 시작이 왜 혁명일까?

사냥과 채집 그리고 어로를 통해 생활하던 구석기시대 사람들이 농경과 목축이라는 새로운 경제활동을 찾아내면서 삶에 큰 변화가 나타났다. 구석기시대처럼 이동하지 않고 한곳에 정착하면서, 기존의 생활방식과 크게 달라졌던 이 시기를 '신석기시대'라고 한다. 우리나라에서는 농사를 통해 먹을거리를 생산하는 신석기시대가 약 1만 년 전부터 시작되었다.

농사를 짓기까지 오랜 시간이 걸렸던 이유는 시간과 날짜라는 개념을 이해하고 계산할 수 있어야 했기 때문이다. 특히 사계절이 뚜렷한 우리나라는 씨를 뿌리고 수확하는 시점을 알기가 매우 어려웠다. 조금이라도 파종이나 수확이 이르거나 지체

되면 농작물을 온전히 수확하기가 어려웠다.

"날이 따뜻해지면 씨 뿌리고, 추워지면 수확하면 되는 거 아냐?"라고 반문할 수도 있다. 그러나 말처럼 씨를 뿌리고 수확하는 시기를 계산하기가 쉽지 않았다. 봄철에 날이 풀리는 것 같다가도 갑지기 날이 추워지는 꽃샘추위로 새싹이 얼어 죽을 수도 있다. 늦가을에는 서리로 농작물이 냉해를 입어 곡물을 얻지 못할 수도 있다. 지금도 달력이 없다면 우리 대부분은 시간의 흐름과 계절의 변화를 읽을 수 없어 농사를 짓는 데 많은 어려움을 호소할 것이다.

지금이야 선조들의 지혜와 과학이 축적된 달력을 통해 누구나 쉽게 시간과 날짜를 알 수 있지만, 과거에는 그러지 못했다. 시간에 따른 계절의 변화를 알기 위해서는 계절마다 별자리가 다르다는 것을 알고 구분할 수 있어야 했다. 불빛 없는 한적한 장소에서 밤하늘을 본 적이 있는 사람들은 알 것이다. 하늘에 빽빽하게 박혀 있는 별자리를 구분하는 것이 얼마나 어려운지 말이다.

시간과 날짜를 계산할 줄 알게 되어도 어떤 작물이 식용 가능한지 구분하는 것은 매우 어려운 일이었다. 식용 가능한 열매인지를 알기 위해서는 우선 먹어봐야 하는데, 이는 목숨을 걸어야 할 만큼 위험한 일이었다. 또한 독이 든 열매를 먹는다고 당장 죽는 것도 아니고, 하나의 열매만 섭취하고 기다릴 수도 없어 식용 가능한 작물을 찾는다는 것이 쉽지 않았다. 때문에 농사 시기를 계산하고 식용 재배 가능한 작물을 알기까지 인간에게는 수십만 년의 시간이 필요했다.

신석기시대, 농사를 짓게 된 것만큼이나 중요한 변화는 곡물을 날로 먹지 않고 조리를 통해 익혀 먹었다는 점이다. 익혀 먹기 위해서는 조, 기장, 수수 같은 곡물의 껍질을 벗기는 데 필요한 갈돌과 갈판, 그리고 곡물을 익히고 보관할 수 있는 토기 등을 만들어야 했다. 곡물을 생산하여 먹는다는 것은 인간의 도구제작 기술이 크게 향상되어야 가능한 일이었다. 이외에도 씨앗을 뿌리기 위해 땅을 팔 수 있는 쟁기와 추수에 필요한 칼과 낫을 정교하게 만드는 과정에서 인류는 빠른 속도로 변화·발전하였다.

또한 농사를 통해 수확된 곡물을 통해 인간은 안정적인 영

◆서리
물이 얼어붙는 온도 이하로 내려갔을 때 나타나는 현상으로 식물의 성장 기간에 큰 영향을 미친다. 대부분의 농작물은 봄에 마지막 된서리가 내린 이후 씨를 뿌리고 가을에 첫서리가 내리기 전에 추수한다.

양소를 공급받으며 두뇌도 더욱 발달하게 되었다. 두뇌만이 아니라 인간의 전체적인 골격이 커지면서 예전보다 더욱 강한 근력을 가지고 농사 및 사냥에서 예전보다 효과적인 활동이 가능해졌다. 무엇보다 인간의 삶에 크게 영향을 미친 것은 인간의 수명이 크게 늘었다는 것이다. 인간의 수명이 길어질수록 후대에 전달할 수 있는 많은 정보와 기술들이 축적되어 갔고, 시간이 흐를수록 정보와 기술의 축적 속도에 가속도가 붙기 시작하였다. 더 많은 정보와 기술을 통해 인간의 삶이 매우 빠른 속도로 변화되었다. 인류가 400만 년 동안 변화시킨 삶보다, 농사를 짓게 된 신석기시대 이후로 약 1만 년간의 변화와 발전이 훨씬 크고 많다. 그래서 농경을 통해 인간의 삶이 크게 바뀌었다는 의미에서 신석기시대를 '혁명'이라고 부른다.

◆신석기 혁명
수렵과 채집 생활을 하던 구석기시대와는 다르게, 신석기시대에는 농경과 목축을 통한 생산 경제의 변화로 인해 이후 인간의 삶이 크게 바뀌었음을 의미하는 말이다. 영국 고고학자인 고든 차일드(Gordon V. Childe)가 1936년 출간한 《Man makes himself》에서 처음 제시한 개념이다.

3 애니미즘, 토테미즘, 샤머니즘이란?

· 신석기시대
원시 형태의 종교 발생
중요도 : ★★

농사를 짓는다는 것은 인간의 지적 수준이 매우 높아졌음을 의미했지만, 여전히 자연의 강력한 힘 앞에서 나약하고 무기력할 때가 많았다. 조와 기장 같은 작물을 키우는 방법을 아무리 잘 알아도 햇볕이 좋은 날이 적거나 비가 오지 않으면 정성스레 키운 농작물을 수확하기 어려웠다. 농경을 통해 구석기시대보다 풍요로워진 것은 사실이지만, 삶이 안정되었다는 것을 의미하는 건 아니었다.

천재지변으로 인해 1년 동안의 노고가 한순간에 무너지는 것을 여러 번 경험한 신석기 사람들은 깊은 고민에 빠졌다. "농작물이 잘 여물도록 강한 햇볕과 적당한 비를 내려주던 하늘이 어느 날 갑자기 많은 비를 내리거나 강한 바람으로 농사를 망치는 이유는 무엇일까?"라고 말이다.

신석기 사람들은 깊은 고민 끝에 변화무쌍한 자연현상이 일어나는 답을 찾았다. 그들이 찾은 답은, 인간의 눈에는 보이지는 않지만 자연 속에 강력한 힘을 가진 영적인 존재가 있다는 믿음이었다. 이 영적인 존재들은 평소에 인간을 사랑하고 보살펴주지만, 인간이 잘못을 저지르거나 마음에 들지 않는 행동을 하면 자연재해로 벌을 내린다고 생각하였다. 그래서 신석기 사람들은 강력한 힘을 가진 영적인 존재에게 사랑받기 위한 행위가 매우 중요했다.

이런 믿음은 원시종교를 만들어내는 바탕이 되었다. 원시종교는 크게 애니미즘(animism), 토테미즘(totemism), 샤머니즘(shamanism) 세 가지로 구분한다.

애니미즘은 커다란 돌 같은 자연물이나 천둥·번개와 같은 자연현상에 영적인 존재가 깃들어 있다고 보는 신앙이다. 예를 들어 어르신들은 잘못을 저지른 사람을 향해 "하늘은 뭐 하나 몰라. 저런 놈 안 잡아가고. 쯧쯧. 벼락 맞을 놈"이라고 자주 말씀하신다. 과학적으로 벼락을 맞는 것은 확률의 문제지만, 일상생활에서 우리는 잘못을 저지른 사람에게 하늘이 벌을 내린다고 생각하는 경우가 있다. 이것이 애니미즘이다. 또 하나의 사례가 제주도 돌하르방의 코를 문지르며 정성스럽게 기도하면 아들을 낳는다는 속설이다. 그래서 한때 제주도 돌하르방의 코가 매끈했던 적도 있었다. 이처럼 자연물이나 자연현상에 영적인 존재가 있다고 믿는 것. 이것이 애니미즘이다.

토테미즘은 자기 씨족의 기원을 특정 동식물과 연관시키고 숭배하는 종교다. 단군신화에서 곰이 웅녀로 변하여 단군을 낳았다고 믿고 숭배하는 것이 토테미즘의 대표적인 사례다. 이해가 잘되지 않는다면 우리가 어렸을 적 치타처럼 빠른 발에 호랑이처럼 엄청난 힘을 갖는 꿈을 꾸었다고 하자. 이런 생각이 발전하여 자신이 치타와 호랑이의 기운을 물려받아 남들보다 빠르고 강하다고 생각하고 믿는 것이 토테미즘이다.

샤머니즘은 오늘날 가장 많이 볼 수 있는 원시종교다. 샤머니즘이란 인간과 영혼을 연결해주는 존재를 믿는 것으로, 무속인이 굿을 통해 신을 영접하는 행위가 대표적인 샤머니즘이다. 무속인이 행하는 굿을 보면 신이나 조상의 영혼이 무속인의 몸을 빌려 이야기하는 형식을 갖는다. 이처럼 신과 인간을 연결하는 것을 믿는 것이 샤머니즘이다.

간단하게 다시 정리해보면 애니미즘은 자연물에 영적인 존재가 있다고 믿는 것, 토테미즘은 특정 동식물과 자신을 연결하는 것, 샤머니즘은 인간과 신을 연결해주는 매개체를 믿는 것이라 할 수 있다. 애니미즘, 토테미즘, 샤머니즘의 원시종교는 과거에만 존재한 것이 아니다. 오늘날까지도 이어져 우리에게 영향을 주는 가장 오래된 종교다.

★ 한눈에 보는 역사

신석기시대	
도구	간석기, 토기(빗살무늬토기)
생활	의: 의복 제작(가락바퀴, 뼈바늘) 식: 농경과 목축 시작(신석기 혁명) 주: 움집
종교	원시적 형태 신앙 발생(샤머니즘, 애니미즘, 토테미즘)
사회	평등 사회, 부족사회(족외혼)
예술	조개껍데기 가면, 치레걸이

4 인간은 언제부터 불평등해졌을까?

· 청동기시대
원시 형태의 종교 발생
중요도 : ★★

대부분의 학창 시절을 통틀어 역사에서 가장 많은 사실을 알고 있는 시대가 구석기와 신석기시대다. 역사 공부를 열심히 하겠다고 눈에 불을 켜고 구석기, 신석기 공부를 하다가도, 청동기시대에 들어서면 역사 공부를 포기하는 사람들이 많다. 가장 큰 이유는 구석기·신석기시대 유적지를 외우다 진이 다 빠졌기 때문이다.

그렇다 보니 청동기시대에 대해 기억하는 것이라고는 고인돌 정도밖에는 없다. 사용하는 도구에 따라 시대 구분을 한다는 사실조차 잊어버리는 것이다. 구석기에는 뗀석기, 신석기에는 간석기. 그럼 청동기시대에는 무슨 도구를 사용했을까 물어보면 바로 답을 못하는 사람이 많다. 아마 이 글을 읽는 사람 중에서도 바로 답이 떠오르지 않는 사람이 있을지도 모르겠다.

청동기시대에 사용한 도구가 무엇인지 묻는 말에 대한 답은 아주 간단하다. 그냥 청동기라고 답하면 된다. 청동기는 청동으로 만든 도구란 뜻이다. 청동을 한자로 풀이해보면 푸를 청(靑), 구리 동(銅)으로 푸르스름한 구리를 말한다. 구리는 인간이 가장 손쉽게 녹여 원하는 물건을 만들 수 있었던 최초의 금속이었다. 그러나 문제점은 구리의 강도가 약해서 활용도가 낮았다는 점이다. 그래서 사람들은 좀 더 단단한 금속을 만들어내기 위해 주석과 같은 다른 금속을 구리에 첨가했는데 이것이 청동이다.

청동기의 사용은 인간의 삶을 어떻게 변화시켰을까? 결론부터 말하면 청동기는 신석기시대까지 평등했던 인간관계를 상하 수직의 불평등한 관계로 만들었다. 다시 풀이하면 신석기시대의 공동소유와 달리 청동기시대는 각자의 능력과 노력 여하에 따라 갖게 되는 양이 달라지면서 사유재산이 발달하였다. 사유재산의 발달은 사람 간에 빈부 격차를 만들었고, 그로 인해 계급이 발생하였다.

불평등한 사회로 변화되는 이유는 청동기의 제작과 관련이 있다. 신석기시대에는 간석기를 제작하는 데 필요한 돌을 구하는 것이 어렵지 않았다. 하지만 청동기시대의 도구인 청동기의 원료가 되는 구리와 주석은 자연 상태에서 구할 수가 없었다. 금속 제품을 만들기 위해서는 구리 광석을 캐고 강한 열에 녹여야, 비로소 원하는 물질을 추출할 수 있었다. 그 후 녹인 구리 금속을 거푸집에 부은 다음 식히는 과정이 끝나야 청동기가 만들어졌다.

청동기를 만드는 과정을 말로 설명하기는 쉽지만, 실제로 청동기를 만드는 것은 매우 어려운 일이다. 그리고 청동기로 만든 제품은 모두가 가질 수 있을 만큼 양이 넉넉하지 않았다. 희소성을 가지게 된 청동기는 힘이 있는 사람만이 가질 수 있는 특권으로 변모하였다. 청동기 무기를 가진 힘 있는 사람들은 그 권력을 이용해 자신보다 약한 사람에게 일을 시킬 수 있었다. 그리고 권력을 영원히 유지하기 위해, 자신을 하늘에서 내려온

◆반만년의 시작
우리나라에서는 기원전 2000년경~기원전 1500년경 청동기시대가 시작되었다. 최초의 국가인 고조선은 청동기시대에 성립되어 우리의 역사를 반만년이라고 부르는 근거가 되었다.

신이라 자칭하며(선민사상) 청동방울과 같은 제기로 하늘에 제사를 올렸다.

반면 힘이 없는 피지배 계층은 신석기시대와 마찬가지로 간석기를 사용했다. 청동기가 권력과 부를 상징했다면 간석기는 피지배 계층을 상징하는 도구기 되었다. 신석기시대와 딜라진 점이 있다면 간석기가 예전보다 정교해지고 다양화되었는데, 대표적인 도구로 벼를 수확하기 위해 만들어진 반달돌칼이 있다. 반달돌칼은, 피지배 계층이 노동의 정당한 대가를 얻지 못하는 불평등 사회가 시작되었음을 보여주는 도구이기도 했다.

★ 한눈에 보는 역사

청동기시대	
도구	청동기: 비파형동검, 세형동검, 거친무늬거울, 잔무늬거울 간석기: 반달돌칼 토기: 민무늬토기, 미송리식토기, 송국리식토기
생활	벼농사 시작 사유재산과 빈부 격차 발생 군장 출현 및 국가 형성(고인돌)

5 한나라는 고조선의 철기 수용을 왜 견제했을까?

중국은 주나라 이후 수백 년 동안 여러 국가로 분열되는 춘추전국시대에 주변 국가보다 빠른 성장을 하였다. 그것을 가능케 한 것은 철기의 사용이었다. 보습 등의 철제 농기구를 이용한 깊이갈이가 가능해지면서 농업생산력이 증가하였다. 농업생산력의 향상으로 잉여생산물이 생기면서 인간의 삶은 예전보다 풍요로워졌다. 풍요로워진 삶은 문화와 예술의 발전과 함께 중국의 학문을 발달시켰다. 춘추전국시대에 만들어진 학문과 사상을 제자백가라고 부른다. 제자백가의 유가, 도가, 법가 등 대표적인 학파들은 국가를 운영하는 데 필요한 정치와 관련된 내용을 주로 다루면서 주변국에 엄청난 영향을 주었다.

당시 고조선은 중국과 다른 독자적인 문명을 발전시키며 성장하고 있었다. 그리고 중국에 밀리지 않는 국력으로 만주와 한반도에 영향력을 행사하였다. 춘추전국시대의 주역이었던 연나라가 고조신의 영도를 침략했지만, 고조선은 전쟁에서 밀리지 않았다. 연나라가 철제 무기를 사용했음에도 불구하고, 청동기를 사용하는 고조선을 이길 수 없었음은 고조선이 중국과 대등한 동북아의 강자였음을 보여준다.

그러나 이 전쟁으로 고조선은 철기의 우수성과 무서움을 인식하게 되었다. 철제 무기는 청동검보다 가볍고 단단했다. 대량 생산도 가능해 모든 병사들이 강력한 철제 무기로 무장할 수 있었다. 철제 무기를 갖춘 군대는 보병의 전술을 발전시키며, 전쟁에서 승리를 거둘 수 있는 기반을 만들었다. 그뿐만 아니라 철제 농기구가 농작물 생산 증가에 큰 도움이 된다는 사실을 알게 된 고조선은 기원전 5세기경부터 본격적으로 중국의 철기와 선진 문물을 받아들이게 되었다.

하지만 철기를 수용하는 과정에서 고조선은 정권이 교체되는 아픔을 겪게 되었다. 철기를 능숙하게 만들고 사용할 수 있는 위만 세력이 중국에서 건너오자 고조선의 준왕은 서쪽 변방을 수비하도록 하였는데, 위만 세력이 서쪽 변방을 지키지 않고 우수한 철기로 준왕을 내쫓은 뒤 고조선을 차지해버린 것이다.

위만 세력에게 권력을 빼앗긴 고조선 왕과 유민들은 이후 한반도로 남하하여 독자적인 철기 문화를 발전시키며 여러 나라를 세웠다. 그러나 당시 한반도에 등장한 여러 소국들은 중국처럼 우수한 철기를 만들 수 없었다. 결국 선진국이던 중국으로부터 좋은 철을 만들기 위한 제련법을 비롯해 국가 운영에 필요한 선진 문물의 도입이 시급하였다.

그러나 위만조선은 고조선 유민들이 세운 마한, 변한과 같은 여러 나라가 성장하는 것을 원하지 않았다. 오로지 위만조선을 통해서만 중국의 선진 문물 수용이 가능하도록 통제하였다. 중국 한나라와 한반도의 여러 나라들은 위만조선의 중계무역에 불만을 가졌다. 중계무역으로 성장하는 위만조선에 불만과 견제의 필요성을 느끼던 한나라 무제는 대군을 동원하여

◆제자백가
제자백가는 춘추전국시대의 뛰어난 학자와 학파를 의미한다. 뛰어난 학자는 '제자(諸子)', 수많은 학파는 '백가(百家)'라 부른다. 뛰어난 학자로는 공자, 맹자, 묵자, 노자 등이 있으며 대표적인 학파로는 유가, 묵가, 법가, 도가 등이 있다.

침략하였다. 위만조선은 1년여에 걸쳐 한나라군을 상대로 버텼지만, 오랜 전쟁으로 내분이 발생하면서 기원전 108년에 멸망하였다.

위만조선의 멸망 이후 만주와 한반도의 여러 나라는 중국의 선진 문물을 이전보다 적극적으로 받아들이며 성상하였다. 물론 아무런 여과 없이 받아들인 것은 아니었다. 우리에 맞춰 변형시키고 발전시켜 나갔다. 그 결과 우리는 중국과는 완전히 다른 문화를 가진 독자적이고 주체적인 국가로 성장하고 발전할 수 있었다.

◆중국과의 교류를 보여주는 화폐
명도전: 기원전 3~2세기 춘추전국시대 제나라와 연나라에서 사용한 화폐.
반량전: 춘추전국을 통일했던 진나라와 유방이 세운 한나라 시대에 사용되던 화폐.
오수전: 고조선을 멸망시켰던 한나라 무제 때 주조되었던 화폐.

★ 한눈에 보는 역사

철기시대	
보급	시기: 기원전 5세기경 만주와 한반도에 보급 활발한 정복 전쟁으로 새로운 국가 출현
도구	철제 농기구 등장 청동기 문화의 발달(비파형동검 → 세형동검, 거친무늬거울 → 잔무늬거울)
생활	중국과 교류(명도전·반량전·오수전 화폐 출토, 붓 발견) 널무덤, 독무덤

6 단군신화를 통해 무엇을 알 수 있을까?

> · **고조선**
> 단군신화로 유추하는 고조선 사회
> 중요도 : ★★★★

"우리는 모두 단군 할아버지의 자손이다. 서로 싸우지 말고 하나로 단결해야 한다." 학창시절 선생님에게 이 소리를 정말 많이 들으며 성장하였다. 속으로 환웅과 웅녀로 대변되는 단군신화가 사실이 아닌 허구라고만 생각하였다. 그런데 환웅과 웅녀는 정말 상상 속의 인물로 우리에게 아무런 의미도 없는 것일까?

뜻밖에도 단군신화가 허구라는 생각은 일제가 만들어낸 식민 사관이다. 일제는 한국을 지배하면서 우리의 장구한 역사와 뛰어난 문화에 콤플렉스를 갖게 되었다. 한국이 일본보다 훨씬 더 오랜 역사를 가졌음을 인정하게 되면, 잃어버린 영토를 되찾으러 왔다는 그들의 명분이 거짓이 된다. 그래서 일제는 실제로 존재했던 고조선의 역사를 허구의 신화로 바꾸었다.

일제의 주장에 따르면,《삼국유사》에 기록된 환인과 환웅이란 단어는 고조선보다 후대에 성립된 불교 용어이기에, 고조선은 4,300여 년 전에 존재힐 수 없다고 한다. 그리고 곰이 여자가 된다는 것은 현실에서 있을 수 없는 허무맹랑한 이야기로 후대에 창작되었다고 주장한다. 그렇게 우리에게 고조선의 건국신화를 허구로 받아들일 것을 강요한 결과, 많은 사람이 아직도 고조선의 실체를 인정하지 않고 있다. 한 예로 단군왕검을 고조선의 지배자가 아니라 수천 년을 살다가 신선이 된 상상 속의 인물로 알고 있는 것처럼 말이다.

우리는 단군신화를 역사적 사실로 재해석하여 받아들일 필요가 있다. 환인이란 하늘의 임금이란 뜻으로 '하느님'이 된다. 신들에게도 임금이 있었다는 것은 고조선에 계급이 존재했음을 알려준다. 신석기시대 후반에서 청동기시대에 걸쳐 계급이 발생한다는 보편적 법칙에 따를 때, 단군신화는 고조선이 4,000년 이전에 건국되었음을 보여주는 결정적 증거가 된다. 또한 환웅이 인간을 이롭게 한다는 홍익인간을 제시하며 인간 세계로 내려왔음은 새로운 사회를 건설하려는 유이민(流移民)

이 토착 세력과의 연대를 강조하며 남하했음을 알려준다.

풍백·우사·운사와 삼천의 무리는, 환웅이 이끄는 집단이 농사를 짓는 민족으로 천문 관측을 살피는 관리가 존재했음도 보여준다. 그리고 우리 민족에게 삼천이란 숫자는 많다는 의미로 오랫동안 사용되었던 만큼, 환웅의 무리가 대규모였음을 짐작하게 한다.

곰과 호랑이가 인간이 되기를 희망했는데, 곰만 인간으로 변하여 환웅의 자식인 단군을 낳았다는 대목은 초기 연맹왕국의 정치발전 단계로 설명할 수 있다. 신화 속 곰과 호랑이는 실제 동물이라기보다는 만주와 한반도에 자리 잡고 있던 두 개의 토착 부족이었다. 두 부족은 만주와 한반도의 패권을 두고 서로 경쟁하던 중 청동기와 선진 문물을 가진 환웅의 부족이 내려오자 자신의 세력으로 품으려 하였다. 이 과정에서 곰을 믿는 부족이 승리하여 환웅의 무리와 합쳐 고조선을 세웠

◆초기 연맹왕국
몇몇 부족이 결합하여 국가의 형태를 갖춘 것으로, 왕권이 약하고 각 부족장이 자치권을 행사하며 실질적인 운영을 담당하였다. 연맹왕국은 시간이 흐르면서 부족장의 힘은 약해지고 왕권이 강해지는 중앙집권적 국가로 발전하게 된다.

다. 반면 호랑이를 믿는 부족은 경쟁에서 밀려나 도태되었다.

이처럼 단군신화를 통해 우리나라 최초의 국가인 고조선이 기원전 2333년에 건국되었음을 유추할 수 있다. 고조선이 중앙집권 국가의 모습은 아니지만, 단군왕검이라는 정치적·종교직 지도자가 다스렸던 역사 속 엄연한 국가였다. 고조신의 긴국은, 청동기시대에 선민사상을 바탕으로 국가가 형성된다는 세계사의 흐름에 충실하게 들어맞는 형태였다. 이처럼 단군신화는 고조선이 우리나라 최초의 국가이며, 반만년 한민족 역사

★ 한눈에 보는 역사

단군조선(기원전 2333~194)	
정치	건국: 단군왕검 제정일치 사회(단군: 제사장, 왕검: 정치적 지배자) 기원전 3세기경 부왕과 준왕 때 왕위 세습
사회	8조법: 생명·노동력 중시, 농경 사회, 신분제 사회, 화폐 사용
영토	탁자식 고인돌, 비파형 동검, 미송리식토기로 영토 추정

7 홍익인간이 우리에게 주는 의미는?

> · **고조선**
> 홍익인간의 건국이념
> 중요도 : ★

어린 시절 학교에 입학하면 선생님들은 홍익인간의 뜻을 받들어 열심히 공부해야 한다고 늘 말씀하셨다.

그리고 학교 밖 거리로 나가면 어렵지 않게 홍익이라는 두 글자가 들어간 간판을 볼 수 있었다. 아프면 찾게 되는 병원 중에 홍익병원이 있고, 기차역에 들어서면 간단하게 허기를 채울 수 있는 홍익매점이 있었다. 미술에 재능이 있는 학생들은 홍익대학교에 입학하는 것을 목표로 삼기도 한다. 이처럼 홍익이라는 말은 우리에게 생소하지 않은 친근한 단어다.

하지만 많은 사람이 홍익이라는 단어의 뜻과 역사를 알지 못한다. 홍익은 '널리 인간을 이롭게 한다'라는 홍익인간의 줄

임말로 일연 스님의 《삼국유사》와 이승휴의 《제왕운기》에서 고조선의 건국을 설명할 때 나오는 용어다. 《삼국유사》에 따르면 환웅이 하늘에서 지상으로 내려온 목적으로 홍익인간을 제시하면서, 사람으로 해야 할 도리와 지혜를 가르쳤다고 한다.

이후 홍익인간은 반만년의 우리 역사에서 민족의 정체성을 심어주는 데 많은 영향을 미치는 용어가 되었다. 시대마다 홍익인간을 표현하는 방법은 달랐지만, 그 뜻과 정신만은 변하지 않고 오늘날까지 이어지고 있다. 예를 들면 대한민국 교육기본법 제2조(교육이념)에서 "교육은 홍익인간(弘益人間)의 이념 아래 모든 국민이 인격을 도야하고 자주적 생활능력과 민주시민으로서 필요한 자질을 갖추게 함으로써 인간다운 삶을 영위하게 하고 민주국가의 발전과 인류공영의 이상을 실현하는 데에 이바지하게 함을 목적으로 한다."라고 밝히고 있다. 이는 민족의 얼과 정신을 심어주는 교육 현장에서 홍익인간의 가치를 얼

◆《제왕운기(帝王韻紀)》
고려 충렬왕 13년(1287)에 이승휴가 편찬한 책으로 운율시 형태로 중국과 한국의 역사를 서술하고 있다. 이승휴는 원 간섭기에 우리의 역사와 의식이 사라질 것을 경계하며 우리 역사에 대해 자긍심을 가질 수 있는 내용을 수록해놓았다.

마나 중요하게 생각했는지를 보여주는 것이다.

　그러나 정작 우리들은 홍익인간의 위대한 뜻을 제대로 이해하지 못하고 잃어버리고 있다. 미국인 팀 버드송은 러시아에서 영어를 가르치던 중 고조선의 홍익인간을 접하고 나서 큰 충격을 받았다고 한다. 그 후 국내에 들어와 한국인에게 영어와 홍익인간의 숭고한 뜻을 알리며 많은 선행을 베풀고 있다.

　파란 눈의 외국인이 홍익인간의 어떤 점에 매료되었을까? 팀 버드송은 홍익인간이 인종에 구애받지 않고, 신분과 계급을 초월하는 점에 매우 놀랐다고 한다. 서양이 근대에 들어서 천부인권이라는 개념을 확립하고 모든 사람이 자유와 평등을 누릴 수 있다고 주장한 시점보다 홍익인간은 수천 년 앞서 국가 이념으로 제시됐다는 점에 매료되었다고 하였다.

　우리는 반만년 전에 모든 인간은 하늘이 선택한 존엄한 존

◆《삼국유사》의 단군신화 부분에 나온 홍익인간
옛날에 환인과 그의 아들 환웅이 있었는데, 아버지가 삼위태백을 내려다보니 가히 널리 인간을 이롭게 할 만하므로(홍익인간) (중략) 환웅은 무리 3천을 이끌고 태백산 꼭대기에 있는 신단수 아래에 내려가 풍백, 우사, 운사를 거느리고 곡식, 생명, 형벌 등 인간에게 필요한 360여 가지를 주관하며 사람들을 다스렸다.

재라는 사실을 인식하고, 인권을 다루었다. 환웅은 특정 인간을 위해 하늘에서 내려온 것이 아니라 모든 사람이 자유롭고 평등한 세상에서 행복하기를 꿈꿨다. 세계 어떤 나라도 우리보다 앞서 민족과 인종을 초월하는 인권을 이야기한 나라가 없었다. 이처럼 우리는 세상 어느 국가와 민족보다도 앞서 있던 민족이었다.

그런데 우리는 근현대사에서 많은 아픔을 겪고 극복 과정에서 주변 국가들의 도움과 영향을 많이 받았다. 이 과정에서 우리의 자랑스러운 정신과 문화를 잃어버리고, 남의 것을 위대하게 생각하는 풍토가 만들어졌다. 지금이라도 늦지 않았다. 홍익인간의 정신을 되새기며 우리가 이 세상에 존재해야 하는 이유와 목적을 기억하면 된다.

◆천부인권(天賦人權)
17~18세기 유럽에서 등장한 것으로, 모든 인간은 태어나면서부터 생명, 자유, 재산권이라는 기본권을 갖는다는 주장이다. 천부인권은 시민혁명의 중요한 가치로 발전하여, 오늘날 전 세계적으로 모든 나라가 인권을 기본권으로 여기며 중시하고 있다.

★ 한눈에 보는 역사

위만조선(기원전 194~108)	
정치	위만이 단군조선 계승 철기 본격적 수용 중계무역으로 성장 한 무제의 침입으로 멸망
사회	60여 개조로 법 조항 증가

8 부여의 제천 행사는 왜 12월일까?

> **· 부여**
> 정치·경제·풍습
> 중요도 : ★★★★

고조선이 멸망하고 만주와 한반도에 수많은 나라가 생겨났다. 우리가 알고 있는 나라만 해도 부여, 고구려, 옥저, 동예, 마한, 변한, 진한 등이 있다. 이 중에서도 가장 오랜 역사와 국력을 자랑하는 나라가 부여(夫餘)다.

《삼국지》〈위서〉동이전의 내용에 따르면 부여는 기원전 4~3세기경에 송화강 유역에서 연맹왕국의 형태로 성장하였

◆사출도
부여는 마가, 우가, 저가, 구가와 같이 가축의 이름을 사용하는 여러 가(加)가 자기들의 세력권인 사출도를 다스렸던 5부족 연맹왕국이다. 사출도는 훗날 윷놀이의 기원이 된다.

다. 부여는 천제의 아들인 해모수가 북부여를 건국하였고, 해모수의 아들인 해부루가 무리를 이끌고 동쪽으로 이동하여 동부여를 세웠다. 그리고 오랜 시간 만주를 호령하다가 고구려의 문자명왕에게 494년 멸망하였다. 그렇다면 부여는 고구려, 백제, 신라와 같이 7~800년 이상 오랜 기간 존속했던 우리의 자랑스러운 고대 왕국인 것이다. 이처럼 부여는 유구한 역사를 가진 나라임에도 오늘날 알려진 것이 많지 않은 미지의 왕국이기도 하다.

부여 사람들은 스스로를 하늘의 자손이라고 생각하고 매년 12월에 하늘에 제사를 지냈다. 하늘에 제사 지내는 행위를 제천 행사라고 한다. 동아시아에서 중국이 아닌 국가가 제천 행사를 열었다는 것은 특별한 의미가 있다. 중국 중심의 동아시아 질서에서 제천 행사는 오로지 중국 황제만이 가진 특권이었기 때문이다. 예를 들어 조선 시대에 대한제국을 세우고 황제가 되었던 고종과 순종을 제외하고는 어떤 왕도 하늘에 제사를 올리지 못하였다. 조선은 명나라 황제를 받드는 제후국을 자처했기 때문이다.

그러나 부여는 건국신화에서 천자의 나라로 밝히고 있듯이 매년 12월에 영고(迎鼓)라는 제천 행사를 열었다. 특이한 점은 주변 국가들의 제천 행사가 10월인데, 부여만 12월이라는 점이다. 왜 부여만 제천 행사를 올리는 시기가 다를까?

이는 부여의 지리적 위치와 생활환경에 기초한다. 동이전의 기록을 보면 부여는 참깨·조·참피·보리·콩 다섯 가지 곡식이 자라기에는 적당했지만 복숭아·오얏·살구·밤·대추 5과는 나지 않았다고 한다. 또한 가뭄이나 장마가 계속되어 5곡이 영글지 않으면 왕에게 책임을 물어 왕을 바꾸거나 죽였다. 이를 통해 부여는 여름이 짧고 겨울이 긴 북쪽에 있어 벼농사를 짓지 못하고 주로 밭농사로 생계를 유지했음을 알 수 있다. 당연히 밭농사만으로는 먹을거리를 해결하기가 매우 어려웠다. 그래서 부여가 밭농사와 함께 생계 수단으로 선택한 것은 목축업이었다.

부여는 굉장히 너른 벌판을 가지고 있었다. 부여라는 이름도 평야를 의미하는 벌(伐)에서 연유했다는 설이 있을 정도로 광활한 초원이 국토 대부분을 차지하고 있었다. 부여의 특산물이 말인 것도 이처럼 광활한 초원을 가졌기에 가능한 일이었다.

남쪽의 여러 나라가 벼를 10월에 추수하고 일 년을 마무리할 때, 반농반목(半農半牧)의 경제 형태를 가진 부여는 가축을 한곳에 모아 추위로부터 보호한 뒤 사냥을 나서야 했다. 많은 눈이 쌓이는 겨울에 눈 위로 짐승들의 발자국이 선명하게 드러나면 부여 사람들은 사냥하러 초원으로 떠났다. 부여 사람들에게 12월은 사냥으로 얻은 양질의 고기로 영양분을 보충하고, 동물의 가죽으로 매서운 추위에서 벗어날 수 있는 중요한 시기였다.

이 추운 겨울을 잘 넘겨야만 다음 해에도 농사를 짓고 가축을 기를 수 있었다. 그렇다면 10월이 아닌 12월에 부여가 하늘에 제사를 지내는 것이 이해가 된다. 부여는 사냥이 시작되는 12월에 대내외적으로 자신들의 용맹함을 보여주었다. 그리고 하늘에 자신들이 그들의 자손이라는 사실을 주지시키며 매서운 겨울을 잘 보낼 수 있도록 기도를 올렸다.

◆부여의 경제활동
부여는 농경과 목축을 통해 경제활동을 했고 특산물로는 말과 주옥 그리고 모피가 있었다. 말은 목축, 주옥(구슬과 옥)은 광업, 그리고 모피는 사냥이 많이 이루어졌음을 보여준다.

★ 한눈에 보는 역사

부여와 고구려의 비교	
부여	위치: 송화강 유역
	정치: 5부족 연맹왕국(사출도)
	경제: 반농반목
	풍습: 제천 행사 영고, 순장
고구려	위치: 만주 퉁가 강 유역
	정치: 주몽이 건국, 5부족 연맹
	경제: 약탈 경제
	풍습: 제천 행사 동맹, 서옥제(데릴사위제)

9 동예는 왜 유독 기록이 많이 남아 있을까?

· 동예 정치·경제·풍습 중요도 : ★★★

《삼국지》〈위서〉 동이전에는 고조선 이후 만주와 한반도에 등장한 여러 국가에 대한 기록이 있다. 중국의 기록이다 보니 중국 왕조에 협조적이거나 적대적인 국가에 대한 서술이 다른 국가에 비해서 많다. 그런데 동예는 중국 본토에 있는 왕조와 전쟁을 벌이거나 교류를 한 적이 많지 않다. 삼국시대로 넘어가는 과정에서도 동예는 중요한 역할을 담당하기보다는 고구려와 신라에 흡수되어버리는 역사를 갖고 있다. 그런데도 다른 국가들보다 자세하게 기록되어 있는 이유가 무엇일까?

동예에 대한 역사적 기록을 보면 대군장이 없고 후·읍군·

삼로 등이 하호를 다스리는 연맹왕국이었다. 동예는 불내예후국이라는 군장국가가 정치기구를 마련하고 국가의 형태를 갖추기는 했지만, 동예를 구성하는 다른 군장들의 힘이 비슷해서 왕으로까지는 발전하지 못하였다. 오히려 동예는 다른 부족의 영역을 침범하면 소나 말로써 배상하는 책화(責禍)라는 제도로 각 부족의 독자적인 영역을 보장해주었다.

생활 풍습으로는 다른 나라와는 달리 같은 부족끼리는 결혼하지 않고 다른 부족과 결혼하는 족외혼 형태를 유지하였다. 또한 박달나무로 만든 단궁, 과일나무 아래를 지나다닐 수 있는 조그만 말인 과하마, 그리고 바다표범의 가죽 반어피가 유명하였다. 여기에 동예는 2만 호 규모의 국가로 호랑이를 주신으로 믿으며 무천(舞天)이라는 제천 행사를 주관했다고 동이전에 기록되어 있다.

그런데 마한(54국), 변한(12국), 진한(12국)에 관련된 내용보

◆불내예후국
불내예후국은 함경남도 안변군에 위치한 것으로 추정되고 있다. 불내예후국은 낙랑군 동부도위 관할하에 있다가 독립 세력으로 성장하여 중국 위(魏)나라에 조공하여 불내예왕으로 승격되었다. 그러나 이후 연맹왕국의 한계를 넘어서지 못하고 고구려 광개토대왕에게 병합되었다.

다 동예에 대한 정보가 우리에게 더 알려진 것이 선뜻 이해가 되지 않는다. 이는 동예의 역사에서 의외로 쉽게 답을 찾을 수 있다. 동예는 북쪽으로 고구려, 옥저와 맞닿고, 남쪽으로는 신라와 국경을 나란히 하고 있었다. 그리고 서쪽에 낙랑군이 있었다. 낙랑군은 기원전 108년 고조선이 멸망하고 한나라가 설치해놓은 네 개의 군(郡) 중 하나다. 낙랑을 제외한 다른 세 개의 군은 우리 민족의 강한 저항에 오래 버티지 못하고 중국으로 내쫓겼지만, 낙랑군은 평양을 중심으로 오랫동안 한반도에 자리 잡고 중국과 소통하고 있었다.

낙랑군은 동예를 간접적으로 장악하고 지배하고 있었다. 특히 245년 위나라의 관구검이 고구려를 침범하여 국토를 짓밟을 때, 동예의 많은 군장은 살아남기 위해 낙랑군에 위탁하여 제 살길을 찾았다. 이후 낙랑군이 미천왕이 이끄는 고구려에 멸망하자, 동예는 독자적인 길을 걸으려 했지만 강대해지는 고구려 앞에서 속수무책일 수밖에 없었다. 결국 동예는 5세기 초 고구려의 광개토대왕에게 대부분 흡수되면서 역사의 뒤안길로 사라졌다.

동예는 오백 년이 넘는 시간 동안 존재했지만, 자주적인 국가 운영을 한 시간은 얼마 되지 않았다. 대부분의 기간을 중국

한나라 낙랑군의 간접 지배를 받으면서 눈치를 살펴야 하는 약소국으로 살아가야 했다. 다시 말하면 중국의 요구에 NO보다는 YES를 더 많이 해야 했던 동예였다.

중국은 역사서를 편찬할 때 철저히 자신의 견해에서 기록하였다. 중국에 협조적인 이민족은 온갖 좋은 표현으로 세부적인 부분까지 서술했지만, 중국에 비협조적인 이민족은 짐승으로 표현하면서 내용도 간략하게 적어놓았다. 예를 들어 부여 사람들은 흰옷을 좋아하고 춤과 노래를 좋아한다고 말하면서, 고구려 사람들은 사납고 노략질을 하는 무지한 족속이라 표현하는 것처럼 말이다.

그런 맥락에서 봤을 때 중국에게 동예는 조공과 세금을 잘 내는 모범 국가였다. 그러니 동예가 어떤 물품을 조공으로 바쳤고, 어떤 풍습이 있는지를 잘 기록해 둔 것이다. 그래서일까? 동예에 대한 기록이 많은 이유를 알게 되면 기분이 마냥 좋지

◆위나라의 고구려 침략
관구검(?~255)은 위나라 무장으로 고구려를 침략하여 국내성을 함락하였다. 이때 고구려 밀우와 유유가 목숨을 걸고 위나라 군대를 막는 동안, 동천왕은 옥저 지역으로 피신하여 군대를 재정비한 뒤 위나라 군대를 격퇴하고 고구려를 지켜냈다.

★ 한눈에 보는 역사

옥저와 동예	
옥저	위치: 함경도 동해안
	정치: 읍군, 삼로가 통치(왕×)
	경제: 소금, 해산물 풍부
	풍습: 민며느리제, 골장제(가족 공동무덤)
동예	위치: 강원도 북부 동해안
	정치: 읍군, 삼로가 통치(왕×)
	경제: 단궁·과하마·반어피 생산
	풍습: 제천 행사 무천, 족외혼, 책화

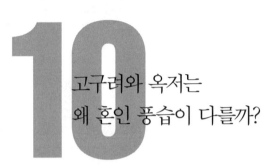

10 고구려와 옥저는
왜 혼인 풍습이 다를까?

· **고구려, 옥저**

정치·경제·풍습

중요도 : ★★★

고구려는 남자가 여자의 집을 찾아가 결혼하고 싶다고 청혼하면, 여인의 부모가 여러 가지를 물어본 뒤 딸과 혼인시켰다. 혼인식이 끝나고 나면 남자는 처가 옆에 서옥이라는 작은 집에서 결혼 생활을 하였다. 사위가 된 남자는 아이가 태어나 어느 정도 성장할 때까지 처가의 농사일과 대소사를 돌봐준 뒤에야 비로소 처가로부터 독립할 수 있었다. 이러한 결혼 풍습을 서옥제(壻屋制)라고 한다. 일종의 데릴사위제라고 말할 수 있다.

반면 고구려의 동남쪽에 위치했던 옥저는 고구려의 서옥제와 정반대의 결혼 풍습을 가지고 있었다. 옥저의 경우는 딸이 태어나면 10살 전후의 나이에 시집을 보냈다. 남자의 집에서 여자아이를 정성껏 키워 성인이 되면, 다시 여자의 친정으로 되돌려 보냈다. 그 후 여자의 집에서 요구하는 혼수 지참금을 남자 측에서 지급하고 나면, 그제야 정식으로 결혼의 예를 올렸다. 이를 민며느리제라고 한다.

고구려와 옥저는 같은 민족이고, 두 나라의 거리가 멀지도 않은데 결혼 풍습이 왜 이렇게 정반대였을까? 이는 고구려와 옥저의 자연환경 및 경제활동과 깊은 관련이 있다. 고구려는 압록강 유역에서 자리를 잡고 성장한 나라다. 압록강 유역은 높은 산맥들이 서해로 뻗쳐 나가는 지형을 가지고 있어 농사를 지을 수 있는 평야가 매우 적었다. 산에서 농사를 지어서는 가족의 생계를 책임지기 어려웠고, 국가의 입장에서도 나라를 경영하는 데 어려움이 많았다.

결국 고구려가 선택한 경제활동은 주변 민족과 국가에 쳐들어가 재물을 약탈하는 것이었다. 이런 정복 활동은 승리할 경우 아주 큰 포상이 따랐다. 그래서 고구려의 젊은 남자들은 주변 국가에 쳐들어간다는 소식이 들리면, 언제라도 무기를 들고 전쟁터로 달려갈 준비를 하고 있었다. 하지만 집에서는 농사를 짓고 여인과 아이들을 보호하는 남자도 필요하였다.

이 역할을 아내를 맞이한 대가로 사위가 담당하였다. 큰돈을 벌 수 있는 정복 활동에는 아들이 나가고 집안 관리는 사위가 한 것이다. 그런 만큼 고구려는 결혼하는 과정에서 가족과 마을 사람들에게 접대할 간단한 음식만 준비할 뿐 어떠한 혼수도 요구하지 않았다. 만약 혼수 예물을 요구하면 돈을 밝히는 나쁜 사람으로 낙인찍혀 주변 사람들에게 많은 욕을 먹어야 했다.

반면 옥저가 위치한 함경도 지방은 함흥평야가 위치하고 동해를 마주하고 있어 농산물과 해산물이 매우 풍부하였다. 가족을 꾸리고 생활하는 데 경제적으로 큰 어려움이 없었다. 그러나 풍요로운 땅을 지켜낼 수 있는 정치체제와 군사력을 갖추지 못했다는 것이 문제였다.

옥저는 여러 부족을 통합할 수 있는 왕이 없어 주변의 민족과 국가로부터 끊임없이 침략당하고 많은 것을 내주는 삶을

◆사료 보기
고구려 풍속을 보면 혼인할 때 구두(口頭)로 미리 정하고, 여자의 집 본채 뒤편에 작은 별채를 짓는데, 그 집을 서옥이라 부른다. 아들을 낳아서 장성하면 남편은 아내를 데리고 자기 집으로 돌아갔다.
출처: 《삼국지》 〈위서〉 동이전

살아야 했다. 아무리 풍요로운 땅이라 할지라도 이를 지켜낼 힘이 부족했던 옥저는 늘 빈곤한 삶을 살아가야 했다. 자녀를 낳아도 배불리 먹이기 어려웠던 옥저가 선택할 수 있던 방법은 어린 딸을 빨리 시집보내서 가족의 수를 줄이는 것이었다. 그리고 딸이 성장하면 신랑 측에 일정 금액의 돈이나 재물을 요구하여 다른 가족들의 생계를 책임졌다.

◆사료 보기

옥저는 신부 집에서는 여자가 10살이 되기 전에 혼인할 것을 약속하고, 신랑 집에서는 여자를 맞이하여 성장할 때까지 데리고 있다가 아내로 삼는다. 여자가 어른이 되면 친정으로 돌려보내고, 친정에서는 예물을 요구한다. 신랑 집은 예물을 치르고 신부를 다시 신랑 집으로 데리고 온다.

출처: 《삼국지》 〈위서〉 동이전

★ 한눈에 보는 역사

여러 나라의 성장	
삼한 (마한, 변한, 진한)	위치: 한강 이남 정치: 제정 분리(정치: 신지·읍차, 종교: 천군) 경제: 벼농사 발달, 변한 철 풍부 → 수출 풍습: 제천 행사 계절제(5, 10월)

11 고주몽을 왜 태조라 부르지 않지?

· **고구려**
태조왕의 업적
중요도 : ★

　　태조(太祖)왕은 일반적으로 고려 태조 왕건, 조선 태조 이성계처럼 한 국가를 세운 인물이 죽은 뒤에 붙이는 묘호다. 그런데 고구려의 경우는 나라를 세운 고주몽이 아니라 여섯 번째 왕에게 태조왕이라는 묘호를 주었다. 왜 고

◆왕을 부르는 여러 호칭

우리가 주로 부르는 영조, 정조와 같은 왕의 호칭은 묘호(廟號)로 황제나 왕이 죽은 뒤 종묘에 신위를 모실 때 붙인 이름이다. 반면 시호(諡號)는 황제나 왕이 죽은 뒤 그의 공덕을 찬양하여 추증하는 이름을 말한다. 예를 들어 태종의 아들이자 문종의 아버지였던 세종(世宗)은 묘호이며, 시호는 장헌(莊憲)이다. 묘호나 시호 모두 왕이 살아서는 듣지 못하는 호칭이다.

구려는 건국한 인물에게 태조라는 묘호를 주지 않은 것일까?

고구려 태조왕은 재위 기간만 53~146년으로 93년 동안 왕으로 살다가 118세에 죽었다. 현실적으로 93년 동안 왕으로 재위했다는 것이 선뜻 믿기지 않는다. 더욱더 놀라운 것은 태조왕이 동생에게 왕위를 물려주고도 한참을 더 살았다는 것이다. 태조왕의 뒤를 이어 왕이 된 차대왕(재위 146~165)은 태조의 측근을 제거하는 것에 그치지 않고 태조왕의 아들이었던 막근을 죽여 버리는 폭군이었다. 태조왕은 말년에 자식이 죽어가는 모습에 받은 충격과 슬픔을 이기지 못하고 165년에 죽었다. 만약 태조왕 말년에 불행이 연달아 일어나지 않았다면 118세에서 얼마나 더 오래 살았을지 모르겠다. 우리가 오래 산 것으로 알고 있는 장수왕도 태조왕 앞에서는 명함 내밀기가 어렵다.

태조왕은 단순히 장수했다는 것만으로 유명한 것이 아니다. 그는 오랜 시간 동안 고구려를 통치하면서 나라 안팎으로 고구려의 기틀을 마련하였다. 대외적으로는 태조 4년(56년)에 옥저를 복속시켜 풍요로운 함흥평야를 차지하였다. 함흥평야와 동해안에서 나오는 많은 농산물과 해산물은 고구려의 국고를 풍족하게 채우면서 빠른 성장의 토대가 되었다.

이외에도 중국이 고구려에 내정간섭을 하며 영향력을 행사하려는 행위를 적극적으로 막아냈다. 태조왕은 중국 세력이 고구려로 넘어오지 못하도록 하기 위해 요하강을 경계로 영토를 확정할 필요가 있다고 생각했다. 왜냐하면 요하강의 동쪽은 험준한 산으로 가로막혀 있어 중국의 침략을 막는 천혜의 방어선으로 활용 가능했기 때문이다. 이 지역이 요동이다. 태조왕은 고구려의 안전을 도모하는 데 필요한 요동을 확보하기 위해 105년에 요동의 여섯 현을 중국으로부터 빼앗았다. 121년에는 요동 태수 채풍을 죽이고, 요동에 있던 중국 세력을 압박하여 쫓아내려고 노력했다.

대내적으로는 소노부가 차지하고 있던 왕위계승권을 태조왕의 출신 부족인 계루부가 독차지하도록 만들면서 권력을 일원화하였다. 이를 통해 고구려의 왕권이 강화되고, 중앙집권적

◆고구려의 5부족
고구려는 소노부·계루부·관노부·절노부·순노부의 5부족이 연합하여 만든 국가이다. 처음에는 소노부에서 왕이 나왔으나, 태조왕 이후 계루부가 왕위 계승권을 독점하였다. 이후로도 한동안 소노부는 다른 부족보다 우위를 점하고, 절노부는 왕비를 배출하면서 독자적인 세력을 가지고 있었으나 점차 행정구역화 되면서 5부족의 귀족들은 중앙귀족으로 바뀌었다.

인 관료 체제가 만들어졌다. 태조왕 이후의 고구려 왕들이 봤을 때 소노부 출신의 왕보다 계루부에서만 왕위를 배출할 수 있게 한 태조왕이야말로 자신들의 진정한 시조였다.

그러면 고구려를 건국한 고주몽은 어떤 묘호를 받았을까? 너무 걱정할 것 없다. 고주몽은 인간을 넘어 신격화된 동명성왕으로 불리고 있었다. 동명이란 이름에서 알 수 있듯이 고주몽은 이미 가장 높은 하늘의 신으로서 숭배의 대상이었다. 그렇기에 고구려의 기틀을 마련한 태조왕이 나라를 세운 왕이라는 뜻의 태조 묘호를 받아도 아무런 문제가 되지 않았다.

★ 한눈에 보는 역사

고구려의 성장	
태조왕(1세기)	옥저 정복, 계루부 고씨의 왕위 세습
고국천왕(2세기)	왕위 부자 상속, 5부족을 행정 5부, 진대법
미천왕(4세기)	낙랑 축출(313)
소수림왕(4세기)	불교 수용, 율령 반포, 태학 설립

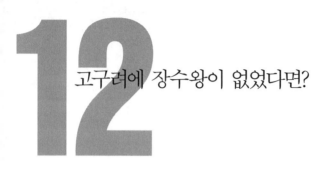

고구려에 장수왕이 없었다면?

> **· 고구려**
> 장수왕의 남진 정책과 평양 천도
> 중요도 : ★★★★

광개토대왕(374~412)은 우리나라 역사에서 손에 꼽히는 정복 군주다. 광개토대왕은 백제의 아신왕에게 영원토록 고구려의 '노객(奴客)'으로 살겠다는 약속을 받았다. 신라에 왜가 쳐들어오자 5만의 군대로 내쫓은 뒤 신라와 가야를 보호국으로 삼았다. 그러나 광개토대왕이 38살이라는 이른 나이로 죽자, 신하를 자처했던 나라들이 계속 고구려를 무서워하고 따를 것을 장담할 수 없었다. 자칫하면 고구려는 다시 위기로 빠질 수 있었다. 강력했던 광개토대왕의 부재라는 어려운 현실의 문제를 해결한 이가 바로 장수왕이다.

광개토대왕이 죽고 왕위에 오른 장수왕(394~491, 재위

412~491)의 나이는 고작 18살에 불과하였다. 당시 백제와 신라는 고구려보다 국력은 약했지만 오랜 풍파를 견딘 왕들이 국가를 운영하고 있었다. 이들 사이에서 어린 나이의 장수왕은 뛰어난 지도력을 보여주었다. 그리고 아버지 광개토대왕이 이룬 업적을 지키는 것에 그치지 않고 고구려를 더욱 강한 나라로 발전시켰다.

장수왕은 국내 정치와 국제 정세의 흐름을 잘 파악하는 능력을 갖추고 있었다. 우선 즉위하고 2년 뒤인 414년 광개토대왕릉비를 세우면서 고구려가 천자의 나라임을 국내와 주변국에 알림으로써 고구려가 동아시아의 맹주라는 사실을 인식시켰다.

장수왕은 즉위 3년이 되는 415년에는 신라가 고구려의 속국임을 확인받았다. 그 증거가 경주에서 발견된 호우총 청동합

◆사료 보기
백잔(백제) 왕은 궁핍해져서 남녀 포로 1,000인과 세포(細布) 1,000필을 바치고 무릎을 꿇고 스스로 맹세하기를 "지금부터 영원히 노객이 되겠습니다."라고 하였다. 이에 58성과 700촌을 얻었으며, 백잔 왕의 아우와 대신 10명을 거느리고 군대를 돌려 국도로 돌아왔다.
출처: 광개토대왕릉비 영락 6년 조

이다. 호우총 청동합에는 "을묘년국강상광개토지호태왕호우십(乙卯年國罡上廣開土地好太王壺杅十)"이라고 새겨져 있다. 이 글은 호우총 청동합이 광개토대왕을 추모하기 위해 만들어진 그릇이라고 밝히고 있다. 그런데 이 그릇이 경주에서 발견되었다는 깃은 신라가 고구려로부터 하사받았나는 것을 의미하며, 대외적으로 고구려의 속국이었음을 보여준다.

427년에는 거대한 영토를 운영하기에 불편함이 컸던 국내성 대신 넓은 평야를 가지고 있으면서 서해를 통해 중국과 교통할 수 있는 평양성으로 천도하였다. 이는 고구려보다 인구와 물자가 풍부했던 중국과의 마찰은 피하고 상대적으로 힘이 약한 백제와 신라를 압박하려는 강온정책의 고단수 외교방침이었다.

이후 장수왕은 강한 국력으로 고구려에 위협이 되는 백제를 향해 강한 압박을 주었다. 고구려의 끊임없는 압박에 백제의 국력이 약해지자, 장수왕은 475년 백제의 수도 한성을 정복하고 백제왕인 개로왕을 죽였다. 백제는 이후 웅진으로 천도(충남 공주)하여 전쟁 패배에 대한 수습 처리로 많은 국력을 소비했고 다시는 전성기 때의 국력을 되찾지 못하게 된다. 장수왕은 신라를 속국으로 삼고 백제의 수도를 빼앗은 것에 멈추지 않았다. 백제와 신라가 고구려에 대항하지 못하도록, 계속 남하하여 교통의 중심지인 충주를 점령하며 삼국의 주도권을 확실하게 잡았다.

반면 중국과의 전쟁에는 오랜 시간과 물자가 필요하다는 것을 알고 있었던 장수왕은 강경책 대신 유화책을 택했다. 중국은 한나라의 붕괴 이후 여러 나라로 나뉘어 싸우는 위진남북조 시대로, 고구려가 먼저 자극하지 않는다면 전쟁이 일어날 이유가 없었다.

그래서 장수왕은 중국 왕조가 원하는 대로 형식적인 조공 질서에 맞춰주었고, 그 결과 고구려는 안정을 이루고 내치 발전에 힘을 기울일 수 있었다. 장수왕이 중국의 조공 질서에 편승했다고 해서 고구려를 중국의 속국으로 보는 사람들도 있다. 그러나 이 당시의 중국 왕조는 고구려에 어떠한 내정간섭도 하지 못했다. 오히려 중국 북연의 왕이 고구려에 투항했던 사실로 비추어 보아 중국의 여러 국가가 장수왕이 이끄는 고구려

◆사료 보기
고려대왕 상왕공과 신라 매금은 대대로 형제같이 지내고 상하가 화목하게 천도(天道)를 지키기를 원하여 동쪽으로 왔다.
출처: 충주 고구려비 비문

의 눈치를 살폈다고 보는 것이 옳을 것이다.

이처럼 고구려가 5세기 삼국을 주도하며 동아시아의 강대국으로 자리매김할 수 있었던 것은 장수왕이 79년 동안 국정을 안정적으로 운영했기에 가능한 일이었다. 그런데도 중국은 장수왕이 중국 왕조에 소공을 바친 사실만 강조한다. 하지만 역사를 조금만 들여다보면 고구려가 중국의 지방 정권이라는 동북공정이 한 편의 소설에 불과함을 알 수 있다.

★ 한눈에 보는 역사

고구려의 발전	
광개토대왕(4~5세기)	영토 확장(한강 이북, 신라 지원, 후연·거란 격파)
	연호(영락) 사용
장수왕(5세기)	남진 정책: 평양 천도(427)
	영토 확장(한강 유역 차지-충주 고구려비)
	광개토대왕릉비 세움

13

수나라가 고구려를 침략한 대가는?

> **· 고구려**
> 수의 침략과 격퇴
> 중요도 : ★★★★

고구려, 백제, 신라로 나뉘어 경쟁하고 발전하던 삼국시대에 중국도 북방 민족의 남하로 수많은 나라가 역사에 등장했다가 사라졌다. 이 시기를 위진남북조 시대라고 한다. 혼란했던 위진남북조시대를 통일한 나라가 문제

◆위진남북조

후한(後漢) 멸망 후 위·촉·오 삼국으로 분열된 중국은 북방 민족이 남하함에 따라 남쪽으로 쫓겨 내려갔다. 이후 화북의 북방 민족과 강남의 한족 왕조가 대립하였다. 이 시대를 위진남북조(221~589)라고 한다. 이 시기 민족 이동과 문화 융합이 활발히 전개되었으며, 새로운 지배 계층으로 문벌 귀족이 등장하였다.

(541~604)가 세운 수(隋)나라다.

수나라가 중국을 통일하자 중국과 돌궐 그리고 고구려 사이에 존재하던 힘의 균형이 깨지기 시작하였다. 수나라는 자신을 상국으로 인정하는 중화 질서를 고구려를 포함한 주변국에 요구하였다. 하지만 고구려도 천자의 나라로 수십 개의 민족을 거느린 대제국이었다. 수나라를 받들면서 내정간섭을 받을 이유가 하나도 없었다. 더욱이 581년에 세워진 짧은 역사의 수나라가 600년 가까이 동아시아의 맹주로 있던 고구려를 속국으로 여기는 행위 자체가 어이없었다.

그러나 요서 지역의 거란족과 말갈족의 일부가 수나라와 손을 잡자, 고구려는 국제 관계에서 고립될 위기에 처하게 되었다. 공격이 최선의 방어라는 말이 있다. 고구려 영양왕은 수나라가 고구려를 쳐들어올 여유를 주지 않기 위해 598년 말갈 병사 만여 명을 거느리고 수나라 영토였던 요서 지역을 공격하였다. 전쟁에 유리한 지역을 먼저 선점하고, 수나라의 기세를 꺾어놓자는 고구려의 판단이었다.

고구려의 침략에 명분을 얻은 수나라는 30만 군사로 고구려를 쳐들어왔다. 하지만 홍수와 태풍 등 자연재해와 고구려 군대의 막강한 힘을 이겨내지 못하고 패퇴하였다. 이후 고구려와 수나라는 잠시 평화로운 시기를 보내는 듯 보였다. 그러나 수나라 양제(煬帝)가 아버지인 문제(文帝)를 죽이고 왕위를 찬탈하면서 고구려 침략의 불씨가 다시 살아나기 시작하였다. 권력의 정당성을 확보하지 못한 수양제는 언제든 황위를 빼앗길 수 있다는 불안감에 늘 초조했다. 아버지를 죽이고 권력을 차지한 것을 신하들과 백성들에게 인정받기 위해서는 아버지보다 더 큰 업적을 이루어야 한다고 생각하였다. 즉, 아버지 문제가 하지 못한 고구려 정복만이 자신의 황위를 인정받는 유일한 길이라 여겼다.

양제는 고구려와의 1차 전쟁의 패배 원인이 물자 부족이라고 생각하고, 중국 남쪽 지방의 풍부한 물자를 화북 지역으로 끌어오기 위해 대운하를 건설하였다. 수나라가 고구려를 공격하기 위해 대운하 영제거(永濟渠)를 건설하자, 고구려도 수나라와의 일전을 위해 요동에 여러 성을 구축하며 철저한 전쟁 준비를 하였다.

611년 양제가 육군 113만이라는 대군을 이끌고 고구려 침략을 위해 요동으로 출발하였다. 물자를 수송하는 병력은 육군의 두 배로, 약 300만 명이 넘는 대군이 출발하는 데만 40여 일이 걸렸다고 하니 인류 역사상 이런 전쟁은 찾기 어려웠다. 수는 이와 별도로 고구려의 전력을 분산시키고자 평양성으로 4만의 군대를 보냈다.

그러나 고구려는 동아시아 최강의 군대를 가진 강국이었다. 평양으로 들어온 수나라 군대는 영양왕의 동생 고건무에게 대패하였고, 요동으로 넘어온 수나라 군대는 요동성 하나를 함락하지 못하였다. 양제는 조급한 마음에 우중문에게 30만 별동대를 주며 평양성을 공략하게 했다. 그러나 별동대는 을지문덕이 이끄는 유인책에 말려들어 고구려군과 쉬지 않고 싸우다 보니 전투 능력을 상실해버렸다. 우중문이 이끄는 수나라 군대는 더 전투를 벌일 여력이 없어 결국 후퇴를 하다가 살수에서 큰 패배를 당하면서 2,700여 명만이 살아 돌아갔다.

이후 양제는 고구려를 정복하기 위해 두 차례나 더 침입하면서, 수나라의 막강한 국력을 다 소진해버렸다. 수나라 백성들

◆사료 보기

神策究天文(신책구천문) 귀신같은 책략은 하늘의 이치를 다했고

妙算窮地理(묘산궁지리) 기묘한 헤아림은 땅의 이치를 다 통했구려

戰勝功旣高(전승공기고) 싸움에서 이긴 공이 이미 높으니

知足願云止(지족원운지) 만족함을 알고 그만 그치시오

출처: 을지문덕이 수나라 장수 우중문을 조롱하며 보낸 편지

은 계속되는 전쟁과 패배에 헐벗고 굶주려 죽어갔다. 백성들은 전쟁을 멈추자고 요구했지만, 양제는 백성들의 뜻을 무시한 채 대운하에 배를 띄우고 여흥을 즐겼다. 여흥을 즐기기 위해서인지, 아니면 자신의 실책에 대한 추궁이 무서웠는지 양제는 궁에 들어가지 않았다. 대운하에 큰 배를 띄워놓고 중국을 떠돌던 양제는 617년 살해당하고 만다. 그리고 이듬해, 수백 년 동안 분열된 중국을 통일했던 수나라는 건국 38년 만에 망했다. 중국은 부정하지만 수나라가 고구려의 역사와 저력을 얕보고 덤볐다가 무너졌다는 것이 수나라 멸망에 관한 역사적 사실이다.

★ 한눈에 보는 역사

고구려의 위기와 멸망	
영양왕(7세기)	을지문덕의 살수대첩(612, 수나라 격퇴)
	일본에 문화 전파(담징, 혜자)
	이문진 역사서 《신집》 편찬
영류왕(7세기)	연개소문 천리장성 축조
	안시성 싸움(645, 당나라 격퇴)
보장왕(7세기)	연개소문 사후 멸망(668)

14

온조는 왜
알에서 태어나지 않았을까?

> · **고구려**
> 고구려 이주민과 토착 세력의 결합
> 중요도 : ★

고구려의 고주몽, 신라의 박혁거세 그리고 가야를 세운 김수로는 모두 알에서 태어났다는 '난생설화'를 갖고 있다. 이는 고구려, 신라, 가야가 하늘로부터 선택받은 천자의 나라임을 보여주는 것으로 백성들의 마음을 하나로 끌어당겼다. 그런데 백제를 건국한 온조는 하늘에서 내려온 존재로 부상되지 않고 평범한 인간으로 역사에 등장한다. 왜 백제는 다른 국가와는 달리 건국신화가 난생설화의 형태가 아닐까?

이는 하나의 혈연적 계통이 중심이 되어 백제를 건국한 것이 아니기 때문이다. 백제는 여러 혈연적 계통이 모여 나라를 세우고 성장했기에 특정 세력을 신격화시키기 어려웠다. 백제의 건국 설화는 크게 세 가지로 전해 내려온다.

첫 번째는 부여 또는 고구려의 후손인 구태(仇台)가 백제를 세웠다고 중국의 사서에 기록되어 있다. 그러나 190년대에 살던 요동 태수 공손탁이 딸을 구태에게 시집보냈다고 하는 등 중국 역사서에 많은 오류가 있어 믿기 어려운 점이 많다.

두 번째 설화에 따르면 북부여 해부루의 서손인 우태와 졸본의 연타발의 딸 소서노가 혼인하여 비류와 온조를 낳았다고 한다. 그러나 우태가 일찍 죽자 소서노가 부여에서 내려온 고주몽과 재혼하여 고구려 건국을 도왔다. 하지만 부여에서 주몽의 아들 유리가 내려오자, 비류가 동생을 이끌고 미추홀(인천)에 정착하여 백제를 건국했다고 전한다.

세 번째 설화는 우리에게 가장 많이 알려진 내용이다. 고주몽의 아들 유리가 부여에서 내려오자, 소서노가 두 아들을 데

◆삼국의 건국
고구려: 고주몽이 기원전 37년 졸본 지역에서 건국
백제: 온조가 기원전 18년 한강 유역에서 건국
신라: 박혁거세가 기원전 57년 경주 인근 지역(사로국)에서 건국
가야: 김수로가 기원후 42년 김해 지역에서 금관가야 건국

리고 남하하였다. 비류와 온조는 나라를 세우고자 하는 뜻은 같았으나 건국의 터를 잡는 데 이견이 발생하였다. 결국 이견을 좁히지 못한 둘은 각기 자신만의 나라를 세우기로 하였다. 비류는 미추홀에 자리를 잡고 온조는 하남 위례성에 터를 잡고 나라를 세웠다. 비류가 세운 나라는 농사기 잘되지 않아 백성들이 어려움을 겪었고, 온조가 건국한 십제(十濟)는 백성들이 편안하고 행복하였다. 온조의 십제가 날로 발전하는 모습을 확인한 비류는 자신을 믿고 따라온 백성을 힘들게 했다는 죄책감에 스스로 목숨을 끊었다. 그리고 자신들의 백성이 온조를 찾아가 행복하기를 바란다는 유언을 남겼다. 온조는 비류가 죽고 갈 곳이 없어 자신을 찾아온 사람들을 받아들여 백제(百濟)를 세우게 된다.

이처럼 백제의 여러 건국 설화를 두고 부여족의 일부가 남하하여 백제를 세웠다는 주장도 있지만, 남쪽으로 내려온 부여족이 토착 세력의 왕국을 빼앗았다는 주장도 있다. 이외에도 7대 사반왕(沙伴王)에서 8대 고이왕(古爾王)으로 왕위가 넘어가는 과정을 온조계에서 비류계로 주도권이 옮겨지는 과정으로 인식하기도 한다. 그러나 공통적으로 근초고왕 때 온조계가 왕권을 완전히 장악했다고 생각한다.

이처럼 온조가 세운 십제가 백제로 발전했다는 기록은 백제 건국 초 지배 계층의 주도권 싸움이 치열했음을 짐작하게 한다. 하지만 일부 지배층이 주도권을 빼앗겼어도 힘이 약해졌을 뿐, 권력에서 완전히 배제된 것은 아니었다. 충분히 상대측을 견제할 힘이 있는 상황에서 고구려나 신라처럼 온조계 왕들은 온조를 신격화하기가 어려웠다.

결국 온조계와 비류계 양측 모두를 만족시킬 방법은 부여의 정통성을 가지고 백제를 세웠다는 건국 설화가 가장 적합했다. 그리고 온조계가 백제 왕권을 장악하고 후손에 물려줄 수 있도록 확실하게 굳혀놓은 인물이 근초고왕이다. 근초고왕은 자신과 온조계에 정통성을 확실하게 부여하기 위해서 고흥을 시켜 《서기(書記)》라는 역사서를 만들었다. 그러나 아쉽게도 《서기》는 오늘날 전하지 않는다. 만약 실전되지 않았다면 우리

◆사료 보기
백제 시조 온조왕은 그 아버지가 추모(주몽)이다. (중략) 주몽이 북부여에 있을 때 낳은 아들이 와서 태자가 되자 비류와 온조는 (중략) 오간, 마려 등 열 명의 신하와 남쪽으로 갔다. (중략) 그 계통은 고구려와 더불어 부여에서 갈라져 나왔기 때문에 부여를 성씨로 삼았다.
출처: 《삼국사기》

는 백제의 건국에 대하여 확실하게 알 수 있었을 것이다. 그래서 《서기》의 실전은 많은 아쉬움을 남기고 있다.

★ 한눈에 보는 역사

백제이 선장	
온조(기원전 18년)	하남 위례성에서 건국 고구려와의 관련(석촌동 계단식 돌무지무덤)
고이왕(3세기)	한강 유역 차지 6좌평, 16관등제, 관복제 시행 → 중앙집권 국가 형성

15 칠지도에 숨겨진 역사의 진실은?

· 백제
칠지도를 통한 근초고왕 업적과
백제의 전성기
중요도 : ★

일본은 4세기 말부터 6세기까지 백제, 신라 그리고 가야를 지배했다는 임나일본부설(任那日本府說)을 주장하고 있다. 임나일본부설 주장에 대한 증거로 백제 근초고왕의 세자가 일본에 바친 의례용 칼인 칠지도가 이소노카미 신궁에 보관되어 있다고 제시한다.

일본의 주장이 허구임을 알기 위해서는 먼저 백제의 근초고왕에 대하여 알아야 한다. 제13대 근초고왕(?~375)은 346년에 왕으로 즉위하여 백제를 동아시아의 맹주이자 해상왕국으로 발전시킨 정복 군주다. 근초고왕은 마한을 완전히 점령하고 가야의 여러 소국에 영향력을 행사하였다. 그리고 왜를 속국으로 만들어 백제 장수가 왜군을 통솔할 수 있게 할 정도로 막강한 영향력을 행사하였다. 근초고왕은 남쪽으로 영향력을 확대하려는 고구려 고국원왕과 평양성에서 삼국의 패권을 두고 전쟁을 벌이기도 하였다. 이 전쟁에서 백제가 고국원왕을 죽이면서, 주변 모든 나라를 압도할 수 있는 국력을 과시하였다. 이후 한반도를 넘어 중국의 요서와 산둥반도, 일본의 규슈 지역까지 진출하여 백제의 영역을 크게 확대하였다. 당시 백제가 차지했던 지역들을 연결해보면 서해가 백제의 호수에 불과했음을 확인할 수 있다. 대외적 팽창을 통해 강력한 힘과 자부심을 갖게 된 근초고왕은 백제의 역사를 기록한《서기》를 편찬하고, 왕위를 아들에게 물려주는 부자 상속제를 시행하였다.

하지만 백제가 삼국의 주도권을 잡고 발전하기 위해서는 신라와 가야를 계속 견제할 필요가 있었다. 그런 의미에서 왜는 백제에 없어서는 안 되는 매우 중요한 우방국이자 속국이었다.

◆사료 보기
백제는 본래 고구려와 함께 요동의 동쪽에 있었다. 진나라 때 고구려가 이미 요동을 공략해 차지하자, 백제 또한 요서·진평 2군을 점거하고 스스로 백제군을 두었다.
출처:《양서》

왜에게 백제는 넘볼 수 없는 상국이라는 인식과 함께 우방국이라는 확신을 심어줄 필요가 있었다. 그래서 왜왕에게 친교의 상징으로 하사한 것이 칠지도다.

칠지도(七支刀)는 일곱 개의 칼날이 나뭇가지처럼 생겼다고 해서 붙여진 이름이다. 칠지도에는 60여 자의 명문(銘文)이 새겨져 있는데 현재 모든 글자를 판독할 수 없어 여러 가지 의미로 해석되고 있다. 칠지도 앞면에는 "泰口四年十口月十六日丙午正陽造百錬口七支刀口辟百兵宜供供侯王口口口作"이라고 새겨져 있다. 이를 해석하면 "태○사년 5월 16일 병오, 백번이나 단련한 강철로 칠지도를 만들었다. 이 칼은 모든 적을 물리칠 수 있으니 제후왕에게 준다. ○○○○가 만들었다." 뒷면의 "先世以來未有此刀百濟口世口奇生聖音故爲倭王旨造口口口世"는 "지금까지 이런 칼이 없었다. 백제 왕세자 기생성음이 왜 왕자

◆일본에서 칠지도가 갖는 의미
칠지도는 이소노카미 신궁에 보관 중이며 1953년 일본 국보로 지정되었다. 1874년 신궁 대궁사로 있던 스가 마사도모가 발견했고, 1892년 도쿄 제국 대학의 호시노 히사시 교수가 《일본서기》에 등장하는 칠지도라고 주장하였다. 이후 일본은 칠지도에 근거하여 한반도를 되찾아야 한다는 정한론을 발전시켜 1910년 우리나라를 강탈하는 명분으로 삼았다.

를 위해 만들었으니 후세에 전하라."라는 뜻으로 해석된다.

판독이 안 되는 부분을 제외하더라도 상식적인 수준에서 칠지도의 명문을 읽어보면 백제가 왜왕에게 갖다 바친 것인지, 아니면 하사한 것인지 쉽게 알 수 있다. 만약 백제가 일본의 제후국이었다면 세지 기생성음이 아닌 근초고왕이 바쳐야 하지 않았을까? 한갓 제후국에 불과한 나라가 왕도 아닌 세자의 이름으로 진상품을 바치는 경우는 없다. 세자가 국가를 대표하여 상국에 진상과 조공을 바치는 경우 외교적 결례로 비쳐 양국의 우호 관계가 깨질 수 있다.

반대로 왜왕이 백제 왕세자보다도 낮은 위치라면, 왕세자가 칠지도를 하사했다고 하더라도 외교적 결례가 되지 않는다. 이처럼 임나일본부설이 낭설임을 간단하게 증명할 수 있음에도 일본은 줄기차게 거짓을 주장하고 있다. 특히 칠지도가 왜에게 항복의 징표로 백제가 바친 거라는 일본의 억지 주장은 역사를 제대로 알지 못하는 무지한 행태라고밖에 볼 수 없다. 중국과 일본까지 영향력을 행사하던 백제 근초고왕이 일본에 고개를 숙이며 신하로서의 예를 갖추었다는 주장은 무엇으로도 우리를 이해시킬 수 없다. 사실을 인정하고 받아들이는 것이 지금보다 더 나은 미래를 건설하는 데 도움이 된다는 사실을 일본이 빨리 배웠으면 한다.

★ 한눈에 보는 역사

백제의 발전	
근초고왕(4세기)	마한 병합(368), 평양 공격 → 고구려 고국원왕 전사(371)
	요서·산둥·규슈 진출, 왕위 부자 상속
	고흥 역사서 《서기》 편찬
침류왕(4세기)	불교 공인(384)

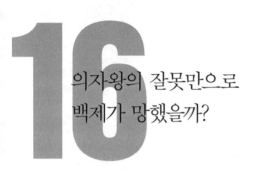

16

의자왕의 잘못만으로
백제가 망했을까?

· 백제

백제의 멸망

중요도 : ★★★★

조선 시대에 한 시인이
의자왕과 삼천궁녀라는
창작물을 지으면서 백제
멸망의 원인을 의자왕의
사치와 향락으로 알고 있는 사람이 많다. 과연 의자왕이 충신
의 말에 귀를 기울이지 않고, 나라와 백성을 돌보지 않은 실정
으로 백제가 멸망했다는 설명이 옳을까? 그리고 정말 삼천궁
녀가 존재하긴 했을까?

의자왕(재위 641~660)은 어려서부터 효심이 깊고 영특해서
'해동의 증자'라는 별명을 가지고 있었다. 서동요로 널리 알려
진 무왕의 아들이었던 의자왕은 즉위하자마자 자신의 반대 세
력을 제거하면서 왕권 강화에 성공하였다. 안으로 정적을 제거

한 의자왕은 신라에 죽은 성왕의 복수와 함께 인적·물적 자원이 풍부한 옛 수도와 한강 유역을 차지하기 위해 적극적으로 신라 공격에 나섰다. 그 결과 의자왕은 대야성을 비롯한 신라의 40여 성을 빼앗았다. 그리고 고구려와 함께 신라의 전략적 요충지인 당항성을 끊임없이 공격하였다.

백제보다 국력이 약했던 신라는 의자왕의 끊임없는 파상적인 공격에 최대의 위기를 맞게 되었다. 백제를 견제하고자 신라는 김춘추를 고구려에 파견해보기도 했지만 아무런 성과를 얻어내지 못했다. 이로인해 결국 신라 내부에서 선덕여왕을 폐위시키려는 비담의 반란이 일어났다. 비담의 반란은 진압했지만, 선덕여왕은 반란 도중에 죽어버렸다. 이후 신라는 김춘추와 김유신이 국정을 장악하고 이끌어 나가게 되었다.

◆사료 보기

선덕여왕이 당나라에 사신을 보내 "고구려와 백제가 우리나라를 여러 차례 침범하여 성 수십 개를 공격하였습니다. 두 나라가 군대를 연합하여 성들을 기어코 빼앗으려고 9월에 크게 군사를 일킨다고 합니다. 그러면 우리나라 사직은 보전될 수 없습니다. 선덕여왕이 신하인 저를 보내 대국에 명을 받들어 올리게 되었습니다. 바라건대 약간의 군사를 내어 구원해주십시오."

출처:《삼국사기》

신라의 국정을 책임지게 된 김춘추는 진덕여왕 2년인 648년 나·당 동맹을 맺었다. 그리고 대동강 이북은 당이 갖고, 이남은 신라가 갖기로 밀약을 주고받았다. 이것이 훗날 돌궐-고구려-백제-왜로 이어지는 '남북 세력'과 신라-당의 '동서 세력'이 맞붙게 되는 동아시아 전쟁의 시작이었다.

하지만 의자왕은 나·당 동맹의 위험성을 제대로 인식하지 못했다. 의자왕은 수와 당나라의 침략을 물리친 동북아시아의 강자였던 고구려와 동맹을 맺었고, 당나라와 특별하게 사이가 나쁘지 않았기에 나·당 동맹을 대수롭지 않게 여겼다. 더욱이 신라의 기세를 누르고 주도권을 되찾았다는 안도감은 의자왕을 나태하게 만들었다.

하지만 백제 내부의 해결되지 않은 여러 문제가 의자왕의 국정 운영을 어렵게 만들고 있었다. 백제가 신라를 누르고 주도권을 잡았지만, 압도할 만큼 확실하게 주도권을 잡은 것은 아니었다. 이런 상황에서 백제의 귀족들은 승리에 도취하여 자신들의 몫을 챙기는 데만 급급했다. 안에서 발생하는 갈등과 문제를 제대로 해결하지 못하던 의자왕은 점차 지쳐서, 말년에는 향락에 빠지게 되었다. 여러 충신이 의자왕의 사치와 향락을 비판하는 충언을 했지만, 돌아오는 것은 감옥에 갇히거나 귀양을 가는 것이었다. 결국 의자왕 주변에는 간신들만이 들끓기 시작했다. 그러나 삼천궁녀로 대변될 만큼 사치와 향락으로 국력을 완전히 소진하지는 않았다.

백제 멸망의 직접적인 원인은 갑작스러운 나·당 연합군의 침략에 무방비 상태였다는 점이었다. 삼국시대에는 왕이 직접 거느리는 군대도 있지만, 대부분은 전쟁이 일어났을 때 귀족들이 자신들의 지휘권과 군대를 왕에게 넘기는 구조였다. 그렇다 보니 백제의 수도 사비성에는, 소정방이 이끄는 13만의 당나라 군대와 김유신이 이끄는 5만의 신라군에 맞서 대항할 군대가 없었다. 지방의 귀족들이 군대를 이끌고 백제를 구원하러 와야 했지만, 대부분의 귀족은 참전 시기를 놓치거나 사태의 추이를 전망하는 데 바빴다.

결국 의자왕은 자신의 군대만으로는 사비를 지킬 수 없다고

◆사료 보기
당 고종이 좌무이대장군 소정방을 신구도행군대총관으로 삼고, 김인문을 부대총관으로 삼아 좌효위장군 유백영 등 수군과 육군 13만 명을 거느리고 백제를 치게 하였다. 또 칙명으로 태종무열왕을 우이도행군총관으로 삼아 군사를 거느리고 그들을 응원하게 하였다.
출처:《삼국사기》

생각하고 웅진으로 피신했다. 웅진에서 재정비하려고 했지만, 웅진 성주 예식진이 백제를 배반하고 의자왕을 당군에게 넘겨버렸다. 의자왕이 중국으로 압송되어 가는 과정에서 수많은 백성이 의자왕의 뒷모습이라도 보기 위해 항구까지 울면서 수백 리 길을 따라왔다고 한다. 이를 통해 의자왕에 대한 백성들의 충성도는 크게 나쁘지 않았음을 짐작하게 한다.

백제의 멸망에 의자왕의 실정은 하나의 원인이 될 수 있다. 그러나 백제 멸망의 가장 큰 원인은 다른 곳에 있다. 고구려를 정복하려는 당과 백제를 없애고 싶었던 신라의 이해관계가 부합되면서 국제 정세가 급변한 것이 가장 큰 원인이다. 역사는 승자의 기록이라는 말이 있듯이 신라는 백제를 멸망시킨 정당성을 확보하기 위해 의자왕을 나쁜 폭군으로 만들었다. 그리고 오랫동안 의자왕은 오롯이 백제 멸망에 대한 책임을 홀로 져야 했다.

★ 한눈에 보는 역사

백제의 위기와 멸망	
개로왕(5세기)	장수왕의 침입으로 전사
문주왕(5세기)	웅진 천도(475)
무령왕(6세기)	22담로에 왕족 파견 남조의 양과 수교
성왕(6세기)	사비 천도(538), 국호 남부여로 변경 신라 진흥왕과 한강 유역 일시 차지 → 관산성에서 전사 일본에 불교 전파(노리사치계)
의자왕(7세기)	나·당 연합군의 침략 → 멸망(660)

17

신라 왕의 호칭이
변화된 배경은 무엇일까?

> · 신라
> 중앙집권 국가로의 발전 과정
> 중요도 : ★★★

신라는 왕에 대한 호칭이 시대에 따라 계속 변화되었다. 박혁거세는 거서간(居西干)이라는 호칭을 사용했고, 두 번째 왕인 남해는 차차웅(次次雄)이라 불렸다. 세 번째 왕인 유리(儒理)부터 16대 흘해까지는 이사금(尼師今)을 사용하였다. 광개토대왕의 도움으로 국난을 극복했던 제17대 내물왕은 마립간(麻立干)이라는 호칭을 사용하며 김씨의 왕위 독점을 끌어냈다. 그리고 중국의 문물을 적극적으로 수용했던 지증왕 이후로 왕(王)이라는 호칭을 계속 사용하였다. 왜 신라는 고구려, 백제와 달리 지배자를 뜻하는 호칭이 여러 개였을까?

신라의 시조 박혁거세를 거서간으로 부른 데에는 철기 문화를 가진 이민족이 경주의 토착 세력을 누르고 나라를 세웠다는 사실이 내포되어 있다. 거서간은 진한(辰韓)의 말로 '귀인'이라는 뜻을 가지고 있다. 박혁거세의 이름도 풀이해보면 '알에서 나와 널리 세상을 비춘다.'라는 뜻을 가지고 있다. 박혁거세로 대변되는 새로운 이민족이 사로국(斯盧國)을 세우면서 풍요로운 세상이 되었다는 사실을 강조한 것이다.

두 번째 호칭인 차차웅은 '무당'이라는 의미를 담고 있다. 신격화된 박혁거세를 계승한 남해왕이 백성과 관료들에게 인정받기 위한 수단으로 사용한 호칭이다. 남해왕이 무당으로서 박혁거세를 위한 제사를 주관함으로써, 사로국의 안녕과 평화를 기원하는 존재로 주목받기를 바라는 마음이 담겨 있다.

세 번째 호칭인 이사금을 처음 사용한 유리왕은 석탈해에게 왕위를 양보하다가 이가 많은 사람이 현명하다는 말에 신라의 제3대 왕으로 오른 인물이었다. 석탈해 설화는 박혁거세 후손에 버금갈 만한 새로운 무리가 신라 사회에 유입되었음을 보여준다. 서로 대등한 세력이 왕위를 번갈아 차지하기 위해서는 서로를 존중해주는 문화가 밑바닥에 깔려있지 않으면 어렵다. 현명한 자가 왕위에 오른다는 명분이 있어야 서로 간의 갈

등을 막을 수 있었다. 이사금은 서로의 세력을 존중한다는 의미로 오랫동안 신라 지배자의 호칭이 되었다.

대군장이란 뜻을 가진 마립간은 고구려의 도움으로 가야를 누르고 안정을 되찾게 된 내물왕부터 사용된 호칭이다. 광개토대왕은 왜의 침략에 고전하던 신라를 구원해준 대가로 신라에 많은 내정간섭을 하였다. 고구려의 입장에서는 내물왕의 후손들인 김씨가 계속 왕을 하는 것이 신라를 관리하기에 편했다. 신라 내물왕의 입장에서도 이 기회에 왕위를 박씨나 석씨와 공유하지 않고 독점하고 싶었다. 광개토대왕과 내물왕의 이해관계가 맞아떨어지면서 신라는 이후 김씨가 박씨·석씨보다 우월하다는 뜻을 가진 대군장이라는 마립간을 사용하였다.

내물왕 이후 신라는 고구려, 백제와 어깨를 나란히 할 정도의 국력 향상이 필요하였다. 그러기 위해서는 중국의 선진 문

◆사료 보기

지증왕 4년(503) 10월에 여러 신하가 아뢰기를 신(新)은 덕업이 날로 새롭다는 뜻이요, 라(羅)는 사방을 망라한다는 뜻이니 이것으로 국호로 삼는 것이 좋을 듯합니다. 예로부터 국가가 있는 이는 모두 제(帝)나 왕(王)을 칭하였습니다. 우리 시조가 건국한 지 23대가 되었으나 아직 방언으로 호칭하며 존호를 정하지 않았습니다. 지금 여러 신하는 한뜻으로 신라 국왕이란 존호를 올립니다.

출처:《삼국사기》

물 수용은 선택이 아닌 필수였다. 지증왕은 기존의 모습에서 탈바꿈하여 새로운 나라가 되겠다는 의미로 나라 이름을 신라(新羅)로 바꾸고, 중국식 호칭인 왕을 사용하였다. 중국 문물도 적극적으로 수용하기 시작하였다. 이후 신라는 중앙집권 국가로서 빠른 성장을 하게 되었고, 훗날 삼국을 통일하게 된다.

이처럼 신라 지배자의 호칭이 여러 번 바뀌게 된 것은 왕위 계승권을 둘러싼 여러 계통 간의 대결과 협력 그리고 중국의 선진 문물을 늦게 받아들일 수밖에 없었던 지리적 위치가 가져온 결과물이었다.

★ 한눈에 보는 역사

신라의 성장	
박혁거세(기원전 57)	진한의 사로국에서 출발
내물왕(4세기)	김씨 왕위 세습 낙동강 유역 진출 고구려를 통한 중국 전진과 수교
눌지왕(5세기)	나·제 동맹(433) 불교 전래

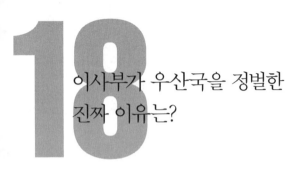

18 이사부가 우산국을 정벌한
진짜 이유는?

· **신라**
독도의 영토 편입
중요도 : ★★★★★

삼한 시대부터 울릉도를 중심으로 인근 도서 지역을 담당하던 우산국이 있었다. 크지 않은 영토였지만 광활하고 거친 바다 위에서 생활하는 억세고 거친 사람들이었기에 주변 국가들도 쉽게 건들지 못하였다. 또한 우산국을 정복하고 싶어도 울릉도에는 배를 정착할 수 있는 항구가 하나밖에 없어서 어떤 국가도 쉽게 정복할 수가 없었다. 또한 울릉도는 화산섬이지만 물이 부족하지 않았고 농사도 잘되는 지역으로, 함대를 항구에 정착시키지 못하면 승리는 늘 우산국이 될 수밖에 없었다. 그러나 우산국이 오랫동안 독립국으로 남을 수 있었던 이유는 정복했을 때 가져올 이익이 적었기 때문이었다.

그런데도 불구하고 신라는 우산국을 왜 정복했을까? 그 이유는 우산국의 마지막 왕인 우해와 풍미녀의 전설을 가지고 유추할 수 있다. 전설 속 우산국의 마지막 왕인 우해는 능력도 특출하였지만 백성들과 동고동락해 신망이 높았다. 그러던 어느 날 대마도의 왜구가 우산국 인근에 나타나 해적질을 하자, 우해는 전함을 이끌고 대마도 정벌에 나섰다. 당시 대마도의 왕은 우해 왕을 이길 수 없어 화친을 부탁하며 배반하지 않겠다는 증표로 셋째 딸 풍미녀를 주었다.

우산국으로 돌아오는 길에 우해는 풍미녀와 사랑에 빠졌다. 우산국으로 돌아온 우해 왕이 풍미녀를 아내로 맞아 어여쁜 딸을 낳으면서, 국가와 백성의 삶을 돌보지 않았다. 오로지 풍미녀만이 우해 왕이 보는 세상 전부였다. 사치와 향락을 좋아

◆울릉도의 역사

지증왕 13년 울릉도와 독도를 관할하던 우산국은 신라에 편입된 후 우리의 영토가 되었다. 그 후 무릉 또는 우릉으로 불렸다. 고려와 조선 시대에 섬 주민을 내륙으로 불러들이는 공도 정책으로 한동안 빈 섬이 되기도 했다. 하지만 조선 숙종 이후 사람들이 울릉도에 건너가기 시작하자, 조선 정부는 관료를 파견하여 울릉도를 통치하였다.

하는 풍미녀를 행복하게 해 주는 것이 일 순위가 된 우해 왕은 더 이상 예전의 훌륭한 군주가 아니었다. 우해 왕이 수탈과 폭정만 일삼는 폭군이 되자, 우산국 사람들의 삶은 팍팍해지고 어려워졌다. 우산국 주민들은 살아남기 위해 어쩔 수 없이 노략질하러 내륙으로 자주 나갈 수밖에 없었다. 특히 우산국에서 지리적으로 가까운 삼척 지역을 자주 노략질했다. 삼척 지역을 관할하던 이사부는 우산국의 계속되는 노략질을 마냥 간과할 수 없어 군대를 이끌고 우산국을 쳐들어갔다.

하지만 우산국에 배를 정착시키지 못하면서 점령이 어려워지자, 이사부는 뱃머리에 나무로 만든 사자를 펼쳐 놓았다. 그리고 항복하지 않으면 섬에 사자를 풀어버리겠다고 협박하였다. 처음 보는 사자의 모습에 기가 죽어버린 우산국 사람들은 항복을 한 뒤 신라에 공물을 바쳤다. 이때 뱃머리에 만들어놓았던 사자는 울릉도의 사자바위가 되고, 우해 왕이 이사부 앞에서 항복하기 위해 벗어둔 투구는 바위로 변했다고 한다. 이때가 512년으로 울릉도와 독도가 우리의 영토로 편입되는 순간이었다.

하지만 전설처럼 우산국이 신라를 노략질했기에 정복한 것만은 아니다. 오히려 신라는 우산국과 왜가 연합한다는 사실에 높은 경계심을 보인 것으로 추정된다. 백제-왜-우산국이 연합한다면 북쪽의 고구려까지 포함해 신라는 사방이 적군에 둘러싸여 고립될 수밖에 없었다. 지증왕은 중국 문물을 적극적으로 수용하며 새롭게 다시 시작하려는 야심만만한 왕이었다. 그런 그에게 우산국과 왜의 협력은 매우 위험한 징후였다. 그래서 신라 지증왕은 이사부를 통해 그중에서 가장 힘이 약한 우산국을 정벌토록 하였다. 이를 통해 신라는 국제적 고립에서 벗어나면서 동해안을 확보할 수 있었다. 그리고 우산국을 정복한 명분으로 풍미녀에게 빠진 폭군 우해 왕, 그리고 나무 사자를 진짜라고 오인할 정도로 어리석은 우산국 백성을 내세웠다. 또한 우산국 사람들이 신라에 귀순하기를 스스로 원했다고 기록했다.

◆사료 보기
지증왕 13년 이사부는 우산국의 병합을 계획하였는데, 우산국 사람들이 어리석고 사나워서 군사력으로는 항복받기 어려우니 계략으로 복속할 수밖에 없다고 생각하였다. 이에 나무 사자를 많이 만들어 전선에 나누어 싣고 우산국 해안에 와서 거짓으로 말하기를 "너희들이 항복하지 않으면 이 맹수를 풀어 놓아 밟아 죽이겠다."라고 하였다. 우산국 사람들이 두려워서 곧 항복하였다.
출처: 《삼국사기》

★ 한눈에 보는 역사

6세기 신라의 발전	
지증왕	왕 칭호 사용 신라로 국호 변경 이사부의 우산국 정벌 우경 시작 동시 개설
법흥왕	불교 공인 율령 반포 금관가야 병합 상대등·병부 설치 공복 제정 골품제 정비 연호 건원 사용
진흥왕	한강 유역 확보 대가야 정복 함경도 진출 화랑도 국가 조직으로 개편 역사서 《국사》 편찬

19

신라는 불교 수용이 왜 늦었을까?

· 신라
법흥왕의 업적
중요도 : ★★★★

고구려와 백제는 왕실 주도하에 중국으로부터 불교를 적극적으로 받아들였다. 고구려는 중국 전진의 국가 사절단을 통해 불교를 수용하였고, 백제는 동진에서 온 인도 승려 마라난타를 통해 불교를 받아들였다. 반면 신라는 눌지왕(재위 417~458) 때 고구려의 묵호자가 불교를 전했지만 종교 탄압을 받았다. 527년 법흥왕 때에 이르러서야 이차돈의 순교로 신라는 불교를 공인하였다. 신라는 무슨 이유로 고구려와 백제보다 불교를 늦게 공인하고 받아들인 것일까?

고구려와 백제가 신라와는 달리 불교를 적극적으로 받아들인 배경에는 강한 왕권이 있었다. 고구려와 백제는 많은 소국을 병합하는 과정에서 다양한 종교와 사상을 가진 사람들의 유입이 많았다. 이들 중에는 고구려와 백제의 왕이 신의 자손이라는 이야기를 믿지 않는 사람도 많았다. 하늘의 자손인 왕이 국정을 제대로 이끌지 못하거나 전쟁에서 패배할 경우, 의심은 너욱 거졌다. 왕이라 할지라도 전쟁에서 매번 승리하고, 풍년을 끌어낼 순 없었다. 시간이 흐를수록 왕이 신의 자손이라 생각하지 않는 사람이 늘어나자, 국력을 하나로 모으는 일이 어려워졌다.

이러할 때 왕의 권위를 높여주고 민심을 하나로 모을 수 있게 도와주는 불교가 등장하였다. 불교는 왕이 주도하여 나라를 지켜야 한다는 호국 신앙의 성격으로 우리나라에 수용되었다. 그리고 좋은 공덕을 많이 쌓아야 좋은 신분으로 태어날 수 있다는 '업설(業說)'은 왕에게 매력적으로 다가왔다. 업설은 현세에서 누구보다 많은 노동력과 재물을 기부할 수 있는 왕이 권력의 중심에 설 수 있는 바탕이 되었다. 왕은 자신만이 아니라 모든 백성이 좋은 공덕을 쌓을 수 있도록 부처님을 위한 사찰과 탑을 조성하는 등 여러 불교 행사를 주관했다. 이를 통해 왕은 권위를 높이면서 백성들의 마음을 하나로 모을 수 있었다. 그 결과 왕은 나라에서 누구보다도 우월한 존재로 군림할 수 있었다.

하지만 신라는 왕이 귀족을 압도적으로 제압할 힘을 갖지 못하였다. 박·석·김 세 개의 성씨 집단이 번갈아 왕위를 차지하는 과정에서 알 수 있듯이 왕의 힘은 미약했다. 왕의 힘이 약했음을 보여주는 것 중의 하나가 유력 귀족들이 모여 국가의 중대사를 논의하고 결정하는 신라의 화백 회의다. 화백 회의는 유력 귀족 한 명만 정책 결정에 반대를 해도 정책을 결정하고 시행할 수 없었다. 반면 고구려와 백제도 제가 회의와 정사암 회의라는 귀족 회의가 있었지만, 신라의 경우처럼 만장일치제는 아니었다.

이처럼 왕권이 약한 신라에서 왕권을 강화하는 불교를 귀족들이 받아들일 이유가 없었다. 결국 법흥왕은 이차돈이라는

◆이차돈의 순교
불교를 받아들이고 싶었던 법흥왕과 이차돈은 왕권의 지엄함을 보여주자는 계책을 세웠다. 이차돈이 경주 시내에 사찰을 짓자 귀족들이 왕에게 크게 항의하였다. 법흥왕은 왕권의 위엄을 보인다며 귀족들의 만류에도 불구하고 이차돈의 목을 베었다. 이 과정에서 이차돈의 머리가 금강산으로 날아가 떨어지고, 목에서는 흰 피가 솟구쳐 올랐으며 하늘에서 꽃비가 내렸다. 이차돈의 순교 과정에서 일어난 기이함으로 법흥왕은 불교를 공인할 수 있게 되었다.

귀족을 숙청시키는 묘수를 쓰게 되었다. 이차돈을 처형하는 과정에서 왕권이 과거와 달리 강해졌음을 보여주고 나서야 비로소 불교를 공인할 수 있었다.

신라는 왕권이 미약하여 고구려와 백제보다 불교 수용이 늦었지만, 어느 나라보다 적극적으로 불교를 숭상했다. 그 결과 원효 대사와 의상 대사처럼 큰스님을 배출하면서 나라의 국력을 하나로 모을 수 있었다.

★ 한눈에 보는 역사

삼국의 불교 수용		
고구려	372년(소수림왕)	전진에서 순도(巡道)가 불상과 불경을 전함
백제	384년(침류왕)	동진에서 마라난타(摩羅難陀)가 불교 전함
신라	527년(법흥왕)	눌지왕(417~458) 때 고구려 묵호자(墨胡子)가 전도 소지왕(479~500) 때 고구려 아도(阿道)가 전도 법흥왕(514~540) 때 이차돈의 순교로 공인

20

신라에게 있어 골품제는 어떤 의미가 있을까?

> ·신라
> 골품제의 내용과 영향
> 중요도 : ★★★★★

1894년 갑오개혁을 통해 신분제가 공식적으로 폐지되기까지 우리나라는 평등하지 않은 계급사회였다. 왕조에 따라 신분제의 형태는 변화되었지만, 그중에서도 가장 특별하고도 독특한 신분제로 꼽는 것이 신라의 골품제다. 신라의 골품제에 대해 많은 학설이 있지만, 아직 어느 학설도 골품제에 대해 완벽하게 설명하지 못하고 있다. 그러나 대부분의 학설에서 신라가 중앙집권 국가로 성장하는 가운데 유입되는 지배층의 세력 크기에 따라 등급을 나누고 편제하면서 골품제가 등장했다고 본다.

골품제는 크게 성골과 진골 그리고 6두품 이하로 나뉜다.

성골은 진평왕 즉위 때, 기존의 다른 왕족과 구별하기 위해서 만들어졌다는 설도 있지만, 부계와 모계 모두가 왕족이어야 성골이 된다는 관점도 있다. 그래서 신라 왕족 출신이 아닌 김유신의 누이와 결혼한 무열왕을 진골로 보기도 한다. 하지만 진덕여왕 이후 성골이 사라지고 진골 출신에서 왕이 나왔다는 점에는 이견이 없다.

보통 진골은 김씨의 왕위 독점을 끌어낸 내물왕 후손들이 기존의 다른 왕족과 구별하기 위해 만들어냈다고 이해한다. 물론 기존의 세력을 무시할 수 없어 과거 왕족이었던 박씨와 석씨 그리고 금관가야를 정복하고 받아들인 김해 김씨의 일부를 진골로 받아들였다. 6두품 이하는 신라가 팽창하면서 복속된 족장의 세력 크기에 따라 1~6두품 나누어 편입하였다. 하지만 신라의 통일 과정에서 다양한 계층이 유입되고 내부의 정치 세력 변화로 4두품 이하는 점차 평민과 같은 신분으로 전락하였다.

골품제는 형성 과정도 독특하지만, 신분에 따라 관등의 상한선과 관직이 정해지는 것을 넘어 일상생활까지도 규제가 따랐다. 진골은 모든 관부의 장관인 '중시'와 '령'으로 임명될 수 있지만, 6두품은 '아찬'까지만 오를 수 있어 차관인 '시랑'과 '경'

에 임명되었다. 방의 길이와 너비에도 차이가 있어 진골은 24척, 6두품은 21척, 5두품은 18척, 4두품은 15척을 넘지 못하게 하였다. 이외에도 장식물, 복색이나 수레의 크기 등도 신분에 따라 달랐다.

또한 경주에 사는 6두품 이하의 사람들은 왕경인이라 불렸는데, 이들은 지방에 사는 같은 두품의 사람들보다 더 많은 혜택과 특권을 누렸다. 반면 힘과 세력을 가진 지방민은 중앙 관료가 될 수 없도록 별도의 관등인 외위(外位)를 주었다.

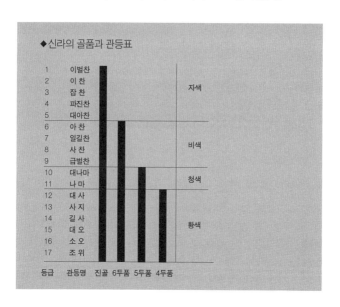

◆신라의 골품과 관등표

등급	관등명	진골	6두품	5두품	4두품	
1	이벌찬					자색
2	이 찬					
3	잡 찬					
4	파진찬					
5	대아찬					
6	아 찬					비색
7	일길찬					
8	사 찬					
9	급벌찬					
10	대나마					청색
11	나 마					
12	대 사					황색
13	사 지					
14	길 사					
15	대 오					
16	소 오					
17	조 위					

신라가 중앙집권 국가로 성장하고 삼국을 통일하는 과정에서 골품제는 사회체제의 안정과 개개인의 능력 발휘에 큰 역할을 하였다. 신라가 영토를 확장하면서 유입된 유이민의 지위와 역할을 정해줌으로써 사회는 안정될 수 있었다. 그리고 지배계층은 골품제를 통해 우월감을 가지고 자신의 역할에 최선을 다하면서 신분에 걸맞은 의무감과 책임감을 느꼈다. 그 결과 진골은 삼국 통일 시기 노블레스 오블리주를 실천해 백성들에게 존경을 받으며 위엄을 세울 수 있었다.

그러나 통일신라는 개인의 능력을 무시하는 골품제의 폐쇄성으로 인해 무너졌다. 어떤 노력을 기울이지 않아도 풍족한 삶과 권력을 누리던 진골과, 큰 노력을 기울여도 자신의 삶을 변화시킬 수 없는 6두품은 서로에게 불만이 쌓여갔다. 진골은 뛰어난 학문과 무예를 지닌 6두품이 자신들을 무시한다고 생각했고, 6두품은 진골로 인해 자신의 능력을 펼 수 없다고 생

◆사료 보기

4두품에서 백성에 이르기까지는 방의 길이와 너비가 15척을 넘지 못한다. 느릅나무를 쓰지 못하고, 우물천장을 만들지 못하며, 당기와를 덮지 못하고, 짐승 머리 모양의 지붕 장식을 하지 못한다.

출처:《삼국사기》

각했다. 또한 진골 내에서도 왕위에서 밀려난 부류들은 6두품과 크게 다르지 않은 생활과 현실에 불만이 팽배해졌다. 결국 신라는 골품제로 사회체제의 안정과 발전을 끌어내면서 삼국을 통일했지만, 훗날 폐쇄성을 극복하지 못하면서 고려에 멸망하였다.

★ 한눈에 보는 역사

삼국의 신분제	
삼국 이전	호민 – 하호 – 노비 가(加)는 호민 통해 하호 지배
삼국 시대	귀족 – 평민 – 천민 평민: 조세와 특산물 납부, 노동력 제공 노비: 왕실·관청·개인에게 예속되어 노역
신라	골품제: 신라만의 독특한 제도, 관직 및 사회 활동에 제한

21

선덕여왕은 과연 지혜로웠을까?

·신라

7세기의 삼국 관계

중요도 : ★★★★

신라 제27대 선덕여왕 (재위 632~647)의 지혜로움을 보여주는 많은 이야기들이 전해지고 있다. 선덕여왕과 관련된 설화들을 살펴보면 인간의 경지를 넘어서, 신과 교통하는 느낌까지 받게 된다. 그러나 역사적 사실로만 보면 선덕여왕은 백제와 고구려의 거센 공격에 영토는 축소되고, 당나라 태종에게는 노골적으로 조롱까지 받았다. 선덕여왕의 마지막은 비담을 중심으로 한 진골 세력의 반란에 도망치다 삶을 마감했다. 이런 선덕여왕이 지혜로운 사람이 맞긴 했을까?

선덕여왕과 관련된 설화 중에 당 태종이 모란꽃이 그려진 그림과 씨앗을 보낸 이야기가 있다. 선덕여왕은 그림에 벌과 나비가 없으니, 꽃에 향기가 없을 것이라 예언하였다. 과연 씨앗을 심어 키운 모란꽃에서 향이 나지 않았다. 하지만 실제의 모란꽃은 향을 풍겨 벌과 나비를 불러 모은다. 당 태종이 모란꽃 그림을 보낸 진짜 이유는 신라에 여자밖에는 왕위에 오를 사람이 없다는 조롱이었다.

다른 설화로 한겨울 개구리들이 시끄럽게 우는 소리를 듣고 선덕여왕이 여근곡(女根谷)에 숨어있는 백제 군대를 섬멸했다는 내용이다. 설화는 선덕여왕이 자연현상만 봐도 하늘의 뜻을 읽을 정도로 뛰어난 인물이었다고 말하고 있다. 그러나 설화에서 나오는 여근곡은 여성의 성기를 의미하며, 여자인 선덕여왕을 조롱하는 내용이다. 백제의 군대가 경주에서 얼마 떨어지지 않은 여근곡에 올 때까지 아무런 제재를 받지 않았다는 것은 신라의 국방이 얼마나 형편없었는지를 보여준다. 또한 선덕여왕이 군권을 장악하지 못했다는 사실도 알게 해준다.

선덕여왕은 자신의 죽을 날짜를 예언하면서 낭산 밑이 도리천이 될 것이니 그곳에 자신의 능을 만들어 달라고 유언하였다. 선덕여왕이 예언한 날짜에 죽고, 훗날 문무왕이 낭산 밑에 사천왕사를 지으면서 낭산이 도리천이 되었다. 사람들은 이를

보며 미래를 내다본 선덕여왕의 지혜에 모두 감탄하였다고 한
다. 그러나 비담을 중심으로 한 진골 귀족들의 반란을 알지 못
하면서, 자신이 죽을 날만 예상했다는 것은 이해가 되지 않는
다. 그리고 문무왕이 사천왕사를 짓게 되자 선덕여왕의 능이
도리천이 되었다는 말도 후대에 억지로 짜 맞춘 이야기란 느낌
을 지울 수 없다.

선덕여왕이 역사에 등장할 수 있었던 것은 진평왕에게 아들
이 없었기 때문이었다. 당시 남아있는 성골은 진평왕에게 쫓겨
나 죽은 진지왕의 두 아들 용수와 용춘밖에 없었다. 용수와 용
춘에게 왕위를 물려줄 경우 자신의 혈육이 해코지를 당할 수
있는 상황에서 진평왕의 선택권은 선덕여왕에게 왕위를 물려
주는 것밖에는 없었다.

선덕여왕은 성골 출신의 후사를 낳기 위해 용수, 용춘과 결
혼했지만, 자식을 끝내 보지 못했다. 선덕여왕이 자식을 낳지
못하면서 성골의 맥이 끊길 위기에 처하자, 왕위 계승을 두고
여러 진골 간의 갈등이 나타났다.

대내외적으로 고전을 면치 못하던 선덕여왕은 첨성대, 분황
사와 같은 대형 토목 사업을 통해 국민들의 관심과 지지를 호
소했지만, 백성들의 반응은 늘 신통치 않았다. 고립상태에 빠진

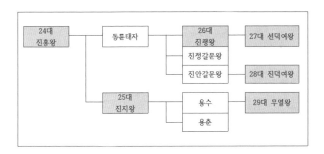

선덕여왕은 자신을 도와줄 측근으로 김춘추와 김유신을 선택하고 중용했다. 용수의 자식으로 진골 사이에서 인정받지 못하던 김춘추와 금관가야 출신으로 중앙에 들어오기 힘든 김유신을 자신이 뒷받침해주면서 권력을 강화하고자 하였다.

김춘추와 김유신은 선덕여왕이 강력한 왕권을 행사할 수 있도록 만들지는 못했지만, 비담의 반란을 진압하는 과정에서 권력을 갖게 되었다. 이후 김춘추는 군권을 장악한 김유신과 손을 잡고, 진골 출신으로는 처음으로 왕에 즉위하였다. 김춘추(무열왕)와 후대 왕들은 진골로서 왕위를 독점한 정당성과 정통성을 높이기 위해 선덕여왕을 지혜로운 여성으로 추켜세워야 했다. 그리고 이런 인식과 태도는 고려 시대에도 이어져 일연 스님도 《삼국유사》에서 선덕여왕을 뛰어난 군주로 표현하였다.

★ 한눈에 보는 역사

선덕여왕의 업적	
민생 안정	지방에 특사 보내 유민 구제
대규모 토목공사	분황사 창건 황룡사 9층 목탑 첨성대
불교 진흥	자장 법사 당에 유학

22 원효 대사는 어떤 세상을 꿈꿨을까?

·신라
삼국 통일에 기여한 불교
중요도 : ★★

신라가 삼국을 통일하고 고구려·백제 유민을 통합하는 과정에서 왕권을 높이고 백성을 하나로 통합하는 데 불교와 승려들의 역할이 매우 중요했다. 그리고 많은 승려의 노력으로 700년 가까이 다르게 살아왔던 우리 민족이 하나가 될 수 있었다. 삼국을 하나로 통합하는 데 크게 활약했던 분이 우리에게도 널리 알려진 원효 대사(617~686)다.

진평왕 때 태어난 원효 대사는 6두품 출신으로 골품제 사회인 신라에서 능력을 마음껏 펼 수 있는 신분이 아니었다. 그러나 원효 대사는 자신의 역량을 마음껏 펼치며 당대 인도와 중국보다 높은 학승(학문으로 이름을 높인 승려)으로 세상에 이름을 떨쳤다. 또한 왕과 귀족만의 특권으로 여겨지던 불교를 대중화시켰다.

원효 대사는 15살에 출가하여 여러 스승을 찾아다니며 깨달음을 얻기 위해 큰 노력을 기울였다. 당시에는 승려들이 당나라로 유학을 떠나는 경우가 많아, 원효 대사도 의상 대사와 함께 두 차례 유학길에 나섰다. 첫 번째 길은 요동에서 고구려군에게 잡혀 실패했고, 두 번째는 동굴에서 해골에 담긴 물을 마신 뒤 깨달음을 얻고 유학길을 포기했다.

신라로 되돌아온 원효 대사는 인간은 모두 불심(佛心)을 가진 평등한 존재로 보고 화쟁 사상을 주장하였다. 화쟁 사상에

◆소요산 자재암(自在庵)의 전설
원효 대사가 도량을 닦던 어느 날 온몸이 비에 흠뻑 젖은 아름다운 여인이 방으로 들어왔다. 원효 대사는 아름다운 여인에게 마음을 빼앗기지 않으려 노력하며, 얼어붙은 여인의 몸을 열심히 주물렀다. 다행히 여인은 곧 깨어났지만, 원효 대사는 마음을 걷잡을 수 없어 옥류 폭포의 차가운 물에 들어가 기도를 외웠다. 여인이 물속까지 따라와 유혹하자, 깊은 고심을 하던 원효 대사가 갑자기 큰 깨달음을 얻게 되었다. 그 순간 여인은 보살이 되어 폭포 위로 날아갔고, 원효 대사는 이곳에 자기의 마음과 몸을 뜻대로 했다는 의미로 자재암이라는 사찰을 세웠다.

서 왕과 진골 계층만이 부처의 가르침으로 성불하는 것이 아니라, 하층민들도 정성 어린 마음을 가지고 부처님을 믿고 따르면 충분히 성불할 수 있다고 주장하였다.

그러나 이러한 주장은 귀족과 하층민 모두에게 환영받지 못하였다. 신라는 불교 자체가 특권계층을 옹호하는 측면에서 수용되다 보니 귀족들의 입장에서 하층민과 같은 위치에 서는 것을 거부하였다. 하층민들은 6두품 출신인 원효 대사의 말에서 진심을 느끼지 못하였다. 이러한 과정에서 원효 대사가 자기 뜻을 전파하기 위해 선택할 수 있는 것은 두 가지였다. 귀족에게는 높은 학문적 성과로 인정받고, 하층민들에게는 그들과 다를 바 없는 일상생활을 통해 자신의 주장을 믿게 하는 것이었다.

◆원효 대사의 저술

대승기신로소(大乘起信論疏): 인도의 마명이 저술한 《대승기신론》을 원효 대사가 주석한 2권의 책으로 《해동소(海東疏)》라고도 불리며 신라를 넘어 중국에서도 많은 승려들의 기본서가 되었다.

십문화쟁론(十門和諍論): 원효 대사가 경전을 두고 불교계가 분열하는 모습을 지양하고, 하나가 되기 위한 목적으로 불교적 논리를 2권 1책으로 저술한 것이다.

원효 대사는 종파에 구애받지 않고 모든 불경을 섭렵하여 《대승기신로소》와 《십문화쟁론》을 저술하였다. 이를 통해 종파마다 다르게 주장하는 불교 사상을 하나의 원리로 연결해놓았다. 일반 백성에겐 원효대사 스스로 그들과 다를 바 없이 생활하는 모습을 보여주고 부처님을 믿는 마음이 중요하다는 정토 신앙을 널리 알렸다.

정토 신앙은 어려운 불교 경전을 이해하지 못하더라도 '나무아미타불 관세음보살'을 끊임없이 염불하면 극락에 갈 수 있는 깨달음을 얻고, 현재의 어려움에서 벗어나 다음 세상에서 극락왕생할 수 있다고 가르친다. 그래서 원효 대사는 무열왕의 딸 요석 공주와 정분을 통하여 설총을 낳고, 커다란 박을 허리에 차고 술집을 찾아 기생들과 어울렸다. 스스로 부처님의 계율을 어겼지만, 부처님을 믿고 따르기로 마음먹는다면 얼마든지 깨달음을 얻을 수 있다는 사실을 대중에게 몸소 보여준 것이었다.

원효 대사를 중심으로 정토 사상이 널리 퍼지면서 고구려와 백제의 유민들도 신라와 하나의 민족이라는 마음을 갖게 되었다. 정토 신앙에 따라 신라인으로 살아가기로 마음을 먹는다면, 과거의 출신과 배경은 더 문제가 되지 않는다는 것을 믿었다. 일심(一心) 사상으로 국적과 신분을 초월해 모두가 하나가 되기를 바라던 원효 대사는 '나무아미타불 관세음보살'을 끊임없이 외치며 설파한 결과 많은 사람에게 안정과 희망을 주었다. 그리고 지금도 종교를 초월하여 '나무아미타불 관세음보살'은 염송 되고 있다.

★ 한눈에 보는 역사

불교의 발달	
삼국시대	고대 국가로 발전하는 과정에서 왕실과 귀족을 위해 수용 왕실(왕즉불 사상), 귀족(업설)
통일신라	원효 대사: 불교의 대중화(정토 사상) 의상 대사: 중앙집권화 기여(화엄 사상)
신라 말	선종의 유행(9산 선문) - 참선 중시, 호족의 사상적 기반

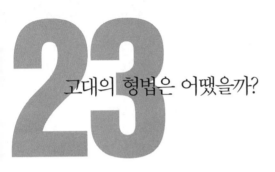

고대의 형법은 어땠을까?

· **고조선~삼국**

시대·국가별 형법

중요도 : ★

사회가 분화되고 복잡해지면서 범죄에 대한 처벌 규정이 다양해지고 복잡해진다. 오늘날은 범죄의 의도성과 범죄자의 나이에 따라 똑같은 범죄행위를 저질러도 처벌이 다르다. 그러나 오랜 과거일수록 범죄자에 대한 처벌은 의외로 단순하였다.

고조선의 경우 8개의 법만이 존재하였다. 8개 중에서 세 개만이 현재에 전해지는데, 그 내용을 보면 "사람을 죽인 자는 즉시 죽이고, 상처를 입힌 자는 곡식으로 갚게 하였다. 도둑질을 한 자는 노비로 삼고, 용서받으려면 50만 전을 내야 했다."라고 기록되어 있다. 내용을 유추해 봤을 때 '노동력 완전 상실〉재산

)회복 가능한 노동력' 순서로 중요도가 정해졌다. 그러나 위만 조선 때에는 사회계층이 분화되고 다양한 문화가 유입되면서 8개의 법이 60여 가지로 늘어났다.

송화강 유역에 위치했던 부여는 살인자의 경우 사형에 처하고 그 가족은 노비로 삼았다. 남의 물건을 훔쳤을 때는 물건값의 12배를 물어내게 하였다. 부여가 고조선보다 형벌의 수위가 낮아졌는지는 모르지만, 고조선과 같이 형벌을 통해 노예제 사회를 유지하려 했음을 알 수 있다.

삼국시대에 들어서면 형벌에 대한 규정이 세분되고 구체화되었다. 고구려는 제가 회의를 통해서 중대 범죄자의 사형을 결정하였다. 개인의 독단적인 처벌이 불가능해지고 국가적 차원에서 사형수에 대한 논의가 이루어졌다는 사실은 과거보다

◆사료 보기

백성들에게는 금하는 법 8조가 있다. 사람을 죽인 자는 즉시 죽이고, 남에게 상처를 입힌 자는 곡식으로 갚는다. 도둑질을 한 자는 노비로 삼는다. 용서받고자 하는 자는 한 사람마다 50만 전을 내야 한다. 비록 용서를 받아 보통 백성이 되어도 부끄러움을 씻지 못하여 혼인할 짝을 구할 수 없다. 이리하여 백성은 도둑질하지 않아 대문을 닫고 사는 일이 없다. 여자는 모두 정조를 지키고 신용이 있어 음란하고 편벽된 짓을 하지 않는다.

출처: 《한서》

사회제도가 발전했음을 보여준다. 도둑에 대한 처벌이 부여와 같은 12배 보상이었다는 점은 부여의 형법이 계승되었음을 보여준다. 그러나 범죄자가 가난하여 12배 보상이 어려운 경우, 그 자녀를 노비로 삼아 배상케 하는 등 대안이 마련되었다는 점에서 한 단계 발진했음을 알 수 있다. 또한 반역자의 경우 형을 집행하는 방법까지 구체적으로 제시되었다.

백제는 중국의 형법을 삼국 중 가장 먼저 수용했는데 고구려보다 훨씬 더 구체적이다. 반역자와 전쟁에서 도망친 병사 그리고 살인자는 사형에 처하였다. 대신 남의 물건을 훔친 자에 대한 처벌은 수위가 약해서 2배 보상에 그쳤다. 하지만 관리가 뇌물을 받거나 횡령하면 원금의 3배를 징수하고 죽을 때까지 관직에 등용하지 않았다. 이를 통해 백제가 형법을 제정함에 있어 개인보다 국가 체제 유지와 발전에 비중을 크게 두었음을

◆사료 보기

고구려에서 반역이나 국가를 위태롭게 한 자는 불로 지진 다음 목을 베고 그 집 식구들을 노비로 삼았다. 도둑질한 자는 도둑질한 물건의 12배를 징수하였는데, 가난하여 징수할 것이 없거나, 빚을 진 자는 모두 그 자녀를 노비로 삼아 배상하도록 하였다.

출처: 《후서》

확인할 수 있다.

신라의 경우 초창기에는 고구려의 형법을 받아들였으나 중국과 교통하면서 수·당의 율령체제를 받아들이고 활용하였다. 중국 당나라와 동맹을 맺었던 무열왕은 즉위하자마자 기존 형법을 중지하고 이방부격 60여 조를 제정하였다. 여기서 격(格)이란 임시특별법으로 기존 고구려의 형법 대신 중국의 율령으로 대체했음을 알려준다. 이후 문무왕 9년에는 도둑질을 했더라도 가난하여 징수할 재산이 없으면 배상하지 않아도 된다는 교령을 발표하면서 단순히 노동력을 빼앗기보단 국가 체제 유지에 필요한 양민 보호를 우선하였다. 이는 삼국시대가 중국의 선진화된 시스템을 도입하여 백성을 통제하고 관리했음을 의미한다.

★ 한눈에 보는 역사

도둑에 대한 처벌	
고조선	노비로 삼거나, 50만 전의 벌금
부여	훔친 물건의 12배 보상
고구려	훔친 물건의 12배 보상
백제	훔친 물건의 2배 보상 관리 횡령은 3배 보상

24

삼국은 왜
일본에 문물을 전수했을까?

> **·삼국시대**
> 왜와의 교류
> 중요도 : ★★★

고구려·백제·신라를 이야기하는 데 있어 왜를 빼놓을 수 없다. 삼국시대에 왜는 독자적인 문화를 갖지 못하고 우리의 영향을 받으며 성장하고 있었다. 삼국도 왜와 손잡았을 때 타국을 견제하는 데 큰 도움을 받을 수 있었다. 고구려의 경우 중국과 상대하기 위해서는 백제와 신라가 있는 남쪽이 안전해야 했다. 백제와 신라가 고구려를 향해 쳐들어오지 못하도록 견제하려면 후방에 있는 왜의 역할이 매우 중요하였다. 백제의 경우도 신라를 견제하는 데 왜의 도움이 절대적이었다. 왜와 함께 양동작전을 펼칠 경우 신라를 효과적으로 공략할 수 있었다. 반면 신라의 경우는 일본과 마냥 우호 관계를 형성할 수는 없었다. 고구려·백제와는 달리 바다를 마주하고 많은 전쟁을 벌였기 때문이다. 그래서 신라는 정세에 따라 왜와 우호적인 관계를 유지하다가도 상황에 따라 강경책으로 맞서기도 하였다.

삼국 중에서 왜에 가장 많은 영향을 미친 나라는 백제다. 백제는 중국과 일본 사이에서 중계무역을 통해 많은 이익을 창출하며 성장했고, 왜의 문화 형성과 발전에 크게 공헌하였다. 그래서 일본에는 백제로부터 많은 문물을 받아들였다는 기록이 남아있다. 5세기 백제 근초고왕 때 왜에 사신으로 간 아직기는 우지노와 키라츠코 태자의 스승으로 활동했으며, 왕인은 《논어》와 《천자문》을 가르쳤다. 이후에도 꾸준하게 오경박사·역박사·의박사를 왜에 파견하여 많은 학문을 전수하였다. 성왕은 노리사치계를 통해 왜에 불교를 전파하고, 도자기 제조법 등 실생활에 도움이 되는 다양한 기술들을 전수하였다. 무왕은 관륵을 보내 역사와 천문 지리를 알려주는 등 5~7세기 동안 왜에 꾸준하게 문물을 전수하면서 우호 관계를 다져나갔다. 그리고 백제 지배 계층의 일부는 왜에 건너가 지배 계층으로 활동하면서 일본 고대사에 막대한 영향을 미쳤다.

고구려의 경우는 7세기에 집중적으로 왜에 많은 문물을 전수해주었다. 그 이유는 중국 수·당과의 전쟁에 모든 전력을 쏟아야 하는 상황에서 당과 연합을 맺은 신라 때문이었다. 전쟁 중에 신라가 고구려를 침략하지 못하도록 하기 위해서는 왜가 절대적으로 필요했다. 그래서 고구려는 왜에 유교 경전과 물감, 그리고 종이와 먹 제조법을 전해주었다. 그중에서도 동양 3대 미술품의 하나로 꼽히는 호류사 금당벽화를 그린 담징이 유명하다. 쇼토쿠태자는 담징을 호류사에 머물게 하면서 채색 방법 외에도 일상생활에 필요한 맷돌 만드는 법을 배웠다. 영양왕 때에는 혜자가 쇼토쿠태자의 스승이 되었고, 영류왕 때 혜관은 일본 삼론종의 시조가 되었다.

신라의 경우에는 왜와 군사적 마찰이 빈번하게 일어나면서 친교를 맺기가 어려워, 백제나 고구려와 비교해 문물을 전수해준 것이 적다. 그래도 신라는 실용적인 부분으로 배를 만드는

◆사료 보기
고려(고구려의 다른 이름) 왕이 승려 담징과 법정을 바쳤다. 담징은 오경을 알고 채색과 종이와 먹을 만들 수 있었으며, 연자방아를 만들었다. 연자방아(둥글고 판판한 돌 위에 곡식을 널어놓고, 소와 말을 이용해 작고 둥근 돌로 곡식을 찧는 도구)를 만든 것은 이때 시작된 듯하다.
출처: 《니혼쇼키》

조선술과 제방을 만드는 축제술을 왜에 전하였다. 신라의 조선술은 훗날 왜가 먼바다로 나아갈 수 있는 토대가 되었다.

고구려·백제·신라가 7세기 동안 서로 경쟁하고 갈등을 일으킬 때마다 왜는 저울의 추 역할을 하였다. 이것은 일본의 국력이 강했다는 것을 의미하는 것이 아니라 삼국의 균형을 맞추는 데 필요한 국가였다는 것이다. 그렇기에 삼국은 왜에게 많은 문물을 전해주면서 자신에 맞게 활용하려고 하였다.

★ 한눈에 보는 역사

삼국·가야 문화의 왜 전파	
고구려	담징: 종이와 먹의 제조법 전수
	혜자: 쇼토쿠태자의 스승
백제	아직기: 왜의 태자에게 한자 교육
	왕인: 《천자문》과 《논어》 전수
	노리사치계: 불경, 불상 전수
신라	조선술, 축제술 전수(한인의 연못)
가야	토기 제작 기술 전수 → 스에키에 영향

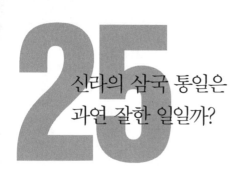

신라의 삼국 통일은
과연 잘한 일일까?

·**삼국시대**
삼국 통일에 대한 평가
중요도 : ★★★★★

삼국시대 마지막 승리의 주인공은 강력한 군대를 가졌던 고구려나 화려한 문화를 꽃피웠던 백제가 아니었다. 오히려 토속적 색채가 강하여 세련되지 못했고, 군사적으로도 가장 힘이 약했던 신라였다. 군사·경제력 등 객관적 우위에 있는 나라보다, 가장 절실한 국가가 승리할 수 있다는 것을 보여주는 대표적인 사례가 신라의 삼국 통일이었다.

신라는 7세기 백제 무왕과 의자왕의 거센 공격에 속수무책으로 영토를 빼앗기고 있었다. 이를 타개하기 위해 고구려에 도움을 요청했지만, 오히려 영토를 되돌려 달라는 겁박을 당하며 국제적으로 고립되었다. 바다 건너 일본도 백제와 고구려의 영향을 많이 받아서 신라에 우호적이지 않은 상황이었다.

이런 상황에서 신라가 도움을 요청할 수 있는 국가는 중국 당나라뿐이었다. 고구려와의 여러 차례 맞대결에서 패배하면서 동북아시아의 진정한 패자가 되지 못하던 당나라에 신라의 구원 요청은 매우 반가운 소식이었다. 물론 나·당 동맹의 주도권을 잡기 위해 선덕여왕을 조롱하면서 괴롭혔던 적도 있었지만 말이다. 이해관계가 맞았던 두 나라는 동맹을 통해 대동강 이남은 신라가 갖고, 고구려의 영토인 요동과 만주 그리고 한반도 북부는 당나라가 갖기로 합의하였다.

신라와 당은 곧바로 실행에 옮겨 660년에 백제를 무너뜨렸다. 그러나 당은 원래의 약속을 깨고 신라도 차지하려는 속내를 보이기 시작했다. 우선, 백제의 땅에 다섯 개의 도독부를 설치했다가, 웅진도독부만 남기고 그 아래 7주 52현을 두어 당

◆사료 보기

문무왕이 당나라 칙사 유이원과 웅진도독 부여융과 더불어 웅진 취리산에서 화친을 맹약하였다. (중략) 당 고종이 부여융에게 명하여 본국에 돌아가 나머지 무리를 무마하는 한편 신라와 화친하게 하였다. 이때 백마를 희생으로 삼아 서맹을 약속했는데, 천지의 신과 천곡의 신에게 제사하고 피를 입술에 발랐다. 출처:《삼국사기》

나라 영토로 삼았다. 백제가 멸망한 후 3년 뒤인 663년에는 신라 문무왕을 계림주대도독으로 임명하면서 형식적이기는 했으나 신라를 당나라의 지방 행정구역으로 편입시켰다. 그리고 1년 뒤에는 의자왕의 아들 부여융을 웅진도독으로 임명한 뒤 신라 문무왕과 취리산에서 회맹시켰다. 이로써 신라가 당의 농맹국이 아니라 속국이라는 인식을 심어주었다.

668년 고구려가 멸망하자 당나라는 백제와 신라에 설치한 도독부를 총괄한다는 의미로 안동도호부를 평양에 설치하였다. 이에 신라는 자신들도 당나라에 멸망할지도 모르겠다는 위기감을 느끼고, 고구려·백제 유민을 끌어모아 당나라를 한반도에서 내쫓는 나당일 전쟁을 전개하였다. 다행히 고구려의 왕족이었던 안승이 신라에 귀순하는 등 고구려·백제 유민들의 적극적인 도움으로 당나라군을 내쫓을 수 있었다. 그리고 나·당 동맹에서 맺었던 약속대로 대동강과 원산만 이남만을 신라가 차지하고 이북은 당에게 넘겨주면서 삼국의 통일을 이뤘다.

신라는 삼국 통일 과정에서 외세를 끌어들여 같은 민족이었던 고구려와 백제를 무너뜨렸다는 점에서 큰 비판을 받는다. 더욱이 고구려의 광활했던 영토를 중국에 빼앗겼다는 점은 후대 많은 이들이 아쉬움을 넘어 한탄을 토로하는 부분이다.

그러나 이에 대한 반론도 만만치 않다. 반론을 살펴보면 7세기 고구려와 백제는 기득권을 가진 귀족 계층들의 권력 투쟁과 내분으로 국가의 기능이 정상적으로 운영되지 못했다고 말한다. 백제와 고구려의 마지막을 살펴보면 의자왕은 웅진으로 피신 간 지 5일 만에 웅진 성주 예식진에 의해 당나라에 넘겨졌고, 연개소문의 장남 연남생은 당나라 군대의 길잡이를 하였다. 고구려와 백제는 강력한 적에 의해 무너진 것이 아니라 안으로부터 무너져가고 있어서, 신라의 통일보다 나은 결과를 가져오리란 보장이 없다고 말한다. 결국 신라의 삼국 통일은 오늘날 각자 다른 판단을 하게 만든다.

★ 한눈에 보는 역사

신라의 통일	
과정	나·당 연합 → 백제 멸망(660) → 고구려 멸망(668) → 나·당 전쟁 → 삼국 통일(676)
의의	고구려와 백제 유민 포용, 민족 문화 발전의 기틀 마련
한계	외세 이용, 대동강 이북의 고구려 영토 상실

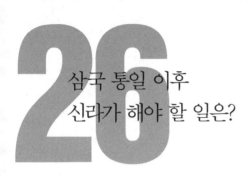

삼국 통일 이후
신라가 해야 할 일은?

> **·통일신라**
> 통일신라의 발전
> 중요도 : ★★★★

신라가 삼국을 통일하는 과정에서 당나라의 침략을 막아내는 자주적인 모습을 보였지만, 진짜 문제는 삼국을 통일한 이후부터였다. 우선 700년 가까이 다른 나라로 살아왔던 사람들에게 앞으로는 신라인으로 살아가야 한다는 인식을 심어줘야 했다. 그리고 여러 계통의 진골 중에서 왕이 된 무열왕계 후손들은 강력한 왕권으로 왕위 계승권을 독점해야 했다. 또 과거보다 넓어진 영토와 인구를 효과적으로 관리하기 위해 다양한 제도를 마련해야 했다.

우선 신라 사람이라는 인식을 심어주기 위해 만든 제도가 중앙군 9서당이었다. 서당(誓幢)이란 경주에 머물면서 왕을 호위하고 명령을 수행하는 직속부대로 왕권의 기반이 되는 매우 중요한 군대다. 신문왕은 기존의 서당을 신라(3)·고구려(3)·백제(2)·말갈인(1)으로 구성된 9서당으로 확대 편성하였다. 이 과정을 통해 왕권을 강화하면서 고구려·백제 유민도 능력에 따라 공평하게 기회를 제공한다는 인식을 심어주었다. 다시 말하면 신라 사람으로 당당하게 살아갈 기회를 제공한 것이다.

두 번째로 무열왕계 자손들이 왕위를 독점할 수 있도록 왕권을 위협할 수 있는 세력을 제거해나갔다. 신문왕(재위 681~692)이 장인이던 김흠돌의 반란 사건을 진압하는 과정에서 많은 진골 귀족을 숙청하고 전제 왕권을 확립해나갔다. 혜공왕(재위 765~780)은 미추왕을 김씨의 시조로 삼고, 삼국 통일한 무열왕과 문무왕을 조종(祖宗)으로 삼았다. 그리고 할아버지 성덕왕과 아버지 경덕왕을 5묘제로 칭하면서 무열왕계의 정통성을 확립하였다. 또한 진골 귀족들의 힘을 약화하기 위해

◆사료 보기

백제 사람들도 재능에 따라 임용하였으니 좌평 충상·상영과 달솔 자간에게는 일길찬 관위를 주어 총관직에 임명하고 (중략) 신문왕 6년 고구려인에게 본국의 관품을 헤아려서 경관을 주었다.

출처:《삼국사기》

귀족 회의기구인 화백 회의 권한을 축소하였다. 귀족의 대표 격인 상대등을 견제하기 위해 왕의 직속 기구인 집사부를 집 사성으로 승격시키고, 집사부의 장관도 중시(中侍)에서 시중(侍中)으로 높였다.

세 번째로 한층 넓어진 영토를 효과적으로 관리하기 위해 중국의 제도를 받아들여 활용하였다. 신문왕은 685년 전국을 9주로 나누고 지방에 5소경을 설치하여 지방을 통제하였다. 신라의 5주를 바탕으로 백제와 가야 지역에 4개의 주를 더 설 치하여 전국을 총 9개의 주로 운영하였다. 주에 파견된 총독은 전쟁을 수행하는 장군의 역할보다는 왕을 대신하여 백성을 관 리하고 통제하는 역할이 더 중요해졌다. 주 밑에는 120군 305 현을 설치하여 현령(縣令)과 소수(少守)를 파견하여 다스리게 하였다. 이 과정에서 관리를 감시·통제하기 위해 감찰의 기능

◆사료 보기

처음에 신라는 고구려·백제와 경계가 들쭉날쭉 혼란하여, 서로 화친하고 노략 질하였는데 나중에 당나라와 함께 두 나라를 쳐서 멸하여 그 지역을 평정하고 9주를 두게 되었다. 본 경계 안에 3주를 두고 (중략) 백제 옛 영역에 3주를 두고 (중략) 옛 고구려 남쪽 지역에 3주를 두었다.

출처: 《삼국사기》

을 가진 외사정(外司正)을 설치하고 운영하였다.

신라의 수도 경주가 동남쪽에 치우친 것도 보완할 필요가 있었다. 경주에서 먼 지방 세력을 감시·견제하면서 중앙의 명령을 빠르고 정확하게 전달하기 위해 5소경을 설치하였다. 5소경은 충주(국원소경), 원주(북원소경), 김해(금관소경), 청주(서원소경), 남원(남원소경)에 설치되었는데, 이들의 공통점은 교통이 발달하고 주변 지역의 중심지 역할을 하고 있었다는 점이다. 모든 지역에 관리를 파견할 수 없었던 신라는 정복한 국가의 귀족들을 5소경에 강제 이주시켜 관리하였다.

신라는 제29대 무열왕에서 36대 혜공왕 때까지 뛰어난 인물이 많이 나오면서, 삼국의 언어와 문화 그리고 제도를 하나로 통합시켰다. 그 결과 우리는 하나의 민족이라는 인식을 하고 살아갈 수 있게 되었다.

★ 한눈에 보는 역사

통일신라의 통치 체제 정비	
중앙 정치조직	집사부(왕명 수행)와 시중(집사부 장관)의 권한 강화 → 상대등 권위 약화 사정부(관리 비리 감찰) 설치
지방 행정 조직	9주 5소경 체제 정비: 지방 통제 및 수도가 동남쪽에 치우친 것을 보완 군현 제도 실시: 지방관 파견 향·부곡: 특별행정구역 외사정, 상수리 제도 시행: 지방 세력 견제
군사 조직	9서당(중앙군) 10정(지방군)

27

왕오천축국전에 담긴 가치는 얼마나 될까?

· **통일신라**
왕오천축국전의 가치
중요도 : ★★

신라의 승려 혜초(704~787)가 쓴 《왕오천축국전(往五天竺國傳)》은 우리나라보다도 세계의 다른 나라들이 깊은 관심을 가지고 연구하는 책이다. 《왕오천축국전》은 혜초가 인도의 5천축국(천축국은 중국이 부르는 인도 명칭)을 답사하고 쓴 여행기로 왕을 중심으로 기록하는 정사(正史)와는 내용과 서술 방식이 다르다. 여기에는 혜초가 바닷길로 인도를 방문했다가 육로로 돌아오는 과정에서 보고 들었던 각 나라의 풍속과 전통 같은 민중의 역사가 담겨있다. 또한 신라인의 눈으로 보고 적었기에 중국 중심으로 서술된 기존의 책에서는 볼 수 없었던 많은 역사적 사실이 밝혀졌고, 중화사상으로 왜곡된 사실도 바로잡을 수 있었다.

그러나 안타까운 것이 《왕오천축국전》 3권 중 1권만이 전해오는데, 그마저도 내용이 생략되었거나 빠진 부분이 많다. 《왕오천축국전》은 1908년 3월 프랑스의 탐험가였던 펠리오(Pelliot,P.)가 중국 둔황의 천불동에서 발견하였다. 이 당시 펠리오는 중국과 중앙아시아에서 수집한 약 3,000권의 고사본과 약 3만 권의 한문 간본을 파리 국립도서관에 넘기고 있었다. 자칫하면 이 과정에서 《왕오천축국전》이 세상에 드러나지 않고 다른 책들과 함께 서고(書庫) 속으로 들어갈 수 있었다. 다행히 1909년 중국학자였던 나진옥에 의해 중요성이 제기되면서 관심을 받았다. 이후 1915년 일본의 다카쿠스가 《왕오천축국전》의 저자가 신라 승려 혜초라는 사실을 밝히면서 전 세계적으로 유명해졌다.

《왕오천축국전》이 온전하게 보관되어 있지 않음에도 가치가

◆혜초의 대장정

혜초는 밀교를 공부하기 위해 15살에 중국에서 유학 생활을 하다가, 723년 인도 성지 순례를 떠났다. 혜초는 간다라, 페르시아, 아랍을 지나 중앙아시아를 거쳐 파미르 고원을 넘어 727년 당나라의 장안에 도착하였다. 혜초가 4년에 걸쳐 2만 km에 달하는 대장정을 기록한 책이 《왕오천축국전》이다.

높은 것은 8세기 동남아시아와 인도 그리고 중앙아시아의 음식, 의상, 기후, 생활상 등을 기록한 책이 현재까지《왕오천축국전》외에는 존재하지 않기 때문이다.

《왕오천축국전》이 세계사적 가치만 있는 것은 아니다. 우리 역사에서도 매우 중요한 위치를 차지하고 있다. 우리의 역사를 담고 있는 것은 아니지만, 통일신라가 국제적이고 개방적인 나라였음을 보여주고 있다. 과거 조선 시대 쇄국정책으로 세계의 흐름과는 동떨어져 고립된 시간과 공간에 있었다는 인식이 생겨났다. 여기에 일제가 한국은 일본 10세기경의 사회·경제 구조로 되어 있을 만큼 정체되고 낙후되었다는 식민 사관을 심어놓았다. 그 결과 국제사회의 주역으로 활동하던 우리의 역사는 한반도에 갇혀 폐쇄적인 생활만 한 것으로 왜곡되어 우리에게 알려져 있다.

◆《왕오천축국전》에 나오는 혜초의 시
달 밝은 밤에 고향 길을 바라보니 뜬구름은 너울너울 고향으로 돌아가네.
그편에 편지 한 장 부쳐 보지만 바람이 거세어 회답이 안 들리는구나.
내 나라는 하늘 끝 북쪽에 있고 지금 이 나라는 땅끝 서쪽에 있네.
일남(베트남 중부)에는 기러기마저 없으니 누가 소식 전하러 계림(경주)으로 날아가리.

《왕오천축국전》은 신라가 부강한 나라였으며 국제사회에서 당당한 주역이라는 사실을 간접적으로 보여주고 있다. 인도까지의 여정은 국가적 차원에서 외교사절단을 보낸다고 하더라도 그 비용을 감당하기 어려울 정도로 머나먼 여정이다. 그런데 혜초가 신라인이라고 밝히면서 20대의 젊은 나이로 4년 동안 2만 km가 넘는 거리를 다녀왔다는 것은 개인적으로 경제적 여력이 뒷받침되었다는 것을 보여준다. 중국 승려 의정의 《구법고승전》은 인도로 유학을 떠난 60여 명의 승려들을 기록하고 있는데 이 중 신라인이 9명이나 된다. 이는 신라가 중국과 인도로 많은 유학생을 보낼 수 있을 정도로 풍요로운 국가였고, 언어와 여행 관련된 타국의 다양한 정보를 쉽게 얻을 수 있는 국제적인 나라였음을 알려준다.

★ 한눈에 보는 역사

통일신라의 불교	
원효 대사	일심 사상과 화쟁 사상 주장, 아미타 신앙 전파 → 불교 대중화
의상 대사	화엄 사상 정립, 관음 신앙 전파
혜초	인도와 서역을 순례하고 《왕오천축국전》 저술
선종	참선 수행 중시, 통일신라 말 지방 호족의 후원으로 확산 → 9산 선문 성립

28

장보고는 어떤 인물일까?

· 통일신라

장보고와 청해진

중요도 : ★★★

통일신라 시대를 대표하는 인물로 많은 사람이 장보고(?~846)를 떠올린다. 정한숙이 1960~1961년 《경향신문》에 장보고를 소재로 한 "바다의 왕자"를 기고한 이후 많은 소설과 드라마로 제작되었다.

장보고가 태어나기 수십 년 전 중국은 고구려 유민 출신인 이정기(732~781)가 산둥반도에 제(濟)나라를 세우고, 4대 55년간 독립된 국가를 운영하고 있었다. 발해와 당나라 사이에서 중계무역을 통해 큰 이익을 얻으면서 국가를 경영하던 제나라는 중국어와 한국어를 능수능란하게 구사할 수 있는 신라인들에게 기회의 땅이었다. 이에 많은 신라인은 안정적인 삶과 기회를 좇아 중국으로 넘어갔다. 그러나 장보고가 태어날 무렵은 제나라가 무너지기 시작하여 도적과 해적들이 난리를 부리고 있었다.

반면 신라도 혜공왕(재위 765~780) 이후 150여 년 동안 20명의 왕이 교체될 정도로 혼돈의 시기였다. 정부가 제 기능을 하지 못해 온갖 폭정과 수탈이 이루어지면서 지방은 통제가 되지 않았다. 이런 와중에 많은 중국인이 신라인을 잡아다 노예로 파는 인신매매를 자행하고 있었다.

이러한 시기 장보고는 신라의 작은 섬에서 태어나 성장하다가 중국으로 넘어갔다. 무예가 뛰어났던 장보고는 제나라를 토벌하기 위해 창설된 무령군에 입대한 후, 전쟁에서 큰 공을 세우고 소장직에 올랐다. 그러나 819년 제나라가 무너진 뒤, 장보고는 무령군 소장직을 그만두었다. 그리고 중국에 살던 신라인

◆사료 보기
장보고가 신라로 돌아와 왕에게 말하기를 "중국 어디를 가보나 신라인을 노비로 삼고 있습니다. 원컨대 신라 해로의 요충지인 청해진을 설치하여 사람을 노략질해서 서로 데려갈 수 없게 하십시오."라고 하였다 왕이 군사 일만을 주며 장보고의 요청을 들어주니, 신라는 평온을 되찾고 해상에서 신라인을 사고파는 일이 없어졌다.
출처:《번천문집》

을 규합한 큰 상단에서 해상 무역에 뛰어들어 큰 성공을 거두었다.

많은 재물을 벌며 성공한 삶을 살던 장보고가 돌연 828년에 신라로 돌아와 흥덕왕을 만나 완도에 청해진을 설치할 것을 건의하였다. 골품제 사회였던 신라의 처지에서 본다면 아무리 중국에서 장군직에 오른 장보고라 할지라도 왕을 독대하고 청해진 설치를 요구하는 것은 건방진 행동이었다. 하지만 822년 김헌창의 난으로 큰 곤욕을 치르며 재정상태가 좋지 않던 신라에 장보고가 가진 재물과 무역 상단은 굉장히 큰 매력으로 다가왔다. 더욱이 청해진을 통해 중국에서 노예로 있는 신라인을 구하고, 중국 해적들이 신라인을 잡아가지 못하게 막겠다는 명분은 약해진 왕권을 높이는 데 도움이 되었다.

신라 왕에게 일만 명의 군대를 받은 장보고는 완도에 청해진을 설치하고 서남해 도서 지역을 자신의 세력권으로 만들었다. 이 지역은 중국과 일본 선단이 꼭 지나가야 하는 길목으로 장보고에게 통행세를 내지 않고는 다닐 수 없었다. 장보고는 이곳에서 통행세 징수와 중계무역을 통해 큰 이익을 보았다. 또한 도자기를 직접 생산하여 중국과 일본에 판매하면서 지역경제를 일으키기도 하였다.

신라 왕실의 공식적인 지원으로 서해와 남해의 주도권을 쥐게 된 장보고는 누구도 쉽게 건들 수 없는 막강한 권력을 갖게 되었지만 오래가지는 못하였다. 흥덕왕이 후사 없이 죽고 희강왕이 군대를 동원하여 왕위에 올랐다. 그러나 얼마 지나지 않아 김명이 희강왕을 죽이고 민애왕으로 즉위하였다. 이에 불만을 느끼고 있던 김우징이 장보고의 힘을 빌려 민애왕을 죽이고 신무왕으로 즉위하였다. 김우징이 신무왕으로 즉위하는 데 크게 공헌한 장보고는 더 큰 권력을 갖게 되었다. 장보고는 신무왕에 이어 왕이 된 문성왕에게 자신의 딸을 시집보내려 하다가, 장보고의 세력 확장에 불만과 두려움을 느끼던 진골 세력이 보낸 염장에게 암살당해 죽는다. 이후 청해진에 있던 많은 사람은 핍박을 받다 견디지 못하고 중국과 일본으로 떠나면서 청해진은 851년 해체되고 만다. 이후 우리는 장보고의 죽음과 청해진의 해체를 아쉬워해 왔다. 하지만 정확히는 중국과

◆사료 보기
왕이 청해진 대사 궁복의 딸을 취하여 차비로 삼으려 하자, 조시들이 간하기를 "부부의 도는 인간의 큰 윤리입니다. 지금 궁복은 해도인이거늘 어찌 그 딸을 왕실의 배필로 삼을 수 있겠습니까."라고 하니 왕이 그 말에 따랐다.
출처: 《삼국사기》

왜를 능가했던 강한 힘을 그리워한 것은 아닐까?

통일신라	
주요 왕	무열왕: 진골 출신, 백제 멸망 문무왕: 삼국 통일 완성 신문왕: 김흠돌의 난 진압, 왕권 강화(관료전 지급, 국학 설치)
통치 체제	중앙: 집사부를 중심으로 운영 지방: 9주 5소경 설치
경제·사회	관료전 지급·녹읍 폐지, 정전 지급, 민정문서 작성
대외 교류	당에 신라방, 신라소, 신라원 설치 장보고가 청해진(완도) 설치

중국은 왜 발해의 역사를 왜곡할까?

> · 발해
> 고구려를 계승한 발해
> 중요도 : ★★★★★

대조영(?~719)은 고구려 멸망 30년 뒤 동모산에서 고구려를 계승했음을 천명하고 진국(震國)을 세웠다. 당나라가 고구려의 옛 땅을 영구적으로 자신의 영토로 만들려 했으나 고구려의 동북쪽은 저항이 심해 손도 대지 못하고 있는 주인 없는 땅이었다. 그곳에서 대조영이 고구려인과 말갈인을 규합하여 당나라 군대를 크게 물리쳤다는 이야기가 퍼져 나가자 수많은 옛 고구려인이 모여들었다. 대조영이 세운 진국의 힘이 날로 커지자 당나라는 마지못해 발해군왕으로 봉하였다. 그러나 나라로 인정하기는 싫어서 고을 군(郡)으로 표기하였다.

당나라가 인정하기 싫다고 해서 발해가 국가의 체제를 갖추지 못한 것은 아니었다. 선왕 때에 이르면 고구려보다 훨씬 넓은 영토를 가진 강국이 된다. 드넓은 영토를 바탕으로 문물제도를 정비하여 동아시아의 강대국이 된 발해는 누구도 함부로 할 수 있는 상대가 아니었다. 결국 당도 발해를 해동성국이라 부르며 인정하고 존중하였다. 이토록 거대하고 강했던 발해가 926년 거란의 공격에 제대로 저항 한 번 못하고 멸망해버렸다.

이후 왕건이 세운 고려가 옛 고구려의 영토를 되찾겠다는 목표를 세우고 북진정책을 펼쳤지만 큰 성과를 거두지는 못하였고 만주 벌판은 우리 역사에서 한동안 사라졌다. 그러나 발해가 우리의 역사라는 인식은 계속 이어져서, 조선 후기에는 유득공이 《발해고》를 편찬하여 우리의 역사로 기록하였다. 1800년 전후로는 삶이 어려워진 조선 사람들이 옛 우리의 영

◆사료 보기

대조영이 무리를 이끌고 동쪽 계루 옛 땅으로 들어가 동모산을 거점으로 성을 쌓고 거주하였다. 대조영이 용맹하고 용병을 잘하여 말갈 무리와 고구려의 남은 무리가 점점 대조영에게 귀복하였다. 대조영은 진국 왕이 되어 사신을 보내 돌궐과 통하였다.

출처: 《구당서》

토였던 간도로 넘어가 논과 밭을 일구며 정착하였다. 이에 청나라는 일제와 간도협약(1909)을 맺고 간도를 자신들의 영토로 만들었다. 하지만 간도협약 자체가 무효라는 것을 아는 중국은 간도 지역을 한국의 역사에서 지워버리기 위해 동북공정이라는 역사 왜곡을 하고 있다.

동북공정에서 중국은 발해를 우리의 역사가 아닌 말갈족이 세운 중국의 지방 정권이라 주장한다. 하지만 발해가 중국의 지배를 거부하고, 스스로를 고구려의 후손이라고 대내외적으로 밝힌 역사적 사건들이 가득하다. 우선 중국 역사서인 《구당서》를 보면 대조영을 고구려의 별종이라고 표기하며 고구려 계통이라 밝히고 있다. 발해의 왕이 일본에 보낸 국서에서도 자신을 고려(고구려의 또 다른 이름) 국왕이라고 밝히며, 중국과는 다른 독자적인 연호를 사용하였다. 발해의 지배 계층을 이루던 성씨에서도 대씨와 고씨가 가장 많았던 사실은 발해가 고구려인을 중심으로 운영되었음을 보여준다.

일상생활에 들어가 살펴봐도 발해가 고구려를 계승했음을 보여주는 유물과 유적이 많다. 제3대 문왕의 딸인 정혜 공주 무덤은 굴식 돌방무덤에 모줄임천장 구조로 전형적인 고구려 무덤 양식을 따르고 있다. 또한 발해는 난방 방식으로 온돌을 사용하였다. 참고로 구들장을 데워 추운 겨울을 이겨내던 온돌은 전 세계에서 우리나라만 사용하던 난방 방식이었다.

이처럼 발해가 우리의 역사임은 확실하지만 중국이 억지 주장을 펴는 또 다른 이유가 중국 내 위구르족과 티베트족의 독립을 막고 확산을 저지시키기 위해서다. 이들이 분리 독립하는 경우 다른 소수민족의 독립운동으로 이어져 중국이 분열될 수 있다는 우려 때문이다. 그래서 중국의 소수민족 역사를 모두 자국의 역사라고 주장하는 것이다. 그중에서도 한국과 중국 그리고 러시아가 만나는 동북 3성의 지리적 위치의 중요성이 커지면서, 불안감은 더욱 증폭되고 있다. 동북 3성에 자리 잡고 있는 중국 동포(조선족이라는 표현은 잘못된 것으로 사용하지 말아야 한다.)는 소수민족 가운데에서도 역량과 영향력이 가장 크다. 중국 동포들이 통일된 한국과 연계하여 간도를 되돌려 받으려 한다면, 중국은 큰 타격을 받을 수밖에 없다. 이러한 사태

◆사료 보기

부여씨와 고씨가 망한 다음에 김씨의 신라가 남에 있고, 대씨의 발해가 북에 있으니 이것이 남북국이다. 여기에는 마땅히 남북사(南北史)가 있어야 할 터인데, 고려가 편찬하지 않은 것은 잘못이다.

출처: 《발해고》

를 미리 차단하려는 것이 중국의 동북공정이다.

★ 한눈에 보는 역사

발해의 발전	
무왕	연호 '인안' 사용 영토 확장(흑수 말갈 토벌, 당의 산둥 지방 공격, 일본과 친선 도모)
문왕	당 문물 수용 신라와 상설 교통로(신라도) 개설 상경 천도
선왕	옛 고구려 영토 대부분 차지 '해동성국'이라 불림

30

발해의 진짜 멸망 원인은 뭘까?

> · **발해**
> 발해의 멸망
> 중요도 : ★

중국을 정복하려는 야심을 가졌던 요나라 태조 야율아보기가 925년 12월 21일 추운 겨울 발해를 침공한다. 거대한 영토를 가졌던 발해는 별 저항도 없이 이듬해 1월 12일에 항복하였다. 그리고 항복 절차가 끝난 1월 14일, 발해는 역사의 뒤안길로 사라져 버렸다. 매우 강성했던 발해가 거란이 세운 요나라에 의해 너무도 허무하게 무너져버린 이유를 알기 위해서는 우선 통치 구조를 이해해야 한다.

발해는 고구려인과 말갈인이 연합하여 세운 국가로 이원적 구조의 한계점을 가지고 있었다. 고구려인은 지배 계층으로 많은 권력과 부를 독점하였다. 그리고 자신들의 기득권을 당연하게 여기며 말갈인을 무시하고 핍박했다. 반면 말갈인은 주로 지방에서 선진 문물을 받아들이지 못한 채 예전의 수렵방식으로 생계를 꾸리며 조세를 부담하고 있었다. 시간이 흐를수록 고구려 계통의 사람들과 말갈인은 하나라는 인식을 갖지 못하고 서로를 등한시하는 관계가 되면서 국론이 분열되었다.

이런 가운데 9~10세기 국제 질서가 크게 요동치기 시작했다. 동아시아를 제패하며 영원할 것 같던 당나라가 무너지기 시작했다. 이민족을 효과적으로 막기 위해 만들었던 절도사는 오히려 당나라를 멸망시키는 원인이 되었다. 이후 중국은 5대 10국이라는 혼란스러운 시대를 맞이하게 된다.

신라의 경우도 크게 다르지 않았다. 무열왕 계통의 혜공왕 (재위 765~780)이 피살된 이후 권력투쟁이 심하게 일어나면서 국가 운영 시스템이 망가져 버렸다. 새로운 지배 계층인 호족이 등장하고, 견훤과 궁예와 같은 인물들이 새로운 나라를 세우며 오랜 기간 전쟁이 지속되었다.

당과 신라가 힘을 잃자 나라 없이 약소민족으로 살아오던 거란족이 통합하여 요를 세우고 동아시아의 새로운 강자로 등장하였다. 그리고 약해진 중국을 정복하기 위한 선제작업으로 발해를 공격하였다. 발해는 자신을 도와줄 당과 신라가 사라진 가운데 홀로 고군분투해야 하였다.

백두산의 대폭발도 발해의 멸망에 크게 기여하였다. 백두산의 대폭발은 화산재를 하늘 위 25km 이상 올려 보내 저 멀리 일본에까지 떨어뜨려 놓았다. 이처럼 거대한 화산 폭발로 농경과 수렵이 다 무너진 가운데 요나라의 야율아보기가 군대를 끌고 오니, 발해는 저항도 하지 못하고 무기력하게 나라를 내주어야 하였다.

백두산 폭발로 발해가 망했다는 것에 의문을 제기하는 사람들도 있다. 《고려세가》와 《고려사절요》에 따르면, 백두산은 발해가 멸망한 이후인 938년과 939년 그리고 946년과 947년에 큰 폭발을 일으킨 것으로 되어있다. 그러나 《고려세가》와 《고려사절요》는 발해 멸망을 기록한 《요사》를 참고하였는데, 《요사》 자체가 1344년 원나라 시대에 제작되어 왜곡된 기록일 가능성이 높다. 그리고 야율아보기가 발해를 멸망시키고 돌아오는 길에 갑자기 죽었다는 것도 의심스럽게 한다. 아마도 화

◆ 고려사
조선 초에 고려 시대 역사를 기전체로 기록한 역사서다. 중국의 기전체 정사 중에서 《원사》를 가장 많이 참고하여 139권으로 편찬되었다.

산 폭발의 영향으로 야율아보기가 죽지 않았을까 하는 추측도 조심스럽게 나오고 있다. 이 가설 모두가 틀린 것이라면, 발해가 926년에 망하지 않은 것일 수도 있다. 934년 발해의 왕자 대광현이 수만 명의 발해인을 이끌고 고려에 투항했다는《고려사》의 기록은 발해가 멸망한 시 8년 뒤의 일이다. 나라가 망하고 8년이란 긴 시간 뒤에야 고려로 투항했다는 사실이 좀처럼 이해되지 않는다.

나라는 단 하나의 이유로 망하지는 않는다. 여러 원인이 복합적으로 문제를 일으켰을 때, 국가 시스템이 해결하지 못하면 무너지는 것이다. 발해도 몇 가지의 이유만으로 멸망했다고 단정하기는 어렵다. 드넓은 만주 벌판과 연해주가 우리의 영토에서 멀어졌다는 아쉬움에 발해의 멸망을 안타까워하는 것은 아닌지 모르겠다.

◆발해의 부흥 운동
거란인은 "발해 사람들의 분열을 틈타 출격했기에 싸우지 않고 이겼다."라고 발해의 멸망을 설명하고 있다. 이후 발해 유민들은 요와 금의 지배에 저항하여 후발해국(926), 정안국(980년대), 흥료국(1029~1030), 대발해국(1116) 등을 세워 저항운동을 계속 이어 갔다.

★ 한눈에 보는 역사

발해	
통치 체제	중앙: 3성 6부 지방: 5경 15부 62주
경제·사회	농업(밭농사), 목축과 수렵 고구려계(지배층)와 말갈계(피지배층)로 구성
대외 교류	당의 산동반도에 발해관 설치 신라와 신라도를 통해 교류

31

진성여왕은 정말 나쁜 군주였을까?

> **· 통일신라**
> 신라 말의 사회 동요
> 중요도 : ★★

신라에는 선덕여왕, 진덕여왕, 그리고 진성여왕 3명의 여왕이 있다. 남녀 차별이 심한 우리의 역사에서 여성이 왕이 되었다는 것은 매우 흥미롭고 신기한 일임에 틀림이 없다. 선덕여왕과 진덕여왕은 성골 중에 남자가 없어 어쩔 수 없이 왕위에 즉위한 것에 반해, 진성여왕의 경우는 굳이 왕이 되지 않아도 되는 상황에서 오빠였던 정강왕의 선택을 받아 왕이 되었다.

경문왕의 딸이었던 진성여왕(재위 887~897)은 오빠 둘이 있었기에 왕이 될 이유가 하나도 없었다. 첫째 오빠였던 헌강왕이 어린 아들을 남겨둔 채 죽자 작은 오빠가 정강왕으로 즉위하였다. 정강왕도 왕위에 오른 지 1년 뒤, 죽어가는 와중에 진성여왕을 후계자로 지목하였다. 아마도 자신의 가계에서 왕이 계속 나오기를 바라는 마음이었을 것이다. 다행히 경문왕의 동생이자 상대등으로 큰 권력을 가지고 있던 숙부 위홍이 진성여왕의 즉위를 찬성하면서, 다른 귀족들도 진성여왕의 즉위에 큰 반대를 하지 않았다.

진성여왕은 왕위에 오른 후 세금을 면제해주고 황룡사에서 법회를 열어 백성들의 마음을 어루만지려 노력하였다. 숙부였던 위홍으로 하여금 대구화상과 함께 향가(鄕歌)를 수집해 《삼대목(三代目)》을 편찬케 하는 등 문학 부문에도 힘을 쏟았다.

하지만 이런 모습은 오래 지속되지 못하였다. 몇 년째 이어지는 가뭄으로 생계를 유지하지 못한 백성들이 땅을 버리고 도적이 되었다. 도적이 된 농민은 다른 농민을 습격하면서, 약자가 약자의 것을 빼앗는 악순환이 반복되었다. 도적 떼가 훑고 지나간 자리에는 관리들이 도적을 잡겠다며 마을에 들어와 백성을 괴롭혔다.

이런 과정이 반복되자 신라 왕실에 대한 백성들의 마음은 떠나가 버렸다. 신라 왕실은 세금을 제대로 걷지 못하면서 군대 유지도 힘들어졌다. 도적 떼가 경주 앞까지 밀려와도 군대는 맞서 싸우기보다는, 도적이 스스로 물러날 때까지 관망하며 자신의 목숨을 보전하는 데 급급하였다. 결국 힘 있는 자가 세상의 주인이 되는 시대가 열렸다. 상주 지역에서 일어난 '원종과 애노의 난'을 시작으로 후삼국 시대를 여는 인물들이 진성여왕 때 속속 등장한다.

대표적으로 기훤과 양길은 조그만 도적 무리에서 군대를 갖춘 지방 세력으로 성장하였다. 서남해 지역의 도적을 토벌하러 내려간 견훤은 전라도 지역을 기반으로 후백제를 건국할 준비를 하고, 신라 왕족 출신이던 궁예는 반신라의 기치를 내걸고 중부 지역을 장악하였다. 진성여왕의 신라는 과거의 강했던 모습이 아니라 경주 인근 지역을 다스리는 것도 버거운 소국으로 전락해버렸다.

그래도 진성여왕은 포기하지 않고, 894년 당나라에서 귀국

◆사료 보기
여러 주군이 공부를 내지 않아 국고가 고갈되었다. 이에 왕이 사자를 보내어 독촉하니 소재지에서 도적들이 들고일어났다. 이때 원종과 애노 등이 사벌주에 웅거하여 반란을 일으키자 왕은 나마 영기에게 명하여 잡도록 하였으나, 영기는 적의 성루를 바라보고는 두려워서 진격하지 못하였다.
출처: 《삼국사기》

한 최치원의 의견을 받아들여 신라를 개혁해보려고 노력하였다. 하지만 오랜 기간 골품제의 폐쇄성에 갇힌 진골들은 6두품에 불과한 최치원의 의견을 좇는 것은 잘못된 일이라며 반대하였다. 최치원의 시무책 10여 조를 시행하지 못하게 되자 진성여왕은 정치에 환멸을 느꼈는지, 아니면 신라를 운영하기에는 자신의 능력이 부족하다고 생각했는지 왕위에서 스스로 내려온다.

895년 헌강왕의 아들인 요를 태자로 책봉하고 897년 왕위를 물려주었다. 이때 요의 나이가 15살이었다. 진성여왕은 왕위를 물려주면서 자신이 덕이 없어 나라에 도적이 끓고 백성들이 굶주리게 되었다며 선양(왕위를 물려줌)의 이유를 밝혔다. 그리고 그해 12월에 죽었다. 이런 측면을 보면 진성여왕이 문란하고 사치스러워 신라가 망하게 되었다는 역사 기록은 너무하

◆사료 보기

재상의 집에는 녹이 끊이지 않으며, 노비와 하인이 3,000명이나 되었다. 갑옷을 입은 병사와 소·말·돼지 등의 수도 이에 맞먹는다. 가축은 바다 가운데 있는 섬에 풀어놓고 기르다가 필요할 때 활을 쏘아 잡아먹는다. 곡식을 남에게 빌려주고 이자를 받았는데, 기간 안에 다 갚지 못하면 노비로 삼았다.

출처: 《신당서》

다는 생각이 든다. 신라가 망한 것은 백성과 국가를 생각하지 않고 권력과 부를 탐하던 중앙 진골 귀족들의 행태가 가장 큰 원인이었다. 진성여왕의 안 좋은 기록은 그들의 책임을 사회적 약자였던 여성에게 떠넘긴 비겁한 일이었을지도 모른다.

★ 한눈에 보는 역사

통일신라의 동요	
왕위 쟁탈전	혜공왕 이후 150여 년간 20명의 왕 교체 김헌창의 난(822) 장보고의 난(846)
농민 봉기	무거운 세금, 자연재해로 농민 몰락 → 노비나 초적 농민 봉기: 원종과 애노의 난(889)
새로운 세력의 등장	호족: 성주·장군이라 부르며 지방의 행정권과 군사권 장악 6두품: 골품제 사회 비판, 호족과 연계하여 새로운 사회 모색

32

후백제의 멸망이
가족 불화 때문이라고?

> **· 후삼국 시대**
> 신라 말의 사회 동요
> 중요도 : ★★

진성여왕이 신라를 통치할 때 경주 인근 외 지역은 내로라하는 인물들이 자신만의 세력을 형성하며 반신라적 태도를 보이고 있었다. 양길, 기훤, 아자개 같이 자신의 군대로 인근 지역을 장악하고 스스로를 성주 또는 장군으로 불렀던 이들을 호족이라 한다. 궁예와 견훤같이 힘이 강한 호족은 약한 호족을 흡수·통합하면서 국가를 세웠다. 궁예가 세운 후고구려와 견훤이 세운 후백제가 등장하면서 후삼국 시대는 시작된다.

후백제를 세운 견훤은 어린 시절부터 강한 완력을 바탕으로 뛰어난 무예를 자랑했다. 견훤이 강한 힘을 갖게 된 이유와 관련된 재미있는 설화가 있다. 견훤의 아버지였던 아자개가 농부로 살아가던 시절 젖도 못 뗀 견훤을 나무 밑에 두고 농사일을 하고 있었다. 열심히 일하다가 견훤이 잘 있는지 살펴보니 아주 커다란 호랑이가 견훤 옆에 누워 있었다. 순간 아자개는 아무것도 못 하고 그 자리에서 얼음이 되었다. 그런데 견훤은 호랑이가 무섭지도 않은지 호랑이의 젖을 잡고 열심히 빨고 있었다. 그 이후로도 호랑이는 매일 견훤을 찾아와 젖을 물렸고, 견훤은 호랑이의 기운을 받아 그 누구도 갖지 못한 용력과 용맹을 지니게 되었다고 한다.

성인이 된 견훤은 농민 출신이라는 신분적 한계를 넘어 뛰어난 무력과 군사적 재능으로 전장에서 큰 공을 세우며 비장으로 승진하였다. 이후 서남해 연안을 방비하기 위해 떠난 견훤은 강력한 무력을 앞세워 호남 지역의 여러 호족을 복속시켜 나갔다. 경남 진주에서 시작된 진출은 무진주, 광주를 넘어 빠른 속도로 전라북도까지 차지하였다. 이를 바탕으로 900년 완산주(전주)에서 후백제 건국을 선포하고 초대 황제로 즉위하였다.

호남 지역을 기반으로 출발한 견훤의 후백제는 서해를 통해 중국의 여러 나라와 교류를 활발히 한 결과 선진 문물 수용이

빨랐다. 특히 후백제는 우리나라의 최대 곡창지인 호남평야를 차지하면서 후고구려와 신라보다 풍요로운 경제력을 갖추었다. 풍요로운 나라 살림은 자연스레 군사력 강화로도 이어져 후고 구려나 신라를 압도하였다.

그러나 견훤은 후삼국을 통일하는 주인공이 되지는 못하였다. 견훤은 주변 사람들의 의견을 듣지 않고, 자신만의 생각을 강요하였다. 그 결과 새로운 시대를 열어갈 이념을 수용하고 적용하지 못하였다. 또한 후고구려와 신라를 포용하기보다는 힘으로만 억누른 결과 후백제는 고립되었다. 결정적으로 견훤 스스로가 자식을 편애하면서, 후계자 결정에 불만을 품은 신검의 반란으로 후백제는 스스로 무너져 내렸다.

여기에 잘 알려지지 않은 후백제 멸망의 원인으로 견훤과

◆사료 보기

"당 고종이 신라의 요청을 들어 장군 소정방을 보내 배에 군사 13만을 싣고 바다를 건너왔고, 신라의 김유신이 잃은 영토를 다시 찾고자 황산을 지나 사비에 이르러 당나라군과 합세하여 백제를 멸망시켰다. 내 이제 완산에 도읍하여 의자왕의 묵은 분함을 씻겠다."라며 말한 뒤, 후백제 왕이라 스스로 칭하고, 관부를 설치하여 직책을 나누었다.

출처:《삼국사기》

아자개의 불화가 있다. 아자개는 농부 출신이었지만, 후삼국이 서로 맞닿아 있는 상주의 호족으로 성장하여 인근 지역에 막강한 영향력을 행사하고 있었다. 후고구려와 후백제 그리고 신라에게 상주는 매우 중요한 지역이어서 모두 아자개를 자신의 편으로 끌어들이고 싶어 했다. 일반적으로 견훤이 아버지인 아자개의 도움을 받았을 거라 생각하기 쉽지만, 둘은 부자 관계를 넘어 경쟁국의 지도자였다.

가족 간에 불화가 생기면 화해하기가 더 어려운 것처럼 시간이 흐를수록 아자개와 견훤 부자의 갈등은 골이 깊어졌다. 거기에다 아자개는 슬하에 4명의 아들과 딸이 있었다. 아자개와 견훤의 동생들은 견훤이 경주에 들어가 왕비를 겁탈하고 많은 사람을 죽인 사건을 기억하고 있었다. 상주를 견훤이 차지하면 자신들의 몫이 줄어드는 것을 떠나서 목숨도 보장받기

◆견훤의 가족사

견훤은 927년 포석정에서 경애왕을 살해하는 등 신라에 강한 적대감을 드러내서 신라 사람들의 민심을 얻지 못하였다. 또한 견훤에게는 배다른 자식이 많아 부자·형제간에 사이가 좋지 않았다. 견훤이 넷째 아들 금강에 왕위를 물려주려고 하자 신검 등 다른 아들들이 견훤을 금산사에 가두었다. 견훤은 금산사를 탈출하여 고려에 망명했고, 936년 후백제는 고려에 항복하였다.

어렵다고 생각하였다. 그래서 자신들의 권력과 부를 인정하겠다며 다가오는 고려 왕건에게 상주를 갖다 바쳤다. 아자개가 고려에 귀순하는 순간 왕건이 자리의 상석을 양보할 정도였으니 상주가 가지는 지리적 위치와 함께 견훤이 받았을 타격이 얼마나 컸을지는 어렵지 않게 상상할 수 있다. 만약 견훤이 자신의 아버지 아자개와 동생들에게 진심으로 따뜻한 마음을 갖고 다가갔다면 역사는 바뀌었을까?

★ 한눈에 보는 역사

후삼국의 성립	
후백제(900)	견훤이 완산주(전주)를 도읍으로 삼고 건국
후고구려(901)	궁예가 송악(개성)을 도읍으로 삼고 건국
고려(918)	왕건이 궁예를 내쫓고 건국 → 후삼국 통일(936)

33

왕건은 왜 유훈을 남겨야만 했을까?

> **·고려**
> 고려 초 왕권 강화
> 중요도 : ★★★

고려가 500여 년을 유지할 것이라 왕건은 생각했을까? 왕건은 고려가 영원하기를 원했지만, 자신이 죽으면 고려가 망할지도 모르겠다는 불안감에 눈을 감았을지도 모르겠다. 고려는 자신만의 군대를 보유한 호족들의 연합국가였다. 다시 말하면 왕건이 후삼국을 통일한 황제였지만, 이는 호족들이 자신에게만 충성을 맹세할 때만 가능한 일이었다. 왕건 자신도 호족들의 마음에 들지 않는 행동을 한다면 언제라도 궁예처럼 쫓겨날 수 있었다. 왕건이 귀순한 견훤을 아버지라 부르며 상석을 내주며 우대한 것은 왕건이 다른 호족들도 우대하고 있음을 보여주는 퍼포먼스에 가까웠다.

왕건은 평생 왕권 강화를 위해 큰 노력을 기울였는데, 그중 하나가 호족과의 결혼이었다. 왕건은 살아생전 29명의 여인과 결혼하였다. 왕건이 많은 여인과 결혼한 모습에 남자들은 부러워하고, 여자들은 혐오하는 반응을 보이기도 한다. 하지만 왕건에게 있어 결혼은 무척이나 부담스러운 일이었다. 아내가 한 명씩 늘수록 자신의 사생활과 속마음이 유력 호족에 노출되는 위험이 커졌기 때문이다. 자신이 사랑하는 여인이 아닌, 장인이 되는 호족의 힘이 얼마나 강한지에 따라 아내와의 잠자리가 선택되는 왕건의 마음은 어땠을까?

왕건은 25남 9녀를 두었다. 34명의 자녀가 적은 것은 아니다. 그러나 1900년대 중반까지 보통 한 어머니가 낳은 자녀의 수가 5~10명이던 것을 생각한다면 29명의 부인을 둔 왕건의 자식은 최소한 100명 이상은 되어야 할 것이다. 그렇다면 왜 이렇게 자녀를 적게 낳은 것일까? 이는 힘 있는 호족의 딸이 왕

◆왕건 부인의 출신 지역

왕위에 오르기 전, 왕건의 부인은 신혜왕후 유씨와 장화왕후 오씨 2명이다. 왕위에 오른 이후 맞은 부인의 출생지를 보면 개성이 있는 황해도와 인근 지역인 경기도가 12명이다. 그 밖에 17명은 강원도·경상도·전라도·충청도 지역에 고루 퍼져 있었다.

건을 독차지하면서 상대적으로 힘이 약한 다른 부인들은 왕건과 잠자리를 할 수 없었기 때문이다. 그렇다 보니 29명의 부인 중에서 자식을 낳은 여인보다 자식을 낳지 않은 부인이 더 많을 수밖에 없었다.

혼인을 통해 이룬 안정은 25명의 왕자가 성장하면서 흔들리기 시작하였다. 여러 부인에게서 태어난 왕자들은 성장하면서 왕건의 아들이 아닌, 유력 호족의 대변자가 되었다. 왕자를 생산한 호족 집안은 무슨 방법을 동원해서라도 왕건으로부터 왕위를 물려받아야 했다. 이것을 모를 리 없는 왕건은 날이 갈수록 왕위 계승 문제로 고심이 커졌다.

왕건은 유훈인 훈요십조에서 "왕위 계승은 적자 적손을 원칙으로 하되 장자가 무능력하거나 덕이 없다면 인망 있는 자가 왕위를 계승하라."라고 명시하며 왕위 계승 문제를 매듭지었다. 이 유훈은 호족들의 갈등을 최소화하면서 안정적으로 왕위를 넘겨줄 수 있는 가장 좋은 방법이었다. 다시 풀이해보면 나의 모든 왕자는 왕이 될 수 있는 자격이 있다. 하지만 모든 왕자가 왕이 될 수 없으니 순서에 따라 첫째 아들이 왕에 즉위하는 것을 이해해달라고 호족에 읍소하는 것이었다.

그리고 고려가 후삼국을 통일한 것은 호족들의 도움도 컸지

만, 부처님과 여러 신이 허락하지 않았으면 불가능했다고 훈요
십조에서 밝혔다. "국가의 대업이 제불(諸佛)의 호위와 지덕(地
德)에 힘입었으니 불교를 잘 위하라."라는 내용은 호족들이 왕
건이 죽은 후 다른 생각과 행동을 하는 것은 부처님의 뜻을 어
기는 잘못된 일이라고 못을 박아 놓는 경고였다.

마지막으로 "왕이 된 자는 공평하게 일을 처리하여 민심을
얻어라.", "백관의 기록을 공평히 정해주어라."라는 항목은 후대
왕이 호족들을 무시하면 나라가 무너질 수 있음을 잊지 않도
록 경계한 것이다.

·하지만 모든 것이 사람의 뜻대로 이루어지기는 어렵다. 왕건
이 죽고 장자로 왕 위에 오른 혜종(재위 943~945)이 일찍 죽
자, 호족들은 왕자들을 내세워 정권 쟁탈전을 벌였다. 그 결과
제3·4대 왕은 혜종의 아들이 아니라 이복동생들의 차지가 되
었다. 왕건은 하늘에서 왕위를 둘러싼 자식들의 다툼을 어떤
눈으로 바라봤을까?

태조 왕건의 정책	
민생 안정책	조세 부담 격감, 노비 해방, 불교·풍수지리 존중
호족 통합 정책	결혼·사성(賜姓) 정책, 사심관 제도, 기인 제도
북진정책	국호 '고려', 서경 중시, 자주적 연호, 발해 유민 포용, 영토 확장

34 삼형제가 왕이 되어야 했던
배경은 뭘까?

> **·고려**
> 고려 초 왕권 강화
> 중요도 : ★★★★

태조 왕건이 후삼국을 통일하는 과업을 이루어냈다면, 고려를 오랫동안 존속할 수 있게 만든 인물은 광종이라 말할 수 있다. 광종은 정상적이라면 고려의 왕이 될 수 없었던 인물이었으나, 천운과 함께 자신의 능력으로 강력한 왕권을 확립한 인물이다. 그가 실시했던 과거제와 노비안검법과 같은 과감한 개혁 행보는 오랜 전란으로 힘들어하던 많은 백성의 고충을 덜어주며 백성의 지지를 끌어내기도 하였다.

왕건의 큰아들이었던 혜종(재위 943~945)은 자신을 뒷받침해줘야 할 외가가 다른 왕자들보다 힘이 미약하였다. 장남이라는 이유로 즉위했지만, 힘이 없는 상황에서 자기 뜻대로 할 수 있는 것은 하나도 없었다. 오히려 언제 죽임을 당할지 모른다는 불안감에 제대로 먹지도 못하고 잠을 이루지도 못하였다. 결국 환청과 환각에 시달릴 정도로 심신이 미약해진 혜종은 왕위에 즉위한 지 3년 만에 죽는다.

혜종에겐 2명의 아들이 있었지만, 훈요십조의 유훈 중에 적자 적손이 왕위에 오를 자격이 없으면 인망 있는 자가 왕위에 오르라는 항목에 의해 제3대 왕으로 즉위한 자가 혜종의 이복동생이며 태조 왕건의 둘째 아들인 정종(재위 945~949)이다. 강력한 힘을 가진 충주의 호족 유긍달을 외할아버지로 둔 정종은 혜종이 죽자, 개국공신이면서 태조 왕건의 유명을 받든 박술희를 제거하고 왕으로 즉위하였다.

정종은 즉위 초 왕식렴 등의 도움을 받아 외척으로 권력을

◆사료 보기
왕건이 나주를 점령한 뒤 시냇가를 지나게 되었는데, 마침 오씨가 빨래를 하고 있었다. 그런 그녀의 뒤에는 무지개가 펼쳐져 있었다고 한다. 우연히 보게 된 오씨가 맘에 든 왕건은, 그날 밤 그녀와 동침하였다. 천한 신분의 오씨를 임신시키지 않으려고 왕건은 깔고 누운 돗자리에 질외사정을 하였다. 하지만 왕건의 됨됨이를 살핀 오씨는 왕건이 돗자리 위에 사정한 정액을 손으로 쓸어 모아 그것을 자신의 질에 넣었다. 그렇게 해서 낳은 아들이 혜종이었다.
출처: 《고려사》

횡행하던 왕규를 제거하는 등 호족을 누르고 왕권을 강화하려 했으나 큰 효과를 거두지는 못하였다. 특히 왕건을 도와 고려를 개국하고 자신만의 세력을 구축해놓은 정치 9단의 호족들을 상대로 어린 정종이 추진하는 강경책은 흡사 불을 향해 날아드는 불나방의 날갯짓과 같았다. 결국 정종은 새로운 지배계층을 육성하려는 목적으로 서경 천도를 주장하였다. 이에 기득권을 가진 호족들이 크게 반발하자 정종의 자신감은 점차 사라져갔다. 더욱이 거란이 고려를 침입할 것이라는 첩보에 광군을 설치하는 과정에서 받은 대외적인 압박도 크게 작용하였다. 심신이 쇠약해진 정종은 948년 동여진이 바친 공물을 검열하다 갑자기 울려 퍼진 천둥소리에 놀라 쓰러진 후 병석에 누워 있다가 이듬해 죽었다.

정종의 뒤를 이어 고려 제4대 임금으로 즉위한 인물은 정종의 친동생이었던 광종(재위 949~975)이었다. 광종은 즉위하자마자 3,000명이 넘는 개국공신들의 공훈을 다시 작성하며 치하하고, 그들에게 많은 포상금을 주며 머리를 조아렸다. 호족들의 처지에서 본다면, 유약했던 혜종과 철없이 날뛰기만 하던 정종과는 달리 광종은 예의도 바르고 정치를 함에 있어 자신들을 무시할 수 없다는 사실을 인지한 착한 왕이었다. 광종은 즉위하고 1년 뒤 자신을 황제로 칭하고 광덕이라는 연호를 사용하면서 고려 위상을 격상시켰다. 광종의 입장에서는 왕권 강화를 위한 방편이었지만, 호족들의 입장에서도 자신들이 천자의 나라를 만든 주역이 된다는 데 반대할 이유가 없었다.

이후 956년에는 전쟁에서 억울하게 노비가 된 이들을 풀어주라는 노비안검법을 시행하였다. 호족들은 노비안검법이 자신들의 힘을 빼앗는 일이라 불만이 가득했지만, 반대할 명분이 없었다. 그리고 지금까지 광종은 호족들의 말을 잘 듣는 존재였기에 언제든지 노비안검법을 취소할 수 있다고 생각하였다.

그러나 광종은 호족을 견제하는 정책을 멈추지 않았다. 2년 뒤인 958년에는 쌍기가 건의한 과거제를 통해 관료를 선발하기 시작하였다. 왕 아래에 호족이 있는 것이며, 능력이 되지 않는 자는 특권을 주지 않겠다는 압박이었다. 이대로 있다가는 재산과 관직마저 빼앗기게 되리라 생각한 호족들은 광종에게

◆사료 보기
삼국 이전에는 과거제가 없었다. 고려 태조가 처음으로 학교를 세웠으나 과거로 인재를 뽑는 데까지는 이르지 못하였다. 광종이 쌍기의 건의를 받아들여 과거로 인재를 뽑게 하였다.
출처:《고려사》

강하게 항의했지만, 이미 늦은 시점이었다. 그들에게 되돌아온 것은 광종의 무차별한 피의 숙청이었다. 노비안검법으로 국가 재정을 튼튼히 하고, 과거제로 왕의 측근을 많이 모은 광종과는 달리 호족들은 사병이 줄어든 데다 관직에서도 밀려나 중앙의 정치 흐름을 제대로 파악하기 힘들었다. 960년 광종이 호족들을 대대적으로 숙청한 이후 고려는 강력한 왕을 중심으로 운영되는 나라가 되었다. 자칫 내부 분열로 망할 수도 있었던 고려가 475년을 유지할 수 있었던 것은 오랜 기간 준비하며 기다릴 줄 알았던 광종이 있었기에 가능한 일이었다.

★ 한눈에 보는 역사

광종의 정책 → 호족·공신 세력 약화, 왕권 강화	
노비안검법	호족 세력 약화, 국가 수입 확대 목적
과거제도 실시	신구 세력 교체, 왕권 강화 목적
백관 공복 제정	관료 위계질서 확립 목적
칭제 건원	왕권 전제화 목적

35

고려와 조선 정치기구의 차이점은 뭘까?

· **고려, 조선**
정치기구의 비교
중요도 : ★★★

고려는 통일신라의 정치조직을 이어받고, 여기에 중국 당과 송나라의 정치제도를 수용하면서 한층 발전하였다. 고려를 계승한 조선은 고려의 정치기구와 제도를 바탕으로 예전보다 정교하고 체계적인 정치구조로 국가를 운영하였다. 고려와 조선의 정치기구 중에는 이름이 같지만, 하는 일은 상이한 기관이 여러 개 있다.

우선 고려의 정치조직은 당의 3성 6부제, 송의 중추원과 삼사를 근간으로 하면서 '도병마사'와 '식목도감'이라는 고려만의 독자적인 기구를 가지고 있었다. 고려는 당의 중서성·문하성·상서성을 그대로 수용하지 못하고, 중서성과 문하성을 합친 중서문화성이란 단일 기구를 두면서 2성 6부 체제로 국가를 운영하였다.

당의 중서성은 왕의 명령을 기록하여 전달하는 문서인 조칙을 입안하고, 왕을 보좌해 국가 법령의 초안을 작성하고 정책을 결정하였다. 그리고 문하성은 왕명 출납을 맡았다. 하지만 유교적 소양이 부족하고, 정치구조를 이해하는 인재가 부족했던 고려는 중서문하성을 합쳐 운영할 수밖에 없었다. 중서문하성은 하는 일도 변형되었다. 2품 이상의 재신은 문무 관리를 통솔하면서 정책을 의논·결정하였다. 3품 이하의 낭사는 간쟁·봉박·서경을 맡아 진행하였다.

★ 한눈에 보는 역사

고려 중앙 정치기구		
관부	직무	비고
중서문하성	백관 서무 총괄	
상서성	6부 관할	이·병·호·형·예·공부
삼사	전곡의 출납·회계	
중추원	왕명 출납, 군기 관장	
어사대	규찰, 풍속 교정	
한림원	왕명 제찬(왕의 명령을 대신 짓는 것)	
사관	시정의 기록	
국자감	교육	
도병마사	국방과 군사 문제 회의	
식목도감	법제와 격식 문제 회의	

무엇보다도 고려의 독자적인 정치구조는 도병마사와 식목도감이다. 도병마사와 식목도감은, 호족을 문벌 귀족으로 편입시키는 과정에서 기득권을 인정해주기 위해 만들어졌다. 한 나라의 핵심이 되는 문제를 다루었던 도병마사(국방·군사)와 식목도감(법제·격식)을 통해 주요 호족들은 왕과 함께 국가를 운영하였다.

이외의 기구로 중추원이 있었다. 2품 이상의 추밀이 군사상의 기밀인 군기(軍機)를 관장하고, 3품의 승선이 왕명을 출납하였다. 그리고 돈과 곡식의 출납과 회계 사무를 관장하는 단순 회계 기구인 삼사도 있었다. 조선 시대에 들어오면 세조는 중추원의 왕명 출납 기능은 승정원으로, 군기 관련 업무는 삼군부와 병조로 이관시킨 뒤 중추부로 명칭을 바꾸었다. 이후 중추부는 문무 당상관으로 특별히 일하지 않는 자들을 소속시켜 대우하는 기관으로 변형되었다.

그중에서도 가장 특별하게 바뀐 것은 삼사였다. 단순한 회계 기관이던 삼사는 조선 시대 사헌부·사간원·홍문관을 일컫는 용어가 되었다. 삼사는 국왕과 고관 대신들을 공식적으로 견제할 수 있는 조선 시대 정치의 꽃이었다. 사헌부는 관리들의 잘못을 찾아내어 교정하는 감찰 기관으로, 후보자의 신분과 경력을 조사하여 관리 임용의 가부를 결정하는 서경권을 행사할 수 있었다. 사간원은 왕의 행동과 처신의 잘못을 직언할 수 있는 간쟁과 왕의 말과 결정에 반박할 수 있는 봉박이 허용되었다. 이 두 기관은 고관 대신과 왕을 견제하는 기관으로 발전하며 대간(臺諫)이라 불렸다. 홍문관은 세종 때 세운 집현전을 성종이 계승하기 위해 만든 기구로, 경서를 모아 토론하고 글을 짓는 문한을 담당하였다. 홍문관은 왕의 자문기구로 활약하면서 왕에게 올바른 충언을 가하는 언관의 기능도 함께 수행하였다.

조선 중앙 정치기구		
관부	직무	비고
의정부	백관과 서무를 총괄	
6조	이조: 내무·문관 인사 호조: 재정·조세·호구 예조: 의례·교육·외교 병조: 군사·무관 인사 형조: 형률 공조: 토목	
승정원	왕명 출납	
홍문관	왕의 자문 기관	삼사
사헌부	관리 감찰 기관	
사간원	간쟁 기관	
의금부	특별 사법 기관(반란)	
한성부	서울 행정·치안 담당	
교서관	경적의 간행	4관
성균관	교육기관	
예문관	교서의 제찬(왕의 명령을 짓는 일)	
승문원	외교문서 작성	

36

팔관회로 고려가 얻은 것은?

<table>
<tr><td>· 고려
불교행사
중요도 : ★★★</td></tr>
</table>

고려 시대 팔관회는 매우 중요한 국가 의례였다. 팔관회가 고려 시대에 처음 시작된 것은 아니었다. 신라 진흥왕 때 제천 행사와 불교 행사를 융합시켜 만든 팔관회를 국가적 차원의 종교 행사로 확대하고 발전시킨 인물이 왕건이었다.

태조 왕건은 관료와 백성들의 마음을 얻는 방법을 누구보다 잘 알고 활용했던 인물이었다. 왕건은 팔관회를 국가가 주관하여 부처님과 더불어 산신과 지신 등 여러 신에게 기도하는 행위가 전쟁으로 몸과 마음이 상하고 힘들어하는 백성들을 어루만지는 데 큰 효과가 있다고 보았다. 그리고 후삼국을 통일하는 데 있어 팔관회의 큰 도움을 받았다.

이후 태조 왕건은 유훈인 훈요십조에서도 연등회·팔관회를 소홀히 다루지 말라고 기록하였다. 왕건이 죽고 지켜지지 않은 유훈도 있지만, 팔관회는 조선을 건국한 이성계가 금지하기 전까지는 계속 진행되었다.

팔관회의 효과를 알고 있는 고려 왕들은 팔관회를 거창하게 준비하고 많은 사람을 개경으로 불러 모았다. 그리고 일 년에 한 번 개최하던 팔관회를 서경과 개경에서 각각 한 번씩 일 년에 두 번 개최하였다. 서경에서는 10월 15일에, 개경에서는 11월 15일에 팔관회가 사흘씩 열리면, 많은 재인(재주꾼)이 그동안 익힌 기예를 뽐내며 사람들의 눈을 즐겁게 하였다. 또 많은 이들이 하던 일을 멈추고 팔관회에 참여하여 여흥을 즐겼다.

팔관회에는 왜와 여진족같이 고려와 맞닿은 주변 민족만이

◆사료 보기

나의 지극한 관심은 연등회와 팔관회에 있다. 연등은 부처를 섬기는 것이요, 팔관은 천령·오악·명산·대천·용신을 섬기는 것이다. 후세의 간신들이 건의하여 증감하려는 것을 일체 금지하라. 나 역시 당초에 맹세하기를 이 행사 날을 국가 기일과 서로 어긋나지 않게 하고 군신이 함께 즐기기로 하였으니, 마땅히 조심히 시행하라.

출처: 《훈요십조》

아니라 송나라 사신들과 상인들도 몰려들었다. 외국 사신들은 고려의 왕이 행사에 모습을 나타내는 순간 모두 고개를 숙이며 정중히 맞이하였다. 그리고 이런 큰 잔치에 불러준 것에 대하여 감사의 인사를 전했다. 이는 황제만이 할 수 있는 의례로, 팔관회에 참여한 모든 외국 사신들은 고려의 왕을 황제로 인식하고 받들기 위해 모인 것이었다. 고려 황제가 주변국 사신의 인사를 받는 모습에 관료와 백성들은 고려가 주변 국가를 제압할 수 있는 강력한 국가라는 사실에 자부심을 가질 수 있었다.

팔관회가 열리는 기간에 국내외 상인들은 각종 진귀한 물건을 가지고 흥정을 하느라 정신이 없었다. 당시 아라비아 상인에서부터 왜에 이르기까지 외국 상인들이 자유롭게 상업 활동을 할 수 있도록 장소를 제공하고 지원을 해주는 국가는 고려와 송나라 정도밖에 없었다. 그렇기에 많은 민족과 국가들이 고려의 팔관회를 통해 부족한 물자를 받을 수 있었고, 고려는 중계무역으로 많은 이익을 얻어 부강한 나라로 성장할 수 있었다.

고려는 팔관회에 참여한 아라비아 상인들에 의해 '코리아'라는 이름으로 서양에 알려지게 되었다. 그들에게는 고려라는 발음이 어렵다 보니 꼬레(CORE) 또는 꼬레아(COREA)로 알려지면서 오늘날 대한민국은 KOREA로 불리고 있다. 이때 알려진 KOREA는 고려 시대에 이어 오늘날에도 많은 외국인이 좋아하고 찾아오고 싶어 하는 나라가 되었다.

★ 한눈에 보는 역사

고려의 국제무역	
송	수출: 인삼, 금, 은, 나전칠기, 종이, 먹
	수입: 서적, 약재, 비단, 악기
거란	수출: 농기구, 곡식, 문방구
	수입: 은, 모피, 말
일본	수출: 곡식, 인삼, 서적
	수입: 수은, 황
여진	수출: 농기구, 곡식
	수입: 말, 화살
아라비아 상인	수입: 수은, 향로, 산호

37

거란은 왜 고려를 쳐들어왔을까?

　　후삼국 시대에서 고려로 이어지는 10세기 초는 한반도만이 아니라 동아시아의 모든 민족과 국가가 혼란하던 시기였다. 그동안 국제사회를 안정적으로 유지해오던 신라와 당이 무너지면서, 북방 유목 민족이 흥기하여 동아시아의 새로운 주인으로 등장하였다. 북방 민족이 세운 대표적인 나라가 거란족이 세운 요나라다. 요나라는 건국하자마자 발해를 무너뜨리고 동북아시아의 새로운 패자로써 중국을 손에 넣고자 하였다.

　　당시 5대 10국을 통일하고 중국을 차지하고 있던 송은 군사력 강화보다는 문치주의를 내세우고 있었다. 문치주의의 부작

용으로 군사력이 약화된 송은 주변 국가로부터 끊임없이 수탈 당하며 위협을 받아야 했다. 송나라에 적대적인 감정을 드러내지 않고 우호적 관계를 유지했던 나라는 고려가 유일했다.

고려는 고구려의 옛 땅을 되찾는 북진정책을 위해 요나라와 전쟁을 벌여야 했다. 또한 전쟁에 필요한 물자를 공급받으면서 거란의 힘을 분산시키기 위해서는 송나라가 필요했다. 반면 송나라는 요나라와 고려가 서로 대치하고 있어야 침략의 위험이 감소할 수 있었다. 서로의 이해관계가 들어맞은 고려와 송은 꾸준하게 군사적·경제적 동맹을 통해 안정과 발전을 도모하였다. 그러나 고려와 송의 동맹은 요나라에겐 매우 불편하였다.

거란은 중국 송나라와 연운 16주를 두고 영토 분쟁을 겪고 있었다. 군사적 우위에 있던 거란은 군대를 집결하면 송을 이길 자신이 있었지만, 옛 고구려의 영토를 되찾으려는 고려가 문제였다. 후삼국 시대 수십 년의 전쟁으로 단련된 고려의 강병은 만만하게 볼 수 없었다. 고려를 무시하고 송을 공격할 경우 자칫하면 고려에 모든 영토를 빼앗겨 국가 존속이 위태로울 수 있었다.

그렇다고 고려를 힘으로 정복시킬 수도 없었다. 풍부한 인구와 물자를 가진 중국을 지배하기 위해 필요한 군사력과 물자를 고려와의 전쟁에 소모할 여유는 없었다. 고려와의 전쟁은 득보다 실이 많은 전쟁이었다.

거란은 고려를 적이 아니라 우방 국가로 두기 위해 942년 태조 왕건에게 낙타 50마리와 진귀한 보물을 가득 실어 보냈다. 백성의 마음을 하나로 모으고 호족의 힘을 다른 곳으로 분산시키기 위해 북진정책을 추진하던 왕건은 "거란은 발해왕의 동맹을 어기고 하루아침에 공멸한 무도한 나라로 교류할 수 없다."라고 천명하였다. 그리고 거란이 보내온 낙타를 만부교 아래에서 굶겨 죽이고 거란 사신들을 유배 보냈다. 이후 고려는 발해 유민을 적극적으로 받아들이며 북으로 영토를 넓혀나갔다. 왕건은 한 걸음 더 나아가 "거란은 짐승과 같은 나라로 후대에도 상종하지 말라."라고 훈요십조에 남겼다.

노골적인 고려의 적대행위는 거란의 입장에서 매우 불편하

◆거란족이 세운 요나라

야율아보기가 거란족을 통합하여 세운 요나라(907~1125)는 이중 통치 체제로 운영하며 발해를 멸망시키고 동북아시아의 최강국이 되었다. 송의 우수한 문화에 거란족이 동화되는 것을 막기 위해 독자적인 거란 문자를 만들고 불교를 장려하였다. 그러나 중국화 되는 것을 막지 못하였다. 고려의 침공 이후 쇠퇴하다가 여진족이 세운 금나라와 송나라의 협공으로 1125년에 멸망하였다.

였다. 고려 제3대 정종은 거란의 침입에 대비하여 광군사(光軍司)를 설치하고 광군 30만 명을 조직하였다. 그리고 북진정책을 재차 강조하며 서경 천도를 준비하였다.

중국을 침략하려다 오히려 고려에 멸망할 수도 있겠다는 우려를 갖게 된 거란은 고려를 세 번에 걸쳐 침략하였다. 그러나 서희, 양규, 강감찬과 같은 걸출한 인물들과 고려 관민들이 똘똘 뭉쳐 거란의 침략을 효과적으로 막아내었다.

결국 요나라는 고려를 먼저 침공했다가 국력을 소진하고 약해지다가, 여진족이 세운 금에게 멸망하였다. 역사적으로 우리 민족을 제압하면 동아시아를 지배할 수 있었지만, 굴복시키지 못하면 약소국으로 전락하거나 멸망한다는 공식이 또다시 증명되는 순간이었다.

◆사료 보기

서희가 말하기를 "우리나라가 곧 고구려 옛 땅이다. 그러므로 나라 이름을 고려라 하고 평양을 수도로 삼았으니 만일 땅 경계로 논한다면 요나라의 수도 동경은 다 우리 땅이거늘 어찌 침범이라 하겠는가?

출처: 《고려시절요》

★ 한눈에 보는 역사

거란과의 전쟁	
고려 초	거란의 친교 거절, 친송 북진정책
1차 침입(993)	서희: 외교 담판 → 강동 6주 획득
2차 침입 (1010~101)	강조의 정변을 구실로 고려 침입 양규의 활약
3차 침입 (1018~1019)	강감찬: 귀주대첩
결과	고려 국방 강화: 천리장성, 나성 축조 고려·송·요의 세력 균형

38

동북 9성 반환이 왜 이리 아쉬울까?

> **· 고려**
> 별무반과 동북 9성
> 중요도 : ★★★★

거란족이 세운 요나라는 고려를 잘못 건드렸다가 국력이 급속도로 쇠약해져 스스로 망했다. 하지만 고려의 경우도 거란과의 3번에 걸친 전쟁으로 국토가 황폐해지고 백성들의 삶은 어려워졌다. 더욱이 북진정책을 통해 고구려의 옛 땅을 되찾겠다는 굳은 의지를 가진 호족들의 시대가 어느덧 지고 있었다. 호족 중에서도 왕실과 혼인을 하거나 조상의 관직을 물려받는 음서제를 통해서 중앙으로 진출한 가문만이 권력과 부를 독점하게 되었다. 이들을 호족과 구별하여 문벌 귀족이라 부른다.

문벌 귀족은 하나부터 열까지 모든 것을 다 스스로 만들고 개척하던 호족과는 달랐다. 태어날 때부터 모든 것을 다 가진 지배 계층이었다. 특별한 노력을 기울이지 않아도 공음전을 통해 부모의 경제권을 물려받을 수 있었고, 음서제를 통해 중앙 관리로 진출할 수 있었다. 모든 것을 다 가졌지만 어려운 사람을 도와주려는 배려심은 없었다. 그리고 나라를 사랑하는 마음도 없었다. 오로지 자신들의 이익만을 추구하는 욕심만 가득하였다.

이 무렵 고려와 거란 사이에서 눈치를 살피던 여진족이 흥기하였다. 여진족에서도 새로 만들어진 완옌부라는 부족이 크게 성장하며 고려로 세력을 확장하기 시작하였다. 잉게 (1053~1103)가 완옌부를 이끌던 시절에는 고려의 속국임을 자처하며 스스로 머리를 숙였기에 큰 문제가 발생하지 않았다. 그러나 잉게가 죽고 우야슈(1061~1113)가 새로운 추장이 되자 상황이 달라졌다. 고려에 반기를 든 것은 아니었지만 여진족 내부에서 완옌부에 복속되었던 다른 부족들이 우야슈를 인정하지 않으면서 내전이 벌어졌다. 문제는 내전의 장소가 고려와 맞닿은 국경 근처였다.

고려는 여진족의 내분이 고려를 침공하기 위한 속임수라고 생각하고 토벌군을 국경 근처로 보냈다. 장수 임간에게 군대를 주어 여진을 내쫓으라고 명령을 내렸지만, 오히려 크게 패하면서 고려가 과거의 강국이 아님을 여실히 보여주었다. 고려의 숙종은 윤관을 보내 여진족을 다시 한 번 토벌하게 했지만, 보병 중심의 고려군은 말을 타고 싸우는 여진의 기동력에 속수무책으로 당할 수밖에 없었다.

여진족과의 전투에서 패배한 윤관은 숙종에게 기존의 군대로는 여진을 상대할 수 없음을 설명하며 특수부대 창설을 주장하였다. 숙종은 이를 받아들여 기마병 위주의 신기군, 보병 중심의 신보군, 승병과 특수병 중심의 항마군으로 구성된 별무반을 1104년 창설하였다. 3년여에 걸친 훈련 끝에 정예병으로 탈바꿈한 별무반은 숙종의 유지를 받는 예종에 의해 여진 토벌에 나섰다.

20만에 가까운 대규모의 별무반은 여진족을 앞에 두고 거칠 것이 없었다. 여진족의 전략 전술을 이미 파악하고 준비를

◆동북 9성의 위치

동북 9성의 위치는 공험진이 있는 곳을 포함해 함경도 일대에 걸쳐 있었다는 설, 함경남도 일대로 비정하는 설, 정평 이북의 함흥평야 일대로 보는 설 등 크게 세 가지로 나뉜다. 그러나 어느 것도 동북 9성의 정확한 위치를 설명하지 못하고 있다.

철저히 했던 윤관과 고려 시대 최고의 무장이었던 척준경은 큰 승리를 거두었다. 여진을 내쫓은 자리에 동북 9성을 쌓아 고려의 영토를 북쪽으로 크게 넓혔다.

이후 여진족은 동북 9성을 돌려달라며 고려의 국경을 침략하는 등 끊임없이 괴롭혔다. 윤관과 별무반은 동북 9성을 지키기 위해 애를 썼지만, 개경에 있는 문벌 귀족들은 생각이 달랐다. 동북 9성으로 인해 여진족과의 전쟁이 길어지면, 전쟁의 부담을 견디지 못한 백성들의 불만이 자신들에게 돌아올까 두려웠다. 그들은 예종을 설득하여 동북 9성을 여진에게 돌려주고, 윤관을 비롯한 오연총에게 국가의 재정을 크게 어지럽혔다는 이유로 죄를 물었다.

윤관은 영토를 개척하여 고려가 동아시아의 맹주로 나설 기회를 만들었음에도 불구하고 관직에서 쫓겨났다. 이후 여진족

◆사료 보기

금나라 임금 아골타가 아지 등 5명을 시켜 편지를 보내어 말하기를 "형님뻘 되는 대여진 금국 황제는 아우 고려국 왕에게 이 편지를 보낸다. (중략) 고려 왕은 우리에게 화친을 허락하고 형제의 의를 맺어 영원토록 우호 관계를 가지기 바란다."

출처:《고려사》

은 동북 9성을 발판 삼아 금(1115~1234)을 건국하고 동아시아의 맹주가 되어 고려를 신하의 나라로 전락시켰다. 그러나 윤관을 내쫓은 문벌 귀족들은 아무런 죄의식도 갖지 않고 왕권을 농락하며 자신들의 이익만을 챙겼다. 이 당시 문벌 귀족의 대표적 인물이 이자겸(?~1126)이다.

★ 한눈에 보는 역사

여진과의 전쟁	
고려 초	여진이 고려를 상국(上國)으로 섬김
	12세기 초 여진 통일
고려·여진 충돌	별무반 조직 → 여진 정벌 후 동북 9성 축조
여진이 금(金)으로 성장	이자겸: 금의 사대 요구 수용
	북진정책 좌절

30

전시과 붕괴가
고려를 망하게 했을까?

· **고려**
전시과 제도
중요도 : ★★★★

고려는 호족 연합정권으로 건국 초기 왕권의 힘이 매우 미약하였다. 고려가 계속 유지되려면 호족들의 공훈을 인정해주고 그에 따른 경제적 포상이 따라야 했다. 조세를 거둘 수 있는 징수권을 호족에게 부여하고, 그들의 영토 지배를 간접적으로 인정해줄 필요가 있었다. 그 시작이 태조 왕건을 왕으로 추대하고 삼국을 통일하는 데 공을 세운 호족에게 역분전(役分田)을 지급하는 것이었다.

중앙집권 체제가 확립되고 안정되자 경종(재위 975~871)은 전시과 제도를 마련하여 관리들에게 전지와 시지를 나누어 주고, 수조권을 행사할 수 있게 하였다. 전지란 논과 밭을 의미하고, 시지란 땔감을 얻을 수 있는 임야를 말한다. 논과 밭 그리고 임야에서 생산되는 물품의 1/10을 국가 대신 관리가 가져갈 수 있도록 하는 것을 수조권이라고 한다. 쉽게 말하면 관리가 세금을 직접 거둬갈 수 있도록 지역을 할당한 것이 전시과 제도다. 경종 시절에는 시정 전시과(976)라고 하여 인품과 공복을 기준으로 수조권이 지급되었다. 그런데 인품을 측정하는 기준이 모호하다는 것이 문제였다. 인품을 고려한다는 것은 굉장히 주관적이어서 힘이 강한 호족이나 관료들이 더 많은 경제적 이권을 챙기는 데 이를 이용하였다.

점차 관료들에게 줄 땅이 부족해지기 시작하자 목종(재위

◆사료 보기
· 태조 23년(940)에 처음으로 역분전 제도를 설정하였는데 삼한을 통합할 때 조정의 관료들과 군사들에게 그 관계(官階)가 높고 낮은지, 그 사람의 성품과 행동이 착하고 악한지, 공로가 크고 작은지를 참작하여 역분전을 차등 있게 주었다.
· 경종 원년 전시과를 제정하였는데 관품의 높고 낮음은 논하지 않고 인품만으로 전시과의 등급을 결정하였다.
· 목종 원년 군현에 있는 안일호장(70세 이상 되는 호장)에게는 직전의 절반을 주기로 하였다.
· 문종 30년 양반 전시과를 다시 개정하였다.
출처: 《고려사》

997~1009)은 998년 개정 전시과를 시행하였다. 수조권을 나누어 주는 기준을 관직으로 단일화하고 18등급에 맞추어 과전을 나누어 주었다. 무신들의 토지를 문관보다 적게 주고, 국가의 일을 하지 않는 관료들은 현직보다 수조권을 적게 지급하였다. 그러나 토지 부족 문제를 해결할 수는 없었다. 결국 문종(재위 1046~1083)은 현직 관료들에게만 수조권을 부여하는 경정 전시과를 1076년 발표하고 시행하였다.

하지만 관리들에게 나누어 줄 땅을 축소하고 차등 지급하는 방식으로는 여전히 토지 부족 문제를 해결하지 못했다. 관료들은 관직에서 물러나거나 죽으면 국가로부터 받은 땅을 반납해야 했지만, 여러 불법적인 방법으로 자식에게 물려주었다. 예를 들어 6품 이하의 하급관리 자제로 관직에 오르지 못한 자에게 주는 '한인전'과 군인 및 하급 관리 유가족에게 지급되는 '구분전'이 있었다. 한인전과 구분전은 반납하지 않아도 되는 예외의 규정이라는 점을 이용하여 문벌 귀족은 수조권을 계속 보유하였다.

전시과의 붕괴는 국가 재정을 열악하게 만들어 왕권의 약화를 불러왔지만, 문벌 귀족들은 대토지를 소유하면서 왕권을 능가하는 힘을 얻었다. 문종 사후 어떤 왕도 점점 곪아가는 토지 문제를 해결하지 못하면서 고려는 무너지기 시작하였다. 문벌 귀족들의 힘이 세질수록 국가는 많은 과전을 지급해야 했지만, 더 지급할 과전이 존재하지 않았다. 특히 무신들은 거란과 여진의 침략으로부터 고려를 지켜낸 공을 세웠지만, 문벌 귀족이 토지를 독점하면서 받을 땅이 없자 난을 일으켰다. 난을 통해 권력을 잡은 무신도 토지 개혁은 하지 않고, 토지를 독점하면서 전시과 체제를 완전히 무너뜨려 버렸다. 이후 고려는 자주적이고 부강한 나라로 되돌아가지 못하고 점차 기울어져서 조선에 나라를 넘겨주게 된다.

★ 한눈에 보는 역사

고려의 토지 제도	
역분전(940)	왕건: 논공행상적 성격
시정 전시과(976)	경종: 관직과 인품 반영
개정 전시과(998)	목종: 관직만 반영, 전·현직 관리
경정 전시과(1076)	문종: 현직 관리에게만 지급

40 굴비란 이름을 누가 지었을까?

· 고려
이자겸의 난
중요도 : ★★★

고려 시대 문벌 귀족의 진상이 무엇인지 제대로 보여준 인물이 이자겸(?~1126)이다. 이자겸의 집안은 인주 이씨(오늘날 인천 이씨)로 고려 현종의 외척으로 중앙에 진출했던 명문가였다. 이자연이 세 딸을 문종에게 시집보낸 것을 시작으로 11대 문종에서 17대 인종 때까지 이자겸 집안은 10명의 왕후를 배출하였다.

특히 이자겸은 둘째 딸을 예종의 왕후로 만들고 그 사이에서 태어난 14살의 인종을 왕으로 만드는 데 큰 공헌을 하였다. 이것만으로는 부족했던지 이자겸은 셋째와 넷째 딸을 인종에게 시집보냈다. 이로써 이자겸은 인종의 외할아버지면서 장인

어른이 되어 조정에서 막강한 권력을 휘두르게 되었다.

이자겸은 왕실의 여인들로부터 궁궐에서 일어나는 모든 일을 하나도 빠짐없이 들을 수 있었다. 이 정보를 활용하여 자신의 정적들을 모두 제거하고 무소불위의 권력을 휘두르며 왕마저도 업신여기는 행동을 하기 시작했다.

이자겸을 견제할 세력이 없어지자, 권력을 탐하는 수많은 아첨꾼이 그의 집으로 모여들었다. 아첨꾼이 가져온 수많은 재물은 이자겸 집에 쌓이기 시작하였다. 재물이 쌓여가는 만큼 부정한 방법으로 관직에 오르는 자들도 늘어났다. 시간이 흐를수록 백성과 국가를 위한 충신들이 설 자리는 없어지고, 오로지 이자겸을 위한 간신들만이 가득해졌다. 간신들은 갖다 바친 재물의 수십 또는 수백 배를 걷어 들이기 위해 백성을 수탈하였고, 견디지 못한 많은 백성은 고향을 떠나 유랑생활을 해야 했다.

◆사료 보기
이자겸이 다른 성씨가 비가 되어 권세와 총애가 나뉠까 두려워하여 셋째 딸을 왕비로 맞이해줄 것을 억지로 청하자 왕은 부득이 이에 따랐으며, 또 넷째 딸을 왕에게 바쳤다.
출처: 《고려사》

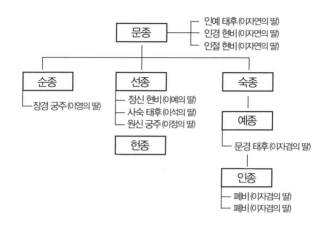

이자겸은 자신의 이익에 해가 되거나 권력이 흔들릴 수 있는 일은 절대 용납하지 않았다. 그 대표적인 예가 여진족이 세운 금나라가 요구한 사대 관계에 응한 일이었다. 금나라와의 전쟁에서 지게 된다면, 국정 책임자로 모든 책임을 져야 하는 위험성을 떠안게 된다고 생각한 이자겸은 인종에게 금의 신하로 행동하게 하였다. 그리고 금나라가 요구하는 수많은 조공을 바치기 위해 백성들을 채근하여 재물을 강제로 빼앗았다.

이런 이자겸에게 인종의 성장은 달갑지 않은 일이었다. 성인이 된 인종은 더 이상 이자겸의 뜻대로 움직이지 않았다. 인종은 꼭두각시가 아닌 왕다운 왕이 되기 위해 이자겸을 내쫓을 준비를 하기 시작하였다. 그러나 왕실의 모든 사람이 이자겸의 눈과 귀가 되어 있는 상황에서 인종은 무엇 하나 제대로 해 보지도 못하고 이자겸에게 발각되었다. 이자겸은, 사돈이자 별무반을 이끌고 여진을 토벌했던 고려 시대 최강의 장수 척준경을 불러들여 궁궐을 불태우고 인종을 무릎 꿇게 했다. 인종은 자신의 운명이 다했음을 알고 이자겸에게 왕위를 양위하겠다고 선언하였다. 이자겸은 내심 왕위를 넘겨받고 싶었지만, 그럴 경우 신하와 백성들의 반발이 심해질 것을 우려하고 사양하였다. 이자겸은 왕위를 받지 않았을 뿐 예전보다 인종을 더 심하게 무시하면서 자신이 왕인 것처럼 행동하였다.

그러나 인종은 뚝심 있는 인물이었다. 본심을 감추고 숨을 죽이고 있던 인종은 척준경과 이자겸의 사이가 벌어졌다는 소식을 듣자마자, 척준경을 궁으로 불러들였다. 위태로운 고려를 일으킬 사람은 척준경밖에는 없다고 호소하며 그의 충성심을 높이 칭찬했다. 마침 이자겸이 궁궐을 불태운 책임을 자신에게 떠넘겼다고 생각하던 척준경에게 인종의 호소는 위기를 벗어날 수 있는 새로운 돌파구이자 권력을 움켜쥘 기회였다. 인종의 손을 잡은 척준경이 이자겸을 체포하자, 인종은 이자겸을 개경에서 멀리 떨어진 전라도 영광으로 유배를 보냈다.

하지만 이자겸의 사람들이 아직 궁궐에 남아있고, 인종의 외할아버지이자 장인이던 이자겸을 죽이는 모습이 백성들에게 부정적인 모습으로 보일 수도 있다고 판단한 인종은 이자겸에게 가혹한 행위를 하지 못했다. 그런 모습을 확인할 수 있는 것이 이자겸이 인종에게 진상한 굴비(掘非)다. 자신은 권력에서 내쳐졌어도 인종에게 비굴하지 않다는 것을 보여주기 위해 조기라는 기존의 이름 대신 굴비로 진상을 올린 것이다. 그런데 이자겸이 당당해 보이지 않는 것은 무슨 이유일까?

★ 한눈에 보는 역사

이자겸의 난(1126)	
원인	외척인 이자겸의 권력 독점 → 인종과 측근 세력이 이자겸 제거 시도
과정	이자겸이 척준경과 함께 난을 일으켜 권력 장악 → 인종이 척준경을 포섭해 이자겸 제거 → 척준경 제거
의미	중앙 지배층 간의 분열 노출, 문벌 귀족 사회의 동요 심화

41

무신정변은 누구를 위한 일이었나?

> · **고려**
> 무신정변
> 중요도 : ★★★★

1170년 고려 시대 무신 정중부와 이의방이 난을 일으켜 권력을 잡은 것을 시작으로, 약 100년 동안 군인들이 정치 요직에 앉아 국가를 경영하던 시대를 무신정권이라고 한다. 1960~80년대 군인 출신 대통령이 집권하던 시기에 무신정권은 비판보다는 긍정적인 측면이 많이 부각되었다. 그러나 민주화가 이루어지고 시대가 바뀌면서 고려 무신정권에 대한 인식도 달라졌다.

무신정변은 묘청의 서경 천도 운동으로 거슬러 올라가야 한다. 이자겸이 권력에서 밀려난 이후 최고 권력을 잡기 위해 문벌 귀족 간의 권력투쟁이 심하게 일어났다. 가장 대표적인 사건이 개경과 서경의 문벌 귀족들이 권력을 잡기 위해 전쟁까지 벌였던 묘청의 서경 천도 운동이다. 이 과정에서 김부식을 중심으로 하는 개경 출신의 문벌 귀족이 승리하면서 고려는 한동안 평화로운 시대가 이어졌다.

하지만 커다란 정치적 사건이 없어 평화로워 보였을 뿐, 백성들의 삶은 점점 피폐해져 갔다. 문벌 귀족은 하늘 높은 줄 모르고 기고만장해져서 백성에게서 수탈한 재물로 사치와 향락에 빠져 하루를 즐겼다. 여기에 왕도 편승하여 나라와 백성을 돌보지 않고 문벌 귀족과 어울려 놀기 바빴다. 왕과 향락에 빠진 문벌 귀족의 눈에는 모든 것이 다 하찮아 보였다. 같은 관료였던 무신들조차도 자신들과 동등한 관료가 아니라, 일반 백성과 같은 무지렁이처럼 보였다. 그리고 안하무인격으로 그들을 조롱하고 비웃었다. 이제 무신들은 한 나라를 지키는 장수에서 왕과 문벌 귀족을 지키는 일개 경호원으로 전락해버렸다.

이러한 상황에서 의종이 보현원으로 놀러 가면서 백발노인인 대장군 이소응에게 젊은 장수와 수박희(전통 무술)를 겨루게 하였다. 이소응이 젊은 장수를 이기지 못하고 도망치자, 문신 한뢰가 대장군의 멱살을 잡고 뺨을 후려쳐 섬돌 아래로 떨어뜨렸다. 이 모습에 왕과 신하들이 손뼉을 치며 큰 소리로 웃으며 조롱하였다. 지금으로 따지면 대장군은 수만 명을 통솔하는 군단장인데 여러 사람 앞에서 이런 망신을 당했으니 이하 장졸들이 어떤 대우를 받았을지 쉽게 짐작할 수 있다.

이 과정을 지켜보던 정중부·이의방·이고 등 예하 장수는 분함과 수치심을 이기지 못하였다. 이들은 문벌 귀족에게 군인전을 빼앗기면서 생계가 어려워지는 현실과 문벌 귀족들의 무시를 더는 참지 못했다. 이들은 순검군을 모아 보현원으로 가는 행차에 있던 문신들을 대거 죽였다. 무신정변은 우발적인 행위로 시작되었지만 멈출 수는 없었다. 왕을 위협하고 문벌 귀족을 죽여 역적이 된 자신들이 살기 위해서는 개경에 있는 문벌 귀족들을 제거하는 방법밖에는 없었다.

이들은 개경으로 돌아가 나머지 문벌 귀족을 제거하고, 의종을 거제도로 유배 보낸 뒤 죽였다. 그리고 의종의 동생 익양공 호(翼陽公 晧)를 명종으로 추대하였다. 새로 왕이 된 명종에게는 어떤 실권도 주어지지 않았기에, 왕좌에 있는 동안 무신

◆무신정권 최고 권력자
1170년 이의방 / 1174년 정중부 / 1179년 경대승 / 1183년 이의민
1196년 최충헌 / 1219년 최우 / 1249년 최항 / 1257년 최의
1258년 김준 / 1268년 임연 / 1270년 임유무

들의 눈치만 살펴야 했다.

　우발적인 계기로 권력을 잡은 무신들은 자신들끼리도 믿지 못하고 서로를 죽이기 시작하였다. 무신들의 끊임없는 권력투쟁으로 최고 권력자가 계속 바뀌었다. 상관을 죽이고 권력을 잡은 무신에게 국가와 백성은 존재하지 않았다. 오로지 자신의 권력을 지키기 위해 급급할 뿐이었다. 그러기 위해 더 많은 재물을 모아서 자신을 호위할 부대원을 늘리고 강하게 만드는 일이 제일 중요했다.

　끝이 없을 것 같았던 권력 쟁탈전은 최충헌에 의해 마무리되었다. 최충헌은 명종·신종·희종·강종 4명의 왕을 갈아 치우고 17년 동안 장기 집권한 뒤, 60년 동안 최씨 집안이 권력을 틀어쥘 수 있는 기반을 마련하였다. 이것이 가능했던 배경에는 권력을 이용하여 경상도 진주 전체를 자신의 식읍으로 삼을 정도로 많은 땅과 재물이 있었다. 결과적으로 무신정권의 끊임없는 불법 약탈과 횡포로 국가의 재정은 열악해지고, 백성들의 삶은 예전보다 어려워졌다.

　백성을 위해 권력을 잡은 것이 아닌 무신정권은 끊임없이 백성을 수탈하였다. 수탈을 견디지 못하고 힘들다고 아우성치는 백성들에게 돌아오는 것은 망이·망소이의 난처럼 죽음뿐이었다. 오히려 백성들에겐 무신정권보다 문벌 귀족이 권력을 잡았을 때가 나은 시절이었을지도 모른다.

★ 한눈에 보는 역사

무신정권의 지배 기구	
중방	무신 최고 회의 기구로 무신정변 직후부터 최충헌이 권력을 장악하기까지 무신들의 최고 권력 기구
교정도감	최충헌이 집권 후 설치한 최고 권력 기구
정방	최우가 설치하여 인사권 장악
삼별초	최우가 설치한 사병 부대(좌별초, 우별초, 신의군으로 구성)
도방	신변 보호를 위한 사병 부대

42 전란 중에 팔만대장경을
왜 만들었나?

<table>
<tr><td>

· **고려**
몽골의 침입
중요도 : ★★★★

</td></tr>
</table>

태조 왕건은 신하와 백
성들이 충성할 수 있도록,
부처님의 도움으로 고려를
세우고 후삼국을 통일했
다고 강조하였다. 태조에 이어 후대의 왕들 역시 대규모 불교
의식을 통해 국가의 어려움을 해결하고자 하였다. 경제적 관점
에서 불교 행사가 민생안정에 큰 도움이 되지 않는 비효율적
행위라고 비판할 수 있지만, 꼭 그렇지도 않았다.

국가를 운영하기 위해서는 백성들의 마음을 안정시키고 다
독이는 국가적 의례가 필요하다. 고려는 연등회와 팔관회로 평
소에 백성들의 마음을 다독여주었지만, 다른 국가의 외침이 있
을 때는 백성을 어루만질 수 있는 더욱 강력한 행사가 있어야

했다. 그 시작이 거란의 침입이다. 1011년 거란의 성종이 강조의 정변을 구실 삼아 직접 40만 대군을 이끌고 고려로 쳐들어왔다. 강조가 거란의 침입을 막아내지 못하고 사로잡혀 죽자, 현종은 남쪽으로 피신하였다. 다행히 강동 6주에 있던 양규 장군을 비롯한 고려군이 거란의 군대에 맞서 굳건히 지키고 있어, 거란 성종은 현종을 뒤쫓지 못하였다.

당시 많은 관료들이 대장경을 만들어 부처님의 도움을 기원하면서, 관민들의 마음을 하나로 모으자고 하였다. 대장경이란 경(經)·율(律)·논(論) 등 삼장(三藏)의 불교 경전으로, 높은 학문이 바탕 되지 않으면 절대 만들 수 없는 일이었다. 삼국시대 불교를 받아들인 이후로 불경을 재해석하고 인도와 티베트까지 영향을 끼칠 만큼 최고의 수준을 갖춘 고려이기에 가능한 일이었다. 대장경 조판은 거란보다 고려가 우위에 있음을 보여주는 상징적 행위이기도 했다. 거란의 침입 때 만들어진 6,000권의 초조대장경은 중국 북송의 관판대장경(官版大藏經)에 이

◆초조대장경을 만든 것으로 알려진 시기
* 1011년(현종)~1087년(선종): 77년
* 1019년(현종)~1087년(선종): 69년
* 1011년(현종)~1051년(문종): 41년

어 세계 두 번째의 한역 대장경(인도 불경을 한자로 번역한 대장경)으로 고려의 수준이 매우 높았음을 보여주었다. 초조대장경을 만든 기간에 대해서는 아직 정립되지는 않았지만 수십년에 걸쳐 이루어진 대공사였다. 이를 통해 대규모의 역사를 감당할 수 있을 정도로 고려의 경제 수준이 높았음을 알 수 있다.

이후 초조대장경은 흥왕사 대장전에 한동안 보관되다가 대구 팔공산의 부인사로 옮겨져 보관되었다. 대장경 제작에 쏟은 많은 사람들의 정성이 부처님에게 전해졌는지, 고려는 이후 많은 침략과 어려운 일들이 끊임없이 일어났지만 늘 잘 버텨냈다.

그러나 세계를 정복한 역사상 최고의 군대를 가진 몽골의 침입은 달랐다. 허약해질 대로 허약해진 고려가 몽골의 침략을 막아내는 것은 시간이 흐를수록 어렵고 힘들어졌다. 그래도 선조들의 정성으로 만들어진 초조대장경으로 몽골의 침략을 이겨낼 수 있다고 고려 조정과 백성은 믿었다. 그 믿음은 서로를 똘똘 뭉치게 하여 몽골에 맞서 싸울 수 있는 원동력이 되었다.

그러나 1232년 몽골의 침입으로 부인사에 있던 초조대장경이 불에 타버리며 소실되었다. 초조대장경이 사라지자 최씨 정권은 백성들을 하나로 모을 수 있는 새로운 구심점이 필요하였다. 그리고 구심점을 만드는 역할을 자신들이 한다면 정권 유지에 큰 도움이 된다고 생각하며 만든 것이 팔만대장경이다.

팔만대장경은 몽골과 40여 년간의 항전 중에 만들어져 많은 이들을 힘들게도 했지만, 국난을 이겨내려는 마음이 하나로 모아져 만들어졌다. 팔만대장경에 누락되거나 틀린 한자가 하나도 없다는 것을 보면 당시 사람들이 어떤 마음으로 만들었는지를 짐작할 수 있다.

★ 한눈에 보는 역사

무신정권의 지배 기구	
목판인쇄물	장경판전과 팔만대장경판: 목판 8만 1258매에 약 5,000만 자의 글씨
금속활자	상정고금예문(1234): 최초의 금속 활자본, 현존하지 않음 직지심체요절(1377): 현존하는 가장 오래된 금속 활자본

43 몽골이 가장 두려워했던 사람은?

· 고려 몽골에 대한 항전 중요도 : ★★★★

1219년 거란족의 일부가 고려 강동성으로 내려오고 있었다. 이들의 뒤에는 세계 최강의 군대였던 몽골군이 무서운 기세로 쫓아오고 있었다. 거란으로부터 세 번에 걸쳐 큰 침략을 받았던 고려의 입장에서는 어떠한 일이 있어도 거란군을 격퇴해야 하였다. 몽골족이 새롭게 흥기하는 것을 알고는 있었지만, 일단은 거란을 공동의 적으로 생각하는 아군이었다. 같은 목적을 가진 고려와 몽골군은 공동작전을 통해 거란족을 격퇴하면서 우호적인 관계로 시작하였다.

하지만 몽골과 좋은 관계를 유지하기를 바라던 고려와는 달리 몽골은 거란을 격퇴해주었다는 명분을 내세우며 많은 공물을 요구하였다. 그동안 강력한 힘을 가진 북방민족에 잘 대처해오던 고려의 입장에서 몽골의 요구는 굴욕적이어서 조정에서 많은 논쟁이 벌어졌다. 때마침 몽골의 사신 저고여가 1225년 고려에 왔다가 되돌아가는 길에 피살당하는 일이 벌어졌다. 몽골은 저고여의 피살을 고려의 책임으로 떠넘기며 1231년부터 1270년 개경환도까지 6차례에 걸쳐 침략하였다. 막강한 기동력으로 고려를 헤집어놓는 몽골군에 마땅한 대책을 마련하지 못한 최씨 무신정권은 크게 당황했다. 그들이 생각해낼 수 있는 방법은 수전에 약한 몽골군이 쉽게 건너올 수 없는 안전한 강화도로 천도하는 것이었다. 강화도는 밀물과 썰물의 차가 크고 한강 하류에서 강화도로 들어가는 길목의 바닷물이 매우 빠르게 흐른다. 강화도로 들어가는 물길을 모르면, 누구도 쉽게 강화도에 들어올 수 없는 이점을 이용한 것이다.

최씨 정권은 강화도에 내성과 외성을 쌓고 자신들의 안위만을 보존하였다. 반면 고려에 남아있는 백성들은 어떤 누구로부터도 보호받지 못하였다. 가족을 먹여 살리기 위해 생업에 종사하다가 몽골군이 쳐들어오면 목숨 걸고 맞서 싸워야 했다. 몽골군이 백성들의 강한 저항에 물러나면 강화도에 틀어박혀 있던 무신정권은 세금을 징수하기 위해 군대를 내륙으로 보내

전국을 돌아다니며 백성들을 수탈했다.

이런 과정에서 백성들의 한 줄기 희망이 된 인물이 김윤후였다. 김윤후의 출생 연도가 불분명한 것을 보면 귀족같이 높은 신분은 아니었던 것 같다. 그는 용인 근처 백현원의 승려로 생활하던 중 1232년 몽골군이 쳐들어오자 처인성(지금의 용인)으로 몸을 피하였다. 김윤후는 이곳에서 더 물러날 곳이 없자 군민을 이끌고 몽골군에 맞서 싸웠다. 작은 토성에 불과했던 처인성을 우습게 본 몽골군의 장수 살리타가 가볍게 몸을 놀리다가 김윤후를 중심으로 똘똘 뭉친 처인성의 백성들이 쏜 화살에 죽자 몽골군은 퇴각하였다. 이후 김윤후는 고려 조정이 몽골군을 퇴각시킨 공로로 제수한 상장군을 거부하였다. 하지만 조정에서 내려주는 모든 관직을 거부할 수는 없어 하급 지위에 해당하는 섭랑장을 제수받았다. 당시 관료와 군인들

◆사료 보기

최이가 왕족과 고관들을 불러 자기 집에서 잔치를 열었는데, 비단으로 산더미같이 장막을 만들고 가운데 그네를 매었다. 악공 1,350여 명이 모두 호화롭게 단장하고 뜰에서 연주하니 거문고와 북, 피리 소리가 천지를 진동하였다. 악공에게 각각 은 3근씩 주고 기녀, 광대에게도 각각 비단을 주니 그 비용이 엄청났다.

출처:《고려사절요》

이 몽골군만 나타나면 백성을 버리고 도망가거나, 작은 공로를 부풀려 큰 포상을 받아내던 모습과는 정반대의 행보를 김윤후는 걸었다.

그로부터 시간이 한참 흐른 1253년, 김윤후가 충주산성의 방호별감이 되었을 때 또다시 몽골군과 맞서 싸우게 되었다. 확실한 준비를 해 온 몽골군을 맞아서 충주산성의 백성들은 김윤후를 중심으로 70여 일을 버텼다. 그러나 외부의 도움을 받을 수 없었던 탓에 먹을 것이 없어지자, 사기가 땅에 떨어지기 시작하였다. 이때 김윤후가 "몽골군을 맞아 승리한다면 귀천에 상관없이 모두 관작을 제수할 것이다."라고 외치며 관노의 증명서를 태워버리고 소와 말을 백성들에게 나누어 주었다. 과거 처인성에서 승리한 대가로 받은 관직도 포기하고, 포상금도

◆사료 보기

처음 충주 부사 우종주가 매번 문서를 처리하는 과정에서 판관 유홍익과 틈이 있었는데, 몽골의 군대가 장차 쳐들어온다는 말을 듣고 성 지킬 일을 의논하였다. 그런데 의견 차이가 있어 우종주는 양반 별초를 거느리고, 유홍익은 노비군과 잡류 별초를 거느리고 서로 시기하였다. 몽골 군대가 오자, 우종주와 유홍익은 양반 별초 등과 함께 성을 버리고 다 도주하고, 오직 노군과 잡류만이 힘을 합하여 이를 격퇴하였다.

출처: 《고려사》

백성에게 모두 나누어 주었던 김윤후의 말이었기에 충주산성의 백성들은 모두 믿고 따랐다. 그리고 끝내는 몽골군을 격퇴하였다.

상황이 이렇다 보니 백성들이 믿고 따르는 김윤후를 무신정권은 모른 척할 수 없어, 끊임없이 동북면병마사, 예부상서를 내려주었다. 그러나 김윤후는 끝끝내 벼슬을 사양하고 물러났다. 자신의 입신양명을 포기하고 국가와 백성을 먼저 생각했던 김윤후가 없었더라면, 고려는 몽골의 침략에 나라를 유지할 수 있었을까?

★ 한눈에 보는 역사

몽골의 침략	
1차 침략	저고여 피살을 구실로 침입 → 박서의 저항 최이: 몽골 침략을 피해 강화도로 천도(1232) 　　　팔만대장경 조판(1236)
2차 침략	처인성에서 살리타 전사, 초조대장경 소실 다인철소의 항전 → 익안현 승격
3차 침략	황룡사 9층 목탑 소실
삼별초의 항쟁	개경 환도(1270)에 반대 → 배중손 중심으로 저항 강화도 → 진도 → 제주도

44 일연 스님이 삼국유사를 저술한 까닭은?

·고려

삼국유사

중요도 : ★★★★★

일연 스님(1206~1289)은 고려 시대의 격동기에 살았던 인물이다. 일연 스님은 9살에 불교에 귀의하여 승려 생활을 시작하였다. 그러나 무신정변 이후 끊임없이 일어나는 권력투쟁으로 희생되는 수많은 민초들의 고충을 보고 들으면서 부처님 뜻과 다른 세상을 마주하였다. 일연 스님은 도탄에 빠진 백성을 돕기 위해 자신에 대한 수련과 공부에 게을리 않고 매진하였다. 그 결과 22세에 선종 승과에 합격하여 더욱 많은 백성의 이야기에 귀를 기울이며 공감해줄 수 있었다. 그리고 그들에게 도움의 손길을 내밀었다.

하지만 일연 스님이 26세가 되던 1231년 몽골군이 쳐들어왔다. 무엇이든 할 수 있을 것처럼 큰소리치던 무신정권이 원나라 군대를 피해 강화도로 도망가자, 백성들은 굶주려 죽거나 몽골군에게 잡혀 죽임을 당했다. 일연 스님이 민초들에게 해줄 수 있는 것은 다독여주는 일밖에 없었다. 특별하다고 말할 수 없는 당연한 일들이었지만, 당시에는 누구도 하지 못하던 일이었기에 매우 돋보이는 행동이었다.

원 침략기 불교계는 종교의 기능을 잃어버리고 권력자의 대변인이자 하수인 역할을 하는 승려와 사찰이 많았다. 일부 승려는 권력과 돈을 가진 귀족들만을 상대하며 재물을 모았다. 더러는 사찰에 소속된 노비들이 만든 수공업품을 팔아 이익을 취하거나 고리대금으로 백성들의 재물을 빼앗았다. 여기다가 원나라에 빌붙는 매국적인 승려들도 나오는 상황이었으니, 옳은 길을 묵묵히 나가는 일연 스님은 전국적으로 유명해졌고 따르는 사람도 많아졌다.

일연 스님의 개인적인 명성은 날로 높아져 1283년에 국존에 책봉되었지만, 올바른 역사를 저술하겠다는 젊은 시절의 꿈을 놓지 못하였다. 일연 스님은 개인의 영달만을 좇는 세태 속에서 고려가 처한 어려움을 극복하고 발전하기 위해서는 자주적인 역사서가 필요하다고 생각하였다. 김부식이 쓴《삼국사기

(三國史記)》가 있었지만, 유교적 사관에 맞추어 중국을 상국으로 여기고 우리를 제후국으로 생각하는 한계에 답답함을 느꼈다. 또한 불교계에도 옛 고승들의 불도와 호국정신이 알려져 개혁과 쇄신이 이루어지기를 바라는 마음이 간절하였다.

일연 스님은 노년에 쉬지 않고 저술한 결과《삼국유사》를 완성하게 되었다. 구성을 살펴보면 전체 5권 2책으로 제1권은 왕력(王歷)·기이(紀異), 제2권은 기이(紀異), 제3권은 흥법(興法)·탑상(塔像), 제4권 의해(義解), 제5권 신주(神呪)·감통(感通)·피은(避隱)·효선(孝善)으로 이루어져 있다. 이 중에서 왕력과 기이 편이 전체의 절반 이상으로, 그동안 다루어지지 않았던 우리의 역사를 기록하고 있다.

왕력에서는 고조선에서 후삼국까지의 역사를 다루면서, 가야의 역사도 포함했다. 기이 편에서는 정사에서 다루지 않던 전설 등을 담아두면서, 잊힐 수 있었던 일들을 오늘날에 전하고 있다. 그 외에도 흥법·탑상·의해 편에서는 불교의 전래와

◆《삼국사기》
묘청의 난을 진압한 후 편찬이 시작되었다. 왕명에 따라 김부식이 책임 편찬관이 되어 10명의 편사관이 함께 만들었다. 인종 23년인 1145년 완성된《삼국사기》는 우리나라에서 현존하는 가장 오래된 역사서다.

불교와 관련된 조형물 그리고 뛰어난 고승의 이야기를 기록해 두었다.

《삼국유사》는 불교라는 테두리에서 벗어나지는 못했지만, 자주적인 입장에서 우리의 역사를 서술하였다. 이는 몽골에 굴복하지 않으려는 민족정신이 담겨있기에 가능한 일이었다. 또한 타락해가던 불교계에도 따끔한 일침을 놓았다. 원 간섭기에는 일연 스님이 저술한《삼국유사》의 의도가 잘 전달되지 못했지만, 후대에 우리의 역사와 민족에 대한 자부심을 심어주는 데에는 성공하였다.

◆사료 보기

요(중국 문명을 만든 중요 인물)는 14개월 만에 태어났고, 한나라 고조는 어머니가 용과 교합하여 태어났다. 이 밖에 많은 것을 어찌 다 기록하겠는가. 그러니 삼국의 시조들이 모두 신기한 일로 태어났음이 어찌 괴이하겠는가?

출처:《삼국유사》

★ 한눈에 보는 역사

고려의 역사서	
초기	실록 편찬(고려 말까지 지속) → 현존(×)
문벌 귀족 사회	김부식의 《삼국사기》: 유교적 합리주의 사관, 기전체 형식
무신 집권기	이규보의 《동명왕편》: 고구려 계승 의식
원 간섭기	일연 스님의 《삼국유사》, 이승휴의 《제왕운기》: 단군 강조 이제현의 《사략》: 성리학적 사관 반영(정통과 대의명분 강조)

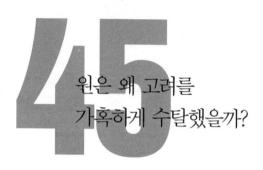

원은 왜 고려를
가혹하게 수탈했을까?

· **고려**
원 간섭기 수탈
중요도 : ★★★★

원나라에 굴복해 1270년 개경으로 환도한 고려 조정은 더는 자주적인 국가가 아니었다. 그나마 다행인 것은 원나라의 침략이 멈추면서 백성들이 전쟁에 대한 불안을 떨칠 수 있게 된 것이다. 하지만 전쟁에서 죽을 수도 있다는 불안감이 사라졌을 뿐 삶은 하나도 나아진 것이 없었다. 오히려 원나라의 무리한 공물 요구로 백성들의 삶은 더욱 어려워졌다. 백성에게는 원이라는 수탈 대상이 더 늘어난 것이었다.

원나라는 40년 동안 저항하던 고려에 적지 않게 당황하고 고려를 두려워하였다. 원을 상대로 이토록 오랫동안 버틴 나라가 없었기 때문이다. 또한 수와 당을 상대로 승리했던 역사가 있는 고려를 원은 꾸준하게 견제할 수밖에 없었다. 이처럼 민족의식과 자존감이 높은 고려를 몽골의 직할지로 만들어 직접 통치하면, 고려인의 강한 저항이 일어날 것이 뻔했다. 더욱이 고려와 소모적인 전쟁을 계속 벌일 경우 경제적 비용이 만만치 않을 뿐 아니라, 이미 복속시킨 여러 민족이 고려를 따라 반발할 가능성이 컸다.

그리하여 원은 1280년 충선왕 시절 일본 정벌이라는 명목 아래 정동행성을 고려에 설치하여 고려를 간접 통치했다. 이후 정동행성은 여러 번 사라졌다 세워지기를 반복하다가 1285년부터는 고려를 통치하는 의례적 기구로 활용하였다.

원은 고려가 다시는 대항할 생각을 하지 못하도록 만들기 위해서 크게 두 가지에 힘을 기울였다. 우선 고려 왕과 관료들

◆사료 보기

원이 행성을 증설하려 하자 충렬왕이 진정서를 보냈다. "우리나라가 여러 대에 걸쳐 충성하며 80여 년 동안 해마다 빠짐없이 예물을 보냈다. 나는 세자로 있을 때 황제실과 혼인하게 되어 황제의 사위가 되어 실로 지극한 은혜에 감격하고 있다. 그러니 영원히 번방으로서 직책을 다할 수 있게 해주기를 바란다."라고 하였다.

출처:《고려사》

을 몽골에 충성하는 사람으로 변화시켰다. 이들을 권문세족이라 부른다. 다음으로 경제적 수탈을 통해 고려가 전쟁 준비를 하지 못하도록 하였다.

경제적 수탈을 위한 방편으로 원은 고려 왕을 몽골의 수도인 대도(현재의 북경)에 자주 왕래하도록 하였다. 왕이 원으로 가기 위해서는 막대한 비용이 소요되었다. 왕래에 따라오는 사람들의 여비와 몽골 황실에 바칠 수많은 조공 물자, 그리고 체류 비용이 필요하였다. 예를 들어 충렬왕은 34년의 재위 기간 동안 11차례나 원에 다녀왔는데, 수행 인원만 1,000명이 넘었으니 소요 경비가 엄청났음을 쉽게 짐작할 수 있다.

여기에 고려 물자를 수탈하기 위한 기구를 두기도 하였다. 고려에서 수탈한 물품은 금·은·자기·호랑이 가죽·인삼 등 다양했는데 그중에서도 원이 으뜸으로 치는 것이 매였다. 매사냥은 북방민족인 원나라 사람들이 즐기는 놀이였으며, 자신의 권위를 내세울 수 있는 친목 도모의 중요한 행사였다. 이때 고려에서 가져온 우수한 매는 가격부터가 고가여서, 가지고 있다는 것만으로도 대단한 자랑거리가 되었다. 고려 매의 수요가 많다 보니 고려는 응방이라는 기구를 만들어 매를 조직적으로 훈련하고 납품하였다. 응방에서 해동청(사냥용 매)을 훈련하기 위해 많은 사람이 동원되자, 백성들은 고통에 신음할 수밖에 없었다.

해동청이 민가에 닭 한 마리를 잡아채기 위해 내려오자, 농부는 유일한 재산이던 닭을 지키고자 나무 작대기를 휘둘러 해동청이 가까이 오지 못하도록 막았다. 그런데 휘두른 작대기에 해동청의 날개가 부러지자 농민은 관아에 끌려가 매타작을 받고 죽었다는 기록이 남아있다. 매 한 마리보다 못한 것이 사람의 목숨이었으니 원 간섭기의 수탈이 얼마나 가혹했는지를 짐작케 한다.

원의 수탈은 물적 수탈 외에 인적 수탈도 함께 이루어졌다. 고려의 여인들을 강제로 끌고 가서 몽골의 여종이나 첩으로 삼았고 고려 남자들을 거세하여 환관으로 삼았다. 몽골의 노골적인 수탈도 힘들었지만, 더욱 백성들을 도탄에 빠뜨리고 국가를 어렵게 만든 사람들은 원나라에 빌붙어 아첨을 일삼는

◆사료 보기
윤수는 칠원현 사람이다. (중략) 충렬왕이 몽골에 있을 때 윤수는 매와 사냥개로 총애를 얻었으며, 즉위하자 심양에서 가족을 데리고 귀국하여 응방을 관리하면서 권세를 믿고 제멋대로 행동하여 사람들은 윤수를 금수로 여겼다.
출처: 《고려사》

권문세족이었다. 기황후의 아버지 기자오는 자신의 출세를 위해 막내딸을 원나라 황실 궁녀로 입궐시켰다. 자신의 딸도 원에 궁녀로 팔아버리는 모습에서 권문세족이 백성들을 어떻게 수탈했을지 쉽게 짐작할 수 있다.

★ 한눈에 보는 역사

원의 간섭			
영토 일부 상실	쌍성총관부(1258), 동녕부(1270), 탐라총관부(1273)		
관제 격하	도병마사 → 도평의사사 중서문하성·상서성 → 첨의부 중추원 → 밀직사 6부 → 4사		
왕실 용어 격하	폐하 → 전하, 태자 → 세자		

46 목화가 역사를 어떻게 바꿨나?

· **고려, 조선**

생활의 변화

중요도 : ★

원 간섭기가 마지막을 달리던 1300년대 말에는 정치적 변동이 하루가 멀다 하고 일어났다. 원나라에 권력의 기반을 둔 권문세족과 원을 내쫓고 자주적인 나라를 세우려 했던 신진사대부의 다툼, 유교와 기존의 기득권을 놓지 않으려는 불교의 다툼, 홍건적과 왜구의 침입 등 고려 말은 늘 시끄럽고 혼란스러웠다.

이런 시기 가장 힘든 사람들은 바로 백성이었다. 열심히 농사를 지어 추수하면 여러 전주(땅의 주인)들이 빼앗아 백성의 손에 쥐어지는 것이 하나도 없었다. 추운 겨울, 못 먹어서 배고픈 사람들은 생존에 큰 위협을 받았다. 당시 고려의 하층민들은 얇은 삼베로 만든 옷에 나무껍질이나 풀을 넣어 입었다. 운이 좋으면 짐승의 털을 넣을 수도 있었지만, 추위를 막지 못하는 것은 매한가지였다.

이처럼 열악한 삶을 살아가던 사람들에게, 목화씨를 들여온 문익점(1329~1398)은 고마운 사람이었다. 백성의 입장에서만이 아니라 국가를 경영하는 왕과 관료에게도 목화를 들여와 백성들을 추위로부터 지켜준 문익점은 꼭 기억해두고 고마워해야 하는 인물이었다.

1363년 문익점이 원나라에 서장관으로 갔다 돌아올 때 붓통에 목화씨를 숨겨 왔다는 사실은 널리 알려졌지만, 이에 대하여 여러 논란이 있었다. 문익점이 목화씨를 가져오기 이전부터 목화가 재배되고 있었다는 점과 붓 필통에 목화씨를 숨길 정도로 목화가 원의 중요한 자원이었는가 하는 점 때문이다.

논란이 있어도 문익점이 우리나라에 목화씨를 들여왔고 보

◆사료 보기
문익점이 사신으로 원나라에 갔다가 목화 종자를 얻어 돌아와 장인 정천익에게 주어 심게 하였다. 처음에는 기르는 법을 몰라 대부분 말라 죽고 겨우 하나만 싹이 나왔다. 3년이 되어 비로소 크게 번성하였다.
출처:〈고려사〉

급에 노력한 결과, 조선 시대에 들어서 백성 모두가 추위에서 벗어날 수 있게 된 것은 사실이었다. 16세기에 들어서면 목화로 만든 무명이 대량 생산되면서 화폐의 기능도 하게 되었다.

목화씨를 들여온 문익점은 경남 산청군 단성면 사월리에 내려와서 장인 정천익과 함께 목화를 심었지만, 재배 방법을 몰라 한 그루만 살릴 수 있었다. 문익점과 정천익은 여기서 포기하지 않고, 3년간의 노력 끝에 우리나라 환경에 맞는 목화 재배에 성공하였다.

그러나 목화씨를 제거하고 실을 뽑아내는 방법을 알지 못했다. 때마침 씨를 빼고 실 뽑는 방법을 아는 원나라 출신 승려 홍원이 정천익 집에 머물고 있었다. 정천익과 문익점은 홍원을 설득하여 목화를 활용할 수 있는 방법을 배우고 전국에 보급하였다. 다른 한편으로는 아들 문래가 실 뽑는 법을 발명하고,

◆사료 보기

홍원이 정천익의 집에서 목면을 보고는 기뻐하며 "중국 본토의 물건을 볼 줄 몰랐다."라고 말했다. 정천익이 홍원을 머물게 하고 며칠 동안 대접한 뒤에 실을 뽑고 베를 짜는 기술을 물으니 홍원이 자세히 말해주고 또 기구까지 만들어 주었다.

출처: 《태종실록》

손자 문영이 면포 짜는 법을 발명했다고도 전한다.

어쨌든 문익점의 노력에 힘입어 조선 세조 때에는 천민들도 목화로 만든 따뜻한 옷을 입고 겨울을 날 수 있게 되었다. 이는 조선을 더욱 부강하게 만드는 원동력이 되었다. 조선 왕실은 국익에 도움이 되는 사람을 고맙게 여기고 포상할 줄 알았다. 태종은 문익점의 공덕을 높이 평가하여 참지정부사 강성군에 추증하고 아들에게도 정3품의 사헌감찰직을 주었다. 세종은 백성을 풍요롭게 만든 것에 감사하며 문익점에게 제후라는 표현을 사용하여 부민후(백성을 풍요롭게 만든 제후)라고 부르고, 시호로 충선공을 내려주었다. 이후에도 문익점의 고향 단성에 도천서원과 전라남도 장흥에 월천사우를 세워 문익점의 공로를 기렸다.

★ 한눈에 보는 역사

고려 산업과 경제 활동	
농업	시비법 발달
	2년 3작의 윤작법 보급
	남부 일부에 모내기법 보급
	원의 농서인《농상집요》소개
	목화 재배
상업	개경에 시전과 국영 점포 개설
	소금 전매제
	화폐 발행(건원중보, 삼한통보, 해동통보, 해동중보, 활구)
수공업	전기: 관청 수공업·소(所) 수공업 중심
	후기: 민간 수공업, 사원 수공업 발달
국제무역	공무역 중심
	벽란도 번성 → 송, 거란·여진, 일본 아라비아 상인 왕래

47

고려의 여성은 어떻게 당당했을까?

· **고려**
고려의 사회
중요도 : ★★

고려 시대의 여성들은 우리가 생각했던 것보다 훨씬 많은 권리를 가지고 정당한 대가를 요구하였다. 그리고 사람들은 아무런 문제를 제기하지 않고 여성의 권리를 당연하게 받아들였다. 그 당시 전 세계적으로도 고려 시대만큼 여성의 인권이 보장된 곳은 많지 않았다.

하지만 성리학이 우리나라에 들어오고 보급되면서 남존여비(남자는 귀하고, 여성은 비천하다.) 사상이 사람들의 인식에 뿌리를 내리면서 여성들의 권위는 사라지게 되었다. "옛날에는 여자들이 이렇게 하는 건 상상도 할 수 없었어."라고 말하는 것은 오히려 고려 시대에서는 상상조차 할 수 없었던 말이었다.

고려 시대 일부일처제와 관련하여 재미난 이야기가 있다. 몽골과의 오랜 전쟁으로 수많은 남자가 전쟁터에서 죽자, 결혼하지 못하는 여성과 과부들이 늘어났다. 많은 미망인과 고아들이 경제적인 어려움을 해결하지 못하고 곤란을 겪자, 충렬왕 때 대부경으로 있던 박유가 일부다처제를 주장하였다. 박유는 계급별로 차등을 두어 일부다처제를 시행하면 공녀의 숫자도 줄일 수 있고 인구도 늘릴 수 있다고 하였다. 당시 왕과 많은 관료는 박유의 말에 마음속으로 동의했지만 누구도 용기 있게 정책을 실행하자고 말하지 못하였다. 아니나 다를까? 연등회가 열리던 날 박유가 지나가자 많은 여인이 "부인을 여럿 두자는 요망한 늙은이가 저놈이다."라고 하며 돌을 집어 던지며 몰매를 때려 거의 반죽음이 되었다고 한다. 이처럼 고려 시대는 여성들이 자기 생각을 표출하는 집단의 목소리를 낼 수 있던 사회였다.

여성들이 자신들을 위한 행동을 할 수 있었던 배경에는 사회적 제도와 경제적 뒷받침이 있었다. 고려의 경우 여성도 집안의 권리를 행사하는 호주(戶主)가 될 수 있었다. 호적에도 아들과 딸을 구분하지 않고 나이에 따라 기록을 하는 등 조선 시대와는 상반된 모습을 보였다.

음서제의 경우 친자식이 아니더라도 사위와 외손주에게 관직을 물려줄 수 있었다. 그렇다 보니 고려 시대에는 관직을 물려받기 위해 사위가 처가의 호적에 오르거나 처가살이를 하는 경우도 많았다. 고려 후기 뛰어난 성리학자로 알려진 이색의 경우도 권중달의 딸과 결혼한 뒤 처가살이를 오래 하였다. 이색의 문집을 살펴보면 처가의 제사나 혼인식, 장례식에 참석했던 내용이 친가보다 더 많이 기록되어 있다. 여성의 권위가 낮아지는 데 일조했던 성리학을 공부한 이색도 처가살이를 부끄럽게 여기지 않고 기록을 남긴 것을 보면 처가살이는 고려 시대의 보편적인 현상이었음을 알 수 있다.

경제적인 측면에서 본다면 결혼을 한 여성이 데리고 온 노비의 소유권은 남편에게 넘어가지 않았다. 부인이 이혼하거나 재혼을 하는 경우 자신이 데리고 온 노비를 되찾아 갔으며, 후손이 없는 경우에 노비는 친정으로 귀속되었다. 또한 여성들은

◆사료 보기
고려의 혼인 예법은 남자가 여자 집에 가서 자손을 낳으면 외가에서 자라므로, 외친의 은혜가 무거웠다. 이에 외조부모와 처부모의 장례 시에는 모두 30일 동안 휴가를 주었다.
출처: 《태종실록》

결혼 여부와는 상관없이 아들과 동등하게 재산을 물려받았다. 이는 거기에 따른 의무도 부여되는 것이어서, 여자도 부모의 제사를 지냈다. 양가 부모의 제사가 겹치는 걱정은 하지 않아도 되었다. 재산을 동등하게 상속하다 보니 자식들이 매년 돌아가면서 부모의 제사를 지내게 되면 시댁과 친정의 제사가 겹칠 문제가 없었다. 오히려 부모의 혼령이 모든 자식의 집에 들러 안부를 살피고 극진한 대접을 받았으니 더 좋았을지도 모르겠다.

그러나 고려 시대 여성의 권위와 삶이 오늘날과 비슷한 것은 아니다. 고려 시대는 현재와는 달리 여성의 사회적 활동이 금지되어 있었다. 단지 조선 시대보다 여성의 권위가 높고 처우가 좋았을 뿐이다.

◆사료 보기

어떤 남매가 서로 송사를 했는데 남동생 주장은 "부모 유산을 누이가 독차지하고 동생인 나는 나누어 주지 않느냐?" 하였다. 그러자 누이는 "아버지가 돌아가실 때 재산 전부를 나에게 주었으며, 너는 검정 옷 한 벌, 검정 갓 하나, 미투리 한 켤레, 종이 한 권뿐이다. 증거 서류가 있으니 어떻게 이길 수 있느냐?" 반박하였다.

출처: 《고려사》

★ 한눈에 보는 역사

고려 여성의 지위	
호적	아들딸 구분 없이 나이순으로 기재
	여성도 호주 가능
재산 상속	자녀 균분 상속
	딸도 부모 부양 및 제사 의무
혼인 형태	일부일처제가 일반적
	처가살이의 경우도 다수 있음
	여성의 재혼이 비교적 자유로움

48 기황후는 드라마처럼 애국자였을까?

> **· 고려**
> 권문세족
> 중요도 : ★

고려는 시기에 따라 지배 계층이 자주 바뀌었다. 그러나 지배 계층이 백성을 먼저 생각하고 배려한 시기는 많지 않았다. 원 간섭기는 정도가 더 심하였다. 고려 중기의 문벌 귀족이나 무신들도 백성들을 괴롭히고 수탈하는 모습을 자주 보였지만, 원 간섭기 권문세족에게는 명함도 내밀 수 없었다. 권문세족에는 고려 전기부터 이어져 온 가문도 있었지만, 원나라에 빌붙어 새롭게 등장한 이들도 많았다. 자신의 능력으로 과거에 합격하여 관직에 오른 관료와 통역을 담당했던 역관이나 원 황실로 들어간 환관 등이 여기에 포함된다. 이들 권문세족은 원나라 황실 및 관료들과의 혼인을 통해 더 큰 권력을 가진 부원세력으로 성장하고자 하였다. 그러기 위해서는 고려보다 원나라의 신임을 얻는 것이 훨씬 중요하였다.

권문세족에게 나라를 운영하는 식견이나 능력은 중요하지 않았다. 사람의 마음을 잘 읽고 윗사람의 비위를 맞추는 것이 실력이었다. 그렇다 보니 권문세족은 문학적 소양 등 전체적인 면에서 기존의 문벌 귀족이나 무신들보다 많이 부족하였다.

원 간섭기 부원세력으로 성장했던 대표적인 가문을 찾는다면 원나라 순제의 황후가 되었던 기황후의 집안이 있다. 기황후의 아버지인 기자오는 자신의 출세를 위해 자신의 막내딸을 원나라 황실에 공녀로 보냈다. 고려 말의 공녀는 신분이 낮고 가난한 집안의 여성들만 해당되는 것이 아니었다. 권문세족들이 출세를 위하여 원나라 관리들에게 뇌물을 주고 자신의 딸을 앞다투어 공녀로 바치는 것이 보편적이어서, 기자오의 행동은 하나도 이상할 것이 없었다.

◆신진사대부

권문세족을 비판하던 신진사대부는 경제적으로 지방의 중소 지주 출신, 사회적으로는 향리 또는 하급 관리 출신이 많았다. 이들은 과거제를 통해 중앙 정계에 진출하여, 권문세족의 횡포를 비판하며 성리학을 바탕으로 개혁을 추진하였다.

기자오는 고려인이지만 원 황실의 환관이 되어 중요 직책을 맡고 있던 고용보에게 많은 뇌물을 주고 막내딸을 순제에게 차를 따르는 궁녀로 만들었다. 왕이 되기 전 고려로 유배를 왔던 경험을 가진 순제는 기황후에게 호감을 느끼면서 가까워졌다. 그리고 자신의 후궁으로 삼았다. 당시 순제는 황권을 위협하던 다나시리 황후 일족을 제거하고 바얀 후투그를 새로운 황후로 맞이했었다. 그러나 황후 바얀 후투그는 후사를 계승할 아들을 낳지 못했다. 순제는 바얀 후투크가 아들을 낳지 못한다는 명분으로 1339년에 아들을 낳은 기황후를 황후의 자리로 올려놓았다.

몽골이 세운 원나라에서 제3신분이던 고려인이 황후가 된다는 것은 상상도 할 수 없는 일이었다. 그런데도 고려 출신인 기황후가 순제의 아내이자 훗날 북원 소종의 어머니가 되었으니, 고려에서 기자오 집안의 위세가 어떠했을지 짐작할 수 있다. 특히 기황후의 오라버니인 기철의 만행은 거칠 것이 없었다. 원나라 황제가 자신의 매부였으니 고려에서 무서울 것이 하나도 없었다. 고려의 왕조차도 기철이 마음을 먹는다면 쉽게 바꿀 수 있다고 생각할 정도여서, 왕 앞에서 신(臣)이라는 말도 하지 않았다.

자신이 하고 싶은 대로 마음껏 행동하던 기철에게 제동이 걸리는 사건이 발생하였다. 바로 공민왕(1330~1374)의 즉위였다. 반원자주 정책을 내세웠던 공민왕은 기철에게 있어 눈엣가시 같은 존재였다. 더욱이 공민왕이 권문세족을 제거하기 시작하자 기철은 공민왕을 내쫓을 역모를 꾀하였다. 기철의 역모를 눈치챈 공민왕이 한발 앞서 1356년 기철을 연회에 불러들여 죽였다. 이 소식을 들은 기황후는 오라버니를 죽인 공민왕을 내쫓기 위해 충숙왕의 동생 덕흥군을 고려 왕으로 임명했다. 그리고 1364년 최유에게 병사 1만을 주고 고려를 침공케 하였다. 하지만 최유의 군사가 고려의 최영 장군에게 패하면서 기황후의 복수는 실패하였다. 외국 군대를 보내 조국을 공격한 권문세족과 나라를 팔아먹은 친일파의 차이점이 무엇인지 궁금해진다.

◆사료 보기
공민왕이 어느 날 행성으로 가서 원 황제의 생일을 축하하려고 하였다. 기철이 임금과 말을 나란히 하며 이야기하려고 하자, 왕이 호위 군사를 시켜 앞뒤로 갈라놓고 곁에 오지 못하게 하였다.
출처: 《고려사》

★ 한눈에 보는 역사

권문세족	
출신	고려 전기부터 내려오거나 무신 정권 시기에 대두한 가문 원을 배경으로 등장한 가문
관직 진출	음서제
정치	도평의사사를 중심으로 권력 장악
경제	대농장 소유
사상	불교 중시
대외 정책	친원적 성향

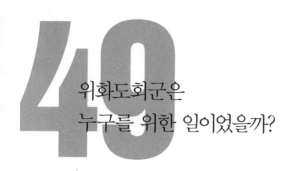

49 위화도회군은 누구를 위한 일이었을까?

· **고려**

위화도회군

중요도 : ★★★★

고려가 조선으로 넘어 가게 되는 결정적 사건은 요동 정벌을 떠났던 이성 계의 위화도 회군(1388)이 었다. 변방 출신의 신흥 무인 세력이라는 한계로 중앙 정계에 서 큰 힘을 발휘하지 못하던 이성계는 자기 뜻을 국정에 반영 하기 어려웠다. 오히려 이성계의 성장을 두려워하거나 못마땅 하게 생각하는 사람들의 견제로, 홍건적과 왜구를 내쫓은 공 이 사라질 위기에 처하였다.

그런 상황에서 명이 쌍성총관부가 있던 철령 이북에 철령위 를 설치하여 명의 영토로 삼겠다고 통보했다. 명의 요구에 고려 최고의 무장이었던 최영(1316~1388)과 이성계는 정치적 갈등을 일으켰다. 최영은 우왕(재위 1374~1388)에게 요동 정벌을 통해 고려의 위상을 명에게 보여주고 과거 강국이던 시절로 되돌아가야 한다고 피력하였다. 또한 새롭게 등장한 명나라에 순순히 영토를 넘기면 국내에서 많은 반발이 생길 것이며, 명은 앞으로도 고려를 우습게 보고 더 무리한 요구를 해올 것이라 주장하였다.

하지만 이성계는 최영의 요동 정벌 주장이 탐탁지 않았다. 원을 몽골 고원으로 내쫓은 신흥 강국인 명을 상대로 5만의 군사로 요동을 일시적으로 점령할 순 있겠지만 영구히 고려의 땅으로 만드는 것은 불가능하다고 생각하였다. 그런데도 최영이 요동 정벌을 주장하는 것은 자신을 사지로 몰아넣어 제거하기 위한 목적이 더 크다고 생각하였다. 이성계는 4불가론을 제시하며 요동 정벌을 반대하였다.

◆이성계의 요동 정벌을 반대했던 4불가론
① 작은 나라로 큰 나라를 거역할 수 없다.
② 여름에 군사를 동원할 수 없다.
③ 온 나라 군사를 동원하여 멀리 정벌하면 왜적이 쳐들어올 것이다.
④ 지금은 장마철이어서 활은 아교가 풀어질 것이고, 많은 군사는 역병을 앓을 것이다.

최영은 이성계의 의심을 불식시키기 위해 스스로 팔도도통사가 되어 조민수를 좌군도통사, 이성계를 우군도통사로 삼아 같이 출병하기로 하였다. 최영의 합류에 이성계는 더는 반대할 명분이 없었다. 그러나 출발 직전 이성계는 우왕의 만류로 최영이 요동 정벌군에서 빠졌다는 소식을 듣게 되었다. 최영의 불참 소식을 들은 이성계는 요동 정벌이 자신을 제거하려는 목적이 확실하다고 믿게 되었다. 그래서 압록강에 위치한 위화도에 군대를 주둔시킨 뒤, 빗물에 강물이 불어 강을 건너기 어렵다는 핑계로 14일을 머물면서 조민수에게 개경으로 돌아가야 한다고 계속 설득하였다.

이성계의 설득에 조민수도 동참하여 5월 22일 위화도에서 개경으로 군대를 되돌렸다. 회군을 전혀 예상치 못한 최영은 속수무책으로 이성계가 이끄는 군대에 사로잡혔다. 이후 이성계는 우왕을 폐위하고 아들이었던 창왕(재위 1388~1389)을

◆최영 장군의 묘

최영은 죽기 전, 자신이 사적인 욕심을 차렸다면 자신의 무덤에 풀이 자랄 것이라고 유언을 남겼다. 그 유언 때문인지는 모르지만 1976년 전까지 최영 장군의 무덤에는 풀이 자라지 않았다. 이런 사실로 최영 장군은 오늘날 "황금 보기를 돌같이 보라."라는 명언과 함께 좋은 이미지로 숭상받고 있다.

옹립하면서 라이벌이던 최영을 경기도 고양시에서 처형하였다. 최영은 이성계를 제거하기 위해 요동 정벌을 명한 것이 아니라 고려를 위한 일이라며 결백을 주장했지만, 이성계에게 최영의 본심은 중요하지 않았다.

이후 이성계와 그를 추종하는 신진사대부는 조민수도 유배를 보내 제거한 뒤, 1392년 조선을 건국하였다. 이성계는 조선을 건국한 뒤, 명의 잦은 간섭과 압력에 요동 정벌을 준비하는 모습을 보였다. 고려 말 이성계가 어떤 목적과 이유로 위화도회군을 했는지는 누구도 쉽게 답하지 못하고 있다.

★ 한눈에 보는 역사

고려의 멸망	
배경	권문세족의 횡포 심화 → 정치 기강 문란, 백성 생활 곤란
과정	명의 철령 이북 땅 요구 → 최영의 요동 정벌 진행 → 이성계의 위화도회군(1388) → 이성계와 급진 사대부의 집권 → 과전법 실시(1391) → 조선 건국(1392)

단심가에 담긴 정몽주의 뜻은?

·**고려**
급진파와 온건파의 대립
중요도 : ★★★

"이 몸이 죽고 죽어 일백 번 고쳐 죽어, 백골이 진토 되어 넋이라도 있고 없고, 임 향한 일편단심이야 가실 줄이 있으랴." 이방원이 조선 건국에 참여할 것을 물어보는 〈하여가〉에 대한 답변으로 정몽주(1337~1392)가 읊은 〈단심가〉다. 대한민국 사람이라면 정몽주의 〈단심가〉는 한두 번은 들어 봤고, 어떤 의미를 담고 있는지도 안다.

정몽주는 1363년 종사관으로 병마사 이성계와 여진족을 토벌하고, 1380년에는 조전원수로 이성계를 도와 전라도 운봉에서 왜구를 토벌한 일이 있었다. 이 기간 동안 두 사람은 고려의 문제점을 함께 인식하고, 고려를 개혁하는 데 뜻을 모았다.

그러나 위화도회군 이후 둘은 정적이 되어 서로를 제거하기 위해 눈치만 살피게 되었다.

보통 정몽주를 중심으로 고려를 유지하며 개혁하려던 신진사대부를 '온건파'라 부르고, 정도전같이 새로운 나라를 세워 산재한 문제를 한 번에 해결하고자 했던 신진사대부를 '급진파'라고 한다. 급진파·온건파 모두 고려에 개혁이 필요하다는 데 인식을 같이했지만, 그들의 경제·사회적 기반은 달랐다. 개혁에 있어 기득권을 가진 사람들은 자신의 것을 손해 보지 않는 한도 내에서 바꾸려 한다. 반면 가진 것이 적은 세력은 기존의 것을 모두 바꾸고자 하는 성향이 있다.

급진파에 속한 이성계·정도전과 온건파에 속하는 정몽주는 출신 배경부터 큰 차이가 있었다. 이성계는 변방 출신의 무인

◆사료 보기

어머니 이씨가 임신하여 꿈에 난초 화분을 안았다가 갑자기 떨어뜨리면서 잠에서 깼었다. 그리고 낳은 아이라 이름을 몽란이라 하였다. 아이는 태어나면서 남달리 뛰어났으며 어깨 위에 검은 점이 일곱 개 있는 것이 북두칠성과 같았다. 나이 아홉 살에 어머니가 낮에 꿈을 꾸었는데 흑룡이 뜰 가운데 있는 배나무에 올라가고 있었다. 놀라 잠에서 깨어 밖으로 나가 보니 몽란이었다. 그래서 이름을 몽룡이라 고쳤다.

출처: 《고려사》

이었고, 정도전은 서자 출신으로 관직에서 여러 번 밀려난 서생에 불과했다. 이성계와 정도전은 정상적인 방법으로는 고려를 바꾸기 어렵다고 생각하는 공통점이 있었다. 1374년 정도전과 정몽주는 권문세족 이인임에 대한 상소문을 우왕에게 올렸다가 동시에 귀양을 간 적이 있다. 집안이 좋았던 정몽주는 2년 만에 개경으로 돌아온 반면, 서자 출신의 정도전은 8년 동안 울산에서 유배 생활을 해야 했다. 유배 생활에서 역성혁명을 꿈꾸고 설계한 정도전은 1383년 막강한 군대를 가진 이성계를 찾아가 뜻을 함께할 것을 제의하며 주군으로 모셨다.

반면 정몽주는 좋은 집안에서 태어나 관료가 된 후, 많은 유생의 존경을 받으며 승승장구하며 높은 관직에 올랐다. 위화도 회군으로 최영 장군이 제거된 뒤에는 중앙 정치의 수장이 되어 잘못된 세상을 변화시키고자 노력하였다. 정몽주는 고려 내에서 문제를 해결할 수 있다고 생각하였다. 하지만 시간이 흐를수록 세상은 정몽주의 뜻대로 움직이지 않았다.

이성계와 정도전의 역성혁명에 조준·남은 등이 동참하자, 많은 신진사대부가 어느 쪽으로 줄을 서야 할지 눈치를 살폈다. 그럴수록 군권을 장악하지 못한 온건파는 불안하고 초조해져 갔다. 그러할 때, 명나라에서 돌아오는 세자 왕석을 마중

나갔던 이성계가 말에서 떨어졌다. 이성계가 거동을 못 하게 되자 온건파에서 이성계를 제거하자는 움직임이 일어났다. 하지만 정몽주는 과감한 결단을 내리는 스타일이 아니라 신중하게 생각하고 행동하는 사람이었다. 더욱이 성리학의 대가로 평소 언행일치의 삶을 보여주던 정몽주의 입장에서 아픈 사람을 비정상적인 방법으로 제거하는 것은 옳은 일이 아니었다. 이성계가 아픈 것이 아니더라도 역성혁명의 꿈을 접고 고려를 통한 사회 개혁에 참여할 것을 호소하고자 했다.

그러나 이성계를 만나고 돌아가던 정몽주는 선죽교에서 이방원을 만났다. 이방원의 조선 건국에 참여하겠냐는 〈하여가〉에 거짓말로 위기를 모면하기보다는 고려에 대한 곧은 절개를 담은 〈단심가〉로 대답한 정몽주는 철퇴를 맞고 죽었다. 어찌 보면 정몽주는 험난했던 시대에 어울리는 정치가는 아니었다. 그

◆이방원
이방원(1367~1418)은 이성계와 신의왕후 한씨의 다섯 번째 아들로 태어났다. 이방원은 어릴 때부터 무예나 격구보다는 학문을 더 좋아하였다. 과거 급제 후 명나라의 사신으로 이색을 수행하였고, 정몽주를 비롯한 반대파를 제거하여 조선 개국의 기틀을 다져놓았다. 조선 개국 후에는 2차례 왕자의 난을 통해 왕으로 즉위하여 조선의 기틀을 다졌다.

러나 훗날 정몽주는 조선의 많은 사대부에게 비난을 받기보다
는 곧은 절개의 모델이 되는 성인으로 자리 잡아 존경을 받고
있다.

★ 한눈에 보는 역사

신진사대부	
출신	지바 향리 가문
관직 진출	과거제
정치	권문세족의 횡포 비판
경제	대부분 중소 지주
사상	성리학 수용, 불교의 폐단 비판
대외 정책	친명 외교 주장

51

조선이 신분보다 능력을 우대했다고?

·**조선**
조선 초의 사회 변화
중요도 : ★★★

고려를 무너뜨리고 이성계와 정도전이 세운 조선이 오래가리라 예상한 사람은 많지 않았다. 제대로 배우지도 못한 이성계와 서자 출신의 정도전이 당장은 왕의 자리를 빼앗을 정도로 힘이 있지만, 얼마 가지 않아 고려의 충신들이 조선을 무너뜨리고 나라를 되찾을 것이라 믿었다.

그러나 이들의 바람과는 달리 조선은 매우 빠른 속도로 안정감을 되찾고, 기존과는 다른 새로운 사회를 만들어갔다. 조선 건국에 동참하지 않는 사람들도 있었지만, 기회를 찾아 궁궐이 있는 한양으로 올라오는 능력 있는 사람들도 많았다. 아무것도 없는 백지에 무언가를 써 내려가는 것은 부담스러울 수도 있지만, 이들에게는 무에서 유를 창조하는 신나는 일이었다. 그리고 그들은 고려에 오랫동안 몸담고 있었던 사람들이라면 절대 해결하지 못했을 사회 문제를 과감하게 고쳐 나갔다.

이런 모습이 가능했던 이유는 조선을 건국한 이성계 자신부터가 출신 배경이 좋지 않은 데 기인한다. 이성계는 서자 출신이지만 뛰어난 능력을 가졌던 정도전을 통해 가문보다는 개인의 능력이 더욱 중요하다는 것을 체감하고 있었다. 그래서 신분에 상관없이 능력만 있다면 중용하여 나랏일을 맡길 수 있었다. 이러한 풍토는 조선 건국 이후로도 오래도록 지속되어 장영실처럼 천민 출신이라도 능력만 된다면 얼마든지 관직에 오를 수 있었다. 이처럼 가문보다 개인의 능력이 중시되는 풍토에서 조선 건국에 참여한 사람들은 자신의 능력을 키우고 조선을 부국강병으로 만드는 데 필요한 학문이 있다면 배우고 익히기를 주저하지 않는 사회 분위기를 만들어 냈다.

그 결과 조선 전기는 폐쇄적인 신분 사회를 고집하지 않고, 양민이라면 누구라도 관료가 될 수 있는 길을 열어놓았다. 조선 초의 양반이란 개념도 지배 계층을 뜻하는 것이 아닌, 관제 상의 문반과 무반을 일컫는 말이었다. 궁궐에서 조회할 때 남쪽을 향해 서 있는 국왕을 중심으로 문신(문반)은 동쪽에 서

조선 시대 과거제도

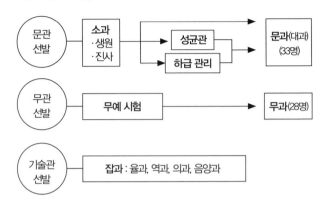

고, 무신(무반)은 서쪽에 섰다. 그래서 문반(文班)과 무반(武班)을 합쳐서 양반(兩班)이라고 불렀을 뿐, 조선 중·후기처럼 고정된 신분이 아니었다.

조선은 관리를 선발하는 과정에서 능력을 우대하는 풍토를 제도적으로 보장하였다. 고려 시대에는 문신만 선발하는 과거제를 운영했지만, 조선은 무과 시험을 제도화하여 능력 있는 인재를 선발하였다. 과거의 응시 자격도 특별한 제한을 두지 않아 양인이라면 누구라도 지원할 수 있었다. 물론 경제적 여건이나 사회적 처지가 열악해서 응시할 수 있는 사람은 많지 않았지만, 그래도 제도적으로는 보장해놓았다.

반면 개인의 능력이 아닌 가문의 덕택으로 관직에 나갈 수 있는 길은 축소해 놓았다. 고위 관리가 추천한 인물을 등용하는 천거의 경우도 기존 관리를 대상으로만 실시하였다. 능력이 검증되지 않은 인물이 임용되는 걸 경계하였다. 또한 가문의 혜택으로 관직에 나가는 음서의 경우도 완전히 사라지지는 않았지만, 대상과 혜택을 대폭 줄였다. 이는 음서제가 양반 신분을 유지하기 위한 목적으로 운영되었을 뿐, 국가에 필요한 인재를 유입하기 위한 목적이 아니었음을 보여준다. 그래서 음서로 등용된 관료들은 과거에 합격하지 못하면, 고위 관리로의 승진이 어려웠다.

 이외에도 친인척이 같은 관서에서 근무할 경우 관료들의 기강이 허물어지고, 능력 위주의 사회 풍토가 무너질 수 있다고 판단하여 다른 관청으로 배정하는 상피제를 운영하였다. 그리고 5품 이하 관리 등용에는 서경을 거치도록 하여 인사의 공정성을 확보하고, 관료가 된 뒤에도 근무 성적을 평가해서 승진 또는 좌천의 자료로 삼는 등 능력에 기반을 둔 인사 제도를 운용하였다.

★ 한눈에 보는 역사

조선의 신분제도		
양인	양반	관료이자 지주 국역 면제
	중인	서리, 향리, 기술관 서얼 – 문과 응시 불가, 무과나 잡과로 등용
	상민	조세와 군역 담당 신량역천 – 신분은 양인이나 천민 대우받은 수군, 역졸 등
천인	천민	노비, 백정, 무당, 재인 등 노비: 매매·상속 가능

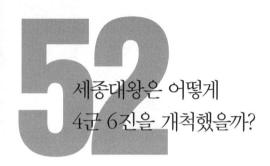

52 세종대왕은 어떻게 4군 6진을 개척했을까?

· **조선**

영토 확장

중요도 : ★★★★

고려 말 원나라가 쇠퇴하자 동아시아 국제 질서가 크게 요동쳤다. 원나라를 내쫓고 중국 본토를 차지한 명나라는 자신의 권위를 높이기 위해 조선에 제후국으로서 조공을 갖다 바칠 것을 강요하였다. 조선은 홍건적과 왜구의 침입 등으로 피폐해진 국내 상황을 고려했을 때, 명과의 전쟁보다는 안정된 평화가 필요하였다. 이 둘의 이해관계가 맞아떨어지면서 조선은 명을 상국(上國)으로 인정하는 사대 관계를 맺었다.

하지만 명나라는 끊임없이 무리한 조공을 요구하며 조선을 속국으로 길들이려 하였다. 특히 명을 건국한 홍무제(재위

1368~1398)는 조선 길들이기에 매우 적극적으로 나섰다. 조선은 역사상 고조선부터 고려 중기까지 중국의 중화 질서를 따르지 않던 시기가 많았다. 거기에 세계를 정복했던 원나라마저도 고려의 40년간의 끈질긴 저항에 두 손 두 발을 다 들고 직접적인 지배를 포기한 역사가 있었다. 홍무제의 처지에서 본다면 조선을 사대 질서 안에 포함하는 일은 동아시아의 패권을 장악하는 데 있어 매우 중요한 일이었다.

그런데 세종(재위 1418~1450)은 명이 있는 북쪽을 향해 군대를 움직여 4군 6진을 개척하였다. 명의 반발이 예상되는 상황에서 어떻게 영토를 확장할 수 있었을까? 이를 알기 위해서는 우선 세종이 즉위한 해 1418년이 명나라 홍무제가 죽은 지 20년이 지난 시점이라는 것을 눈여겨봐야 한다. 세종의 즉위 시기는 동아시아 질서가 이미 명나라를 중심으로 재편이 완료

◆홍무제

1328년 가난한 소작농의 여섯째로 태어나 탁발승이 되었다가 홍건적의 난에 가담하였다. 이후 자신의 능력으로 세력을 구축한 홍무제는 원을 북쪽으로 내쫓고 명나라를 세웠다. 홍무제는 유교를 국가 운영의 토대로 삼고, 왕권 강화를 위해 호유용의 옥(3만 명 사살), 남옥의 옥(2만 명 사살)을 일으켜 폭군의 면모를 보였다. 그러나 치수공사와 농업장려정책 등 민생 문제 해결에 큰 노력을 기울인 결과, 농업 생산량을 크게 향상시켜 식량 부족 문제를 해결하였다.

된 시점이었다. 특히 조선은 다른 나라보다 적극적으로 명나라를 상국으로 모시며 친분을 쌓았다. 명의 처지에서 보면 조선은 위험 국가라기보다는 주변국의 모범이 되는 나라였다.

오히려 조선과 명에 침입하여 노략질하던 여진족이 말썽이었다. 조선은 여진족을 달래기 위해 귀화한 여진족에게 관직과 토지를 주었고, 무역소를 통해 부족한 물자를 제공하였다. 그런데도 여진족은 조선에 넘어와 노략질을 일삼았다. 명나라도 여진족의 침략에 인명이 다치고 재물을 빼앗기고 있다는 점에서 조선과 크게 다르지 않았다.

하지만 조선과 명은 여진족에 대한 대처 방식이 달랐다. 조선의 역대 왕이 홍무제의 눈치를 보며 북방 개척을 조심스럽게 전개했던 것과는 달리 세종은 무력을 통한 여진족 정벌을 강력히 주장하였다. 명은 오랑캐는 오랑캐로 막는다는 이이제이로 조선이 여진족을 토벌하기를 원하였다. 명의 의도를 파악한

◆4군 6진
* 4군: 세종 3년(1421) 최윤덕의 건의로 압록강 상류의 여연, 자성, 무창, 우예 지역을 정복하였다.
* 6진: 세종 16년(1434)부터 10여 년 동안 김종서가 두만강 하류의 종성, 온성, 회령, 경원, 경흥, 부령 지역을 정복하였다.

세종은 여진족을 내쫓고 영토를 확장할 이 좋은 기회를 놓칠 수가 없었다. 세종은 최대한 명을 자극하지 않기 위해 여진 토벌이라는 명분을 내세우며 두만강과 압록강까지 영토를 확장하였다. 이것이 4군 6진 개척이다.

그러나 농경지 부족과 추위 그리고 안전에 대한 불안으로 백성들은 4군 6진에 거주하려고 하지 않았다. 이에 세종은 삼남 지방의 주민들을 강제로 이주시키는 사민 정책과 함께 토착민을 토관으로 임명하여 민심을 다독인 결과 영구히 우리의 영토로 만들 수 있었다. 주변국의 정세를 살펴 영토를 크게 확장했던 외교 전략과 국익을 위해서라면 악역도 감수했던 세종의 정책은 우리에게 시사하는 바가 크다.

◆조선 전기의 대외 관계	
명	사대외교 – 조공과 명의 연호 사용을 통해 경제적·문화적 실리 추구
여진	교린정책 – 4군 6진 개척, 무역소 설치
일본	교린정책 – 대마도 정벌, 3포 개항, 왜관 설치, 통신사 파견

★ 한눈에 보는 역사

시대별 국경선	
통일신라	대동강 어귀~원산만
고려 태조 왕건	청천강 어귀~영흥만
서희의 외교	흥화진 등 강동 6주 획득
거란 침입 이후 천리장성 축조	압록강 어귀~도련포
공민왕	압록강 중류~길주(쌍성총관부 탈환)
조선 세종	4군 6진(현재의 국경선)

53 세종대왕은 왜 장영실을 버렸을까?

· 조선
장영실
중요도 : ★★★★

조선 시대 세종대왕을 떠올리면 함께 생각나는 사람이 장영실이다. 세종대왕은 자신이 꿈꾸는 세상을 만들기 위해 수많은 아이디어를 내놓았고, 그것을 세상에 존재하는 물건으로 만들어 낸 것이 장영실이다. 어찌 보면 세종대왕의 수많은 업적은 장영실이라는 뛰어난 장인이 없었다면 이 세상에 등장하지 못했을 것이다.

장영실(1390년경~?)은 부산 동래의 관노 출신으로 태어났다. 아버지는 원나라 소주 또는 항주 출신이고 어머니는 관청에 소속된 기생으로, 태어나는 순간부터 장영실은 노비라는 천한 신분이었다. 선택의 여지도 없이 장영실은 남들이 꺼리는 험한 일을 하면서 여러 기구를 다루었는데, 못 고치는 물건이 없었다. 얼마나 손재주가 좋았는지 한양에 있는 태종 이방원에게까지 장영실의 이름이 알려졌다. 태종은 장영실을 가까이 두고 활용하기 위해 서울로 불러들였다. 동래에서 궁궐로 소속이 바뀐 장영실은 철을 다루는 제련과 축성·농기구·무기 제조 등 다양한 방면으로 뛰어난 재주를 보이며 차기 왕인 세종의 눈에도 띄었다.

세종은 장영실을 활용하기 위해 1421년 중국으로 유학을 보내 명나라의 과학기술을 배우게 하였다. 중국에서 유학하고 돌아온 장영실은 이후 궁궐의 재물과 보물을 관리하는 상의원 별좌가 되면서 천민이라는 신분에서 벗어났다. 이것은 세종의 굳은 의지와 장영실의 능력 그리고 신분 이동이 가능했던 조선 초였기에 가능한 일이었다. 천민의 신분을 벗어던진 장영실은 1434년 시간을 자동으로 알려주는 자격루를 만들어내면서 세종의 총애를 듬뿍 받았다. 자격루를 만든 이후로도 간의대·앙부일구·옥루 등 천체와 관련된 기구를 제작하며 대호군이라는 직책까지 올랐다.

왜 세종은 장영실에게 천체와 관련된 기구를 만들도록 한 것일까? 조선은 공식적으로는 중국 명나라와 사대 관계를 맺은 제후국이었다. 하늘에 제사를 지내고 시간과 날짜를 계산하는 역법은 오직 천자의 나라인 명나라만 할 수 있는 일이었다. 고려 시대 황제의 나라에서 중국과 사대 관계를 맺은 제후국으로 전락한 조선의 모습에 끊임없이 제기되는 불만은 세종에게 큰 부담이었다. 그렇다고 황제만이 주관할 수 있는 하늘을 향한 제사를 지낼 수도 없었다. 자칫하면 명의 질서를 거부하고 황제가 되겠다는 의지로 보일 수 있었다. 그런 상황에서 세종은 제천 행사의 대안으로 천체를 관측하여 한양을 기준으로 하는 시간과 날짜를 설정하는 일에 몰두하였다. 이는 대내적으로 조선의 왕이 천자의 위치에 있음을 보여주고, 대외적으로는 농업 장려를 위한 활동이 되었다.

그러나 당시 조선의 과학 수준과 기술로는 한양을 기준으로 하는 역법을 만들어내는 것은 불가능하였다. 자국의 영토를 기

◆사료 보기

영실의 사람됨이 비단 공교한 솜씨만 있는 것이 아니라 성질이 똑똑하기가 보통 사람보다 뛰어나다. 매일 강무(왕과 신하들이 사냥을 하는 행사)할 때에는 나의 곁에 두고 내시를 대신하여 명령을 전하기도 하였다. 그러나 어찌 이것을 공이라고 하겠는가? 비록 나의 가르침을 받아서 자격루를 만들었지만, 이 사람이 아니었다면 결코 만들어내지 못했을 것이다.

출처: 《세종실록》

준으로 역법을 계산할 수 있는 나라는 당시 아라비아와 중국 밖에 없었다. 그렇다고 명나라에서 역법을 배울 수도 없었다. 명나라가 알려줄 리도 없지만, 잘못하면 사대 관계를 부정하는 일이 되어 여러 어려움을 겪을 수도 있었다. 그런 상황에서 장영실이라는 뛰어난 인재가 문제를 해결해주었으니 세종의 입장에선 더할 나위 없는 고마운 존재였다.

이처럼 세종의 총애를 받던 장영실이지만, 마지막은 너무나 허무하였다. 1442년 장영실은 임금이 타는 가마 만드는 일에 제작 감독으로 참여하였다. 그런데 세종이 탄 가마가 부서졌고, 그 죄로 장영실은 곤장 80대를 맞고 유배를 떠났다는 기록만 남기고 역사에서 갑자기 사라져버렸다. 장영실은 큰 업적을 세우면서 천민에서 고관대작이 되는 인생 역전을 이루었지만 결말은 좋지 않았다. 세종의 총애를 받았던 장영실이 왜 버려졌는지 아직도 많은 사람이 그 이유를 알지 못한다.

◆사료 보기
대호군 장영실이 안여(임금이 타는 가마) 만드는 것을 감독하였는데, 튼튼하지 못하여 부러지고 허물어졌다. 이에 의금부에 내려 국문하게 하였다.
출처:《세종실록》

15세기 조선의 과학과 기술	
토지 측량	규형
역법	칠정산
의·약학	《향약집성방》, 《의방유취》
천문·기상	혼의, 간의, 측우기, 해시계 등
수학	《상명산법》, 《산학계몽》: 아라비아 수학의 영향

54

연산군은 왜
무오사화를 일으켰을까?

· **조선**
사화
중요도 : ★★★★★

조선 시대의 대표적인 폭군을 떠올리면 제1순위가 연산군(1476~1506)이다. 연산군과 더불어 폭군의 대명사였던 광해군의 경우 최근 역사적 재평가가 이루어지면서 폭군의 이미지가 많이 약해졌다. 하지만 연산군은 여전히 폭군이라는 이미지가 사라지지 않고 있다.

초창기 국정 운영을 잘하던 연산군은 왜 폭군이 되어야 했을까? 그 시작은 연산군의 아버지인 성종의 여인 관계로 올라가야 한다. 성종의 첫 번째 부인이자 한명회의 딸이었던 공혜 왕후가 18살의 나이로 죽자, 신숙주의 조카였던 후궁 윤씨가 중전이 되었다. 보통 왕후가 죽으면 계비를 새롭게 뽑는 것이 관례였다. 그런데 성종이 관례를 지키지 않으면서 왕실의 여인들과 종친들로부터 많은 질책을 받았다.

서로가 아무리 사랑해도 주변 여건이 도와주지 않으면 사랑을 오래 지속하기 쉽지 않다. 성종과 윤씨도 예외는 아니었다. 둘은 연산군을 낳으면서 사이가 점점 멀어져갔다. 윤씨는 성종의 사랑을 갈구하며 집착하였고, 성종은 윤씨의 집착이 싫었다. 결국 둘은 크게 싸우게 되었고, 그 와중에 윤씨가 성종의 얼굴에 손톱자국을 내었다. 왕의 얼굴에 상처를 낸 것은 매우 큰 죄여서 윤씨는 궁궐에서 쫓겨났고, 종내에는 사약을 먹고 죽었다. 성종은 주위 사람들에게 윤씨가 사약을 먹고 죽은 사실을 연산군에게 알리지 못하도록 하였다. 그러나 간신배의 밀고로 비밀은 지켜지지 않았다. 어머니 윤씨가 억울하게 죽었다는 사실에 연산군이 충격을 받고, 온갖 패륜적인 행동을 일삼다가 왕위에서 내쫓긴 것으로 우리는 알고 있다. 어머니의 죽음으로 폭군이 되었다는 것은 드라마로서 극적인 상황을 연출하여 시청자에게 재미를 줄 수는 있다. 하지만 개인적인 원한으로 폭군이 되어 나라를 망쳤다는 사실이 쉽게 이해되지 않는다.

연산군의 폭정 원인은 어머니의 억울한 죽음에 있다기보다는 강력해진 왕권에 제약을 거는 신하에 대한 연산군의 개인적인 보복으로 보는 것이 훨씬 타당하다. 조선은 건국 이후 왕이 주도권을 갖는 육조직계제와 대신들이 주도권을 갖는 의정부 서사제로 끊임없이 다투어 왔다. 이를 절충하여 왕권과 신권을 균등하게 맞춘 인물이 성종이다. 성종은 사간원, 사헌부, 홍문관 삼사에 왕과 훈구 대신을 견제할 수 있는 사람을 중앙으로 불러들였다. 훈구파에 비해 깨끗했던 사림파는 성리학의 원리원칙에 맞지 않는 부정된 일이라면 왕과 대신들에게 간언하는 것을 주저하지 않았다. 성종이 삼사의 의견을 늘 존중하는 가운데, 훈구파의 한명회와 같은 거물이 죽자 사림의 발언권은 점차 강해졌다.

그런데 19살의 어린 나이로 즉위한 연산군은 사림파의 말

◆사료 보기(조의제문)

꿈에 신선이 나타나 "나는 초나라 회왕(懷王)인데 항우에게 살해되어 강에 버려졌다."라고 말하고 사라졌다. 잠에서 깨어나 생각해보니 회왕은 중국 초나라 사람이고, 나는 조선 사람으로 거리가 만 리나 떨어져 있는데 꿈에 나타난 징조는 무엇일까? 역사를 살펴보면 시신을 강물에 버렸다는 기록이 없으니 아마 항우가 회왕을 죽이고 시체를 강물에 버린 것인지도 모른다. 이제야 글을 지어 의제를 조문한다.

출처: 《연산군일기》

에 귀를 기울이지 않았다. 성왕과는 달리 적장자로 정통성을 갖고 있던 연산군은 왕의 잘못을 간하는 삼사의 행동이 내심 불편하고 불쾌하였다. 아버지인 성종이 대간들에게 끌려다니던 모습도 못마땅하던 차에, 자신마저도 길들이려는 대간들의 행동이 왕을 능멸하는 것이라 생각하였다. 한 예로 연산군이 조선 건국 이후 해오던 방식대로 돌아가신 아버지 성종을 위해 불교 의식인 수륙제를 올리려 하였다. 이에 대간들이 벌떼같이 모여들어 있을 수 없는 잘못된 행동이라고 비판하였다. 연산군은 이를 자신과 선왕 모두를 모독하는 것이라 여기며 마음속에 담아두었다.

연산군의 보복은 1498년 무오사화부터 시작하였다. 1498년《성종실록》을 편찬할 때, 실록청 당상관이던 이극돈이 연산군에게 김일손이 사초에 삽입한 김종직의 조의제문은 세조

◆사료 보기

유자광이 김종직의 문집에서 조의제문의 내용을 지적하면서 "이는 다 세조를 지목한 것이다. 김일손의 악은 모두가 김종직이 가르쳐서 이루어진 것이다."라고 하였다. 왕께 아뢰기를 "김종직이 우리 세조를 헐뜯었으니 그 부도덕한 죄는 마땅히 대역으로 논해야 하고, 그가 지은 다른 글도 세상에 남아 있으면 안되니, 모두 불태워버리소서."라고 하니 왕이 이를 허락하였다.

출처:《연산군일기》

의 찬탈을 비방한 것이라고 고해바쳤다. 이는 세조에서부터 연산군에 이르는 모든 왕을 부정할 수 있는 매우 심각한 문제였다. 연산군은 조의제문을 크게 문제 삼아 사형 6명, 유배 31명, 파직·좌천 15명으로 총 52명에게 죄를 묻는 무오사화를 일으켰다.

무오사화를 시작으로 연산군은 국가의 공권력을 사유물로 삼아 국정을 농단하면서 많은 사람을 해치고 아프게 하였다. 결국 연산군은 1506년 중종반정으로 왕위에서 쫓겨나 강화도 교동에서 31살의 젊은 나이로 생을 마감하였다.

★ 한눈에 보는 역사

15세기 조선의 과학과 기술		
무오사화(1498)	연산군	훈구 세력이 김종직의 '조의제문'을 문제 삼아 사림 축출
갑자사화(1504)	연산군	연산군이 생모 폐위 문제로 훈구 세력과 사림 제거
기묘사화(1519)	중종	조광조의 개혁정치에 대한 공신들의 반발로 사림 축출
을사사화(1545)	명종	외척 간의 권력 다툼으로 사림이 피해를 입음

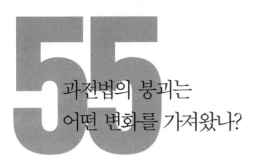

55 과전법의 붕괴는
어떤 변화를 가져왔나?

· 조선
과전법의 변천
중요도 : ★★★

조선 중기까지 우리나라는 관리들에게 수조권을 부여하는 방식으로 복무의 대가를 지급하였다. 수조권이란 백성들이 국가에 내야 할 세금을 관리가 징수하여 가져가는 제도였다. 고려 시대 전시과가 전국의 토지를 대상으로 세금 징수권을 관리들에게 부여했던 것과는 달리 고려 말에 시행된 과전법은 경기도로 국한하였다.

과전법은 고려 말에 시행되었지만, 실제로는 조선의 토지 정책이었다. 조선을 개국하기 위한 사전작업으로 건국에 참여한 전·현직 관리에게 수조권을 지급하고, 반대하는 사람의 재산은 몰수하는 과정을 통해 여말 세력 교체를 꾀한 정책이었다.

이로써 권문세족의 사전이 줄어들고 국가가 소유하는 공전은 늘어났다. 백성들도 여러 명의 전주(수조권을 가진 사람)에게 내던 세금을 한 사람에게만 납부하면서 삶에 여유가 생겼다.

전시과 체제에선 수조권이 반납되지 않아 폐해가 발생했었기에, 과전법은 관리가 사망하면 무조건 반납하도록 만들었다. 하지만 과전법도 수신전(죽은 관료의 아내에게 지급하는 토지)·휼양전(죽은 관료의 자식들에게 지급하는 토지)·공신전을 이용해 자손에게 물려주는 편법이 남발하였다. 여기에 개국공신과 정변공신에게 나누어 주는 공신전은 별도로 세습이 가능하였다.

결국 수조권을 지급하는 지역을 경기도에 한정시켜 놓은 과전법은 세습되는 토지가 계속 늘어나자 문제가 발생하기 시작

◆사료 보기

공양왕 3년 도평의사사가 과전을 주는 법을 정하여 요청하니 왕이 따랐다. (중략) 경기는 사방의 근본이니 마땅히 과전을 설치하여 사대부를 우대한다. 무릇 경성에 살며 왕실을 시위하는 자는 고하에 따라 과전을 받는다. 토지를 받은 자가 죽은 후 그의 아내가 자식이 있고 수신(개가하지 않고 수절)하는 자는 남편의 과전을 모두 물려받고, 자식 없이 수신하는 자의 경우는 반을 물려받는다. 부모가 모두 사망하고 그 자손이 유약한 자는 휼양전으로 아버지의 과전을 전부 물려받고, 20세가 되면 본인의 과에 따라 받는다.

출처:《고려사》

하였다. 세조는 관리에게 나누어 줄 토지가 부족해지자, 1466년 수신전과 휼양전을 폐지하고 현직 관리에게만 토지를 지급하는 직전법을 시행하였다.

하지만 과전법의 폐단은 사라지지 않았다. 관료들은 농민들에게 수확량의 1/10을 징수하고, 여기에서 1/15을 국가에 납부하는 원칙을 잘 지키지 않았다. 현직에 있을 때 더 많은 재물을 축적하기 위해 불법적으로 더 많은 양을 농민에게서 거두어들였다. 그리고 농민을 강제 동원하여 개간한 토지를 불법 점유하거나, 권력을 이용하여 농민들의 토지를 빼앗았다. 여기에 그치지 않고 자신의 토지를 노비에게 경작시키거나, 땅을 소유하지 못한 농민에게 경작시킨 뒤 수확량의 절반을 가져가는 병작반수제를 경영하였다.

수탈을 견디지 못하고 농토를 떠나 유랑하는 농민들이 많아지자 성종은 관수관급제를 시행하였다. 농민이 관청에 직접 조세를 내면 국가가 관료들에게 급료를 지급하는 방식이었다. 하지만 관수관급제도 원칙에 맞게 운영되지 않았다. 국가에서 관리들의 수조권을 제약할수록 관료들은 사적 소유를 넓혀 손해를 메우려는 움직임으로 대응하였다.

결국 명종에 이르러 수조권을 부여하는 방식이 사라지고 국가에서 녹봉만을 지급하였다. 양반 관료들이 더는 수조권을 행사하지 못하게 되자, 권력을 이용한 불법 행위로 농민의 땅을 빼앗기 시작하였다. 자영농이 줄어들자 국가는 정해진 조세보다 더 많은 세금을 백성들에게 강제적으로 걷어 들였다. 세금을 견디지 못하고 땅을 떠나 도망치는 백성들이 늘어날수록, 군역의 감소로 국방력은 약해졌다. 명종 대에 임꺽정과 같은 도적들이 들끓고, 임진왜란 당시 군인이 없어 고전을 면치 못했던 배경에는 토지 붕괴가 있었다.

★ 한눈에 보는 역사

조선 시대 토지 제도의 정비와 변화	
과전법	경기 지방 토지에 한하여 전·현직 관리에게 수조권 지급
	신진 사대부의 경제 기반 확보, 농민 경작권 보장, 재정 확충
직전법	현직 관리에게만 수조권 지급
관수관급제	관리의 수조권 남용 방지
직전법 폐지	녹봉만 지급

56

사림파가 중용되었던 이유는 뭘까?

> **·조선**
> 사림의 등장
> 중요도 : ★★★★★

조선 초 정도전을 중심으로 부국강병을 목표로 성리학에 국한되지 않던 사람들과 후손을 '훈구파'라고 한다. 반면 정몽주의 뜻을 계승하여 조선 건국에 반대하고 지방에서 도덕 정치와 왕도 정치를 주장하던 사람들과 후손을 '사림파'라 한다.

훈구파는 건국 초기 국가 경영에 도움이 된다면 어떤 것이라도 수용하면서 문물과 제도를 발전시켰다. 그러나 여러 번의 정변을 거치면서 훈구파는 권력과 부를 독점하는 특권계층으로 변화되었다. 훈구파는 고려가 해결하지 못하던 문제를 해결하고 부국강병을 이루겠다는 초창기의 의지는 사라지고 부패하기 시작하였다. 이들은 능력만 있으면 신분 상승이 가능했던 조선 초의 개방적인 구조를 막고, 자신들만이 관직을 독점하기 위해 중인과 상민들이 문과 시험에 응시하지 못하도록 하였다.

경제적으로는 수조권이 축소되고 사라지자, 직접 토지를 소유하는 대지주로 변모하였다. 백성을 간척 사업에 강제 동원하여 개인의 토지를 넓히거나, 고리대를 통해 자영농의 토지를 빼앗았다. 그리고 땅을 빼앗긴 농민을 자신의 소작농으로 만들어 인적 지배를 꾀하였다. 이런 행동은 왕권을 약화시켰지만, 왕에게는 강력한 실권을 가진 훈구파를 제어할 힘이 없었다.

그래서 왕이 생각해낸 방법이 지방에 있는 사림파를 중앙 정계로 끌어들이는 일이었다. 사림파는 늘 도덕 정치를 강조해 왔기에 잘못을 저지르는 훈구파를 비판하고 견제하는 데 효과적인 대안이 될 수 있었다. 사림파도 대지주인 훈구파가 지방으로 진출하여 자신들의 토지를 빼앗으려는 행동에 위기감을 느끼던 차였기에 왕이 내미는 손길은 달콤하였다. 그리고 자신들이 꿈꾸던 도덕 정치를 하면서 경제적 이권을 지킬 기회를 사림파가 놓칠 리가 없었다. 성종을 시작으로 김종직을 비롯한 많은 사림이 삼사에 들어와 언간 활동으로 훈구파의 비리를 계속 밝혀내고 처벌을 주장하였다. 실권을 가지고 있던 훈구파들이지만, 올바른 소리를 하는 사림파를 노골적으로 처벌하거나 내칠 수는 없었다.

사림파는 훈구파의 잘못만 논하는 것이 아니라, 왕의 잘못도 지적하며 왕도 정치를 요구하였다. 훈구파들은 실록을 편찬하는 과정에서 연산군에게 사림파들이 세조를 비난하고 역대 왕들을 욕보였다고 주장하며 누명을 씌웠다. 이에 연산군은 무오사화를 일으켜 사림을 조정에서 내쫓았다.

중종 대에는 조광조가 추천받은 자를 관직에 임용하는 현량과를 시행하고, 훈구파의 위훈을 삭제하는 과감한 개혁을 하였다. 훈구파는 조광조를 중심으로 하는 사림파에 의해 모든 권력을 잃어버릴 위기에 처하였다. 하지만 조광조의 거침없는 비판이 중종에까지 이어졌다. 중종은 기묘사화를 일으켜 조광조와 그를 따르는 사림파를 제거하면서 사림파는 큰 타격

◆사료 보기

공론이 조정에 있으면 그 나라가 다스려지고, 공론이 백성들에게 있으면 그 나라가 어지러워지며, 만약 위아래 모두 없으면 그 나라는 망합니다. (중략) 오늘 조정에 공론이 신장되지 않으므로 민가에서 과연 시비를 의논하는 자가 있습니다. 이것은 선비로 자처하는데 잘못되었습니다. 그 자리에 있지 않고서 그 정치를 논의해서는 안 됩니다.

출처: 《율곡전서》

을 입었다.

그런데도 사림파들이 16세기에 들어오면 훈구파를 내쫓고 조선을 운영하는 중심 세력으로 성장하게 된다. 여기에는 서원과 향약이라는 기반이 있었기에 가능하였다. 자신들이 가진 권력과 부만 믿고 노력을 게을리하던 훈구파들은 과거 시험에 합격하는 비율이 점차 낮아졌다. 반면 사림파들은 서원을 통해 인재를 끊임없이 양성하였고, 삼사를 중심으로 중앙 관직에 진출하여 훈구파를 위협하였다. 여기에 조광조가 시행한 향약은 지방민을 통제하며 훈구파의 횡포를 막는 역할을 하였다. 그리고 향촌민을 교화하고, 향촌 질서유지 및 치안을 담당하며 백성들의 의견을 중앙정부에 전달하였다. 그 결과 인재양성과 백성의 의견을 수렴하고 전달하는 과정에서 사림은 새로운 사회의 주역으로 당당히 등장할 수 있었다.

◆향약 4대 덕목
① 덕업상권(德業相勸): 덕업을 서로 권한다.
② 과실상규(過失相規): 과실을 서로 규제한다.
③ 예속상교(禮俗相交): 예속을 서로 교환한다.
④ 환난상휼(患難相恤): 환난을 서로 돕는다.

★ 한눈에 보는 역사

조선 15~16세기 정치 변화	
15세기 말	사림의 대두: 김종직 이후 중앙 정계에 사림 진출
16세기 전반	훈구와 사림의 대립: 4차례의 사화로 사림이 큰 타격을 받음
16세기 후반	사림의 정치 주도권 장악: 서원과 향약을 통해 사림의 세력 확대 붕당정치의 시작: 사림 간의 분열과 대립 시작

57

소수서원, 사액서원, 백운동서원의 차이점은?

조선 시대 서원은 국가 운영에 필요한 인재를 육성하고, 백성과 유생들의 이야기를 정부에 대변하는 역할을 담당하였다. 특히 서원은 중국의 공자와 주자보다 우리나라 선현(뛰어난 유학자)을 기리고, 그들의 학문과 학풍을 배우고 익히는 공간이었다는 점에서, 자주적이고 주체적인 모습을 가지고 있었다.

조선 후기 전국에 1,000여 개가 있을 정도로 많았던 서원은 경상도 영주에서 시작되었다. 영주는 고려 후기 성리학을 들여온 안향(1243~1306)의 고향이었다. 안향은 원나라에서 접한 성리학이 고려에 필요한 학문이라 여기고, 주자서를 베껴와 국내에 섬학전을 세워 성리학 보급에 힘썼다. 이후 성리학은 고려 말의 여러 문제를 해결하고 조선을 건국하는 사상적 배경이 되었다. 조선 중기 도덕 정치를 강조하며 권력을 잡은 사림파들에게 안향을 위한 사당 건설은 당연히 해야만 하는 중요한 일이었다.

1543년 풍기 군수 주세붕이 영주에 안향을 배향하는 사당을 지으면서 백운동서원이 시작되었다. 처음에는 교육의 목적이 아니라 안향의 영정을 모시는 일이 더 중요하였다. 그러나 수령으로서 해야 하는 교육 진흥을 위해 주세붕은 사당 옆에 학생이 공부할 수 있는 공간을 따로 마련하였다. 그리고 중국 백록동 서원이 있던 여산(廬山) 못지않게 구름이 계곡을 덮는다는 의미로 백운동(白雲洞)서원이라 불렀다.

백운동서원이 국가로부터 공인받고 널리 알려지게 된 것은 1548년 풍기 군수로 온 퇴계 이황(1501~1570)의 노력이 컸다. 이황은 백운동서원의 활동을 살펴보면서 전국으로 보급할 만한 가치가 있다고 판단하였다. 훈구파들에 의해 국가 기능이 붕괴하는 것을 막기 위해서는 뛰어난 선현을 모시고, 후학들과 같이 국정의 올바른 길에 대해 논의해야 한다고 생각하였다.

이황은 경상도 관찰사 심통원을 통해 백운동서원에 사액을 내려달라는 글을 올렸다. 사액(賜額)은 왕이 서원의 이름을 지어주고 노비, 서책, 토지 등을 지원해주는 것을 말한다. 왕의 입장에서 서원이 향촌을 통제하고 국가에 필요한 인재를 양성한다는 데 굳이 반대할 이유가 없었다. 더욱이 많은 유생의 존경을 받는 이황이 올린 건의였기에, 즉위한 지 얼마 되지 않은 명종(재위 1545~1567)은 자신이 학문을 숭상하고 인재를 우대한다는 인식을 신하와 유생들에게 보여주는 것이 국정 운영에 도움이 된다고 판단하였다.

서원의 이름을 구하던 명종은 대제학이던 신광한이 제안한 "이미 무너진 유학을 다시 이어 닦는다.(旣廢之學 紹而修之)"라는 뜻을 담은 '소수'라는 이름을 선택하였다. 그리고 1550년 '소수서원(紹修書院)'이라고 쓴 현판과 함께 서원에 각종 지원을 아끼지 않았다. 이로써 백운동서원은 조선 최초의 사액서원이

◆사료 보기

안향이 살던 동네에 가르침을 일으키고자 한다면 반드시 안향부터 비롯해야 할 것이다. 내가 변변치 못한 위인으로 태평한 세상을 만나 이곳의 군수가 되었으니 한 고을을 맡은 임무를 다하지 않을 수 없다. 이에 마음과 힘을 다하여 감히 사묘를 세우고 서원을 설치한다.

출처:《무릉잡고》

되어 국가로부터 노비, 서책, 토지를 지급받았고, 학생들은 공부에만 전념할 수 있도록 면세와 면역의 특권이 주어졌다.

백운동서원이 국가로부터 문묘와 교육의 기능을 인정받고 지원받으면서, 소수서원으로 이름이 변경된 것이다. 백운동서원과 소수서원은 같은 서원으로 고유명사다. 반면 사액서원은 국가로부터 지원을 받는 서원이란 의미의 일반명사로 전국적으로 많이 있다. 사액서원을 백운동서원·소수서원의 또 다른 이름으로 인식해서는 안 된다.

◆사료 보기

풍기 군수 이황은 삼가 목욕재계하고 관찰사 합하께 글을 올립니다. (중략) 이 고을에 백운동서원이 있는데 전 군수 주세붕이 이를 창건하였습니다. (중략) 우리나라의 교육방법은 한결같이 중국 제도를 따라 중앙에는 성균관과 4학이 있고 지방에는 향교가 있으니 가히 좋은 일이나, 유독 서원만은 설치했다는 말을 들은 적이 없으니 우리 동방의 큰 결점입니다.

출처:《퇴계전서》

★ 한눈에 보는 역사

조선 시대 교육기관	
성균관	조선 최고의 교육기관 우수 학생 대과의 초시 면제
4학	중등 교육기관(중앙)
향교	중등 교육기관(지방) 평민 입학 가능
서당	초등 교육 담당 평민 입학 가능
서원	사림의 정치적·학문적 기반 인재 교육, 향촌 교화 향음주례: 선비와 유생들이 서원에 모여 술을 마시며 잔치를 하는 향촌 의례

58

세시 음식에는
어떤 역사가 담겨 있을까?

> **· 조선**
> 세시풍속
> 중요도 : ★★★

조선은 농업을 국가의 가장 큰 사업으로 여기고 장려하였다. 농사는 계절 변화에 민감하게 반응하기에 태양의 위치에 따라 1년을 24절기로 나누어 활용하였다. 자연스레 24절기는 매년 새로운 일을 시작하는 기준점이 되면서 농민들에게 매우 중요한 날이 되었다. 절기마다 어떤 마음가짐을 가지고 임하느냐에 따라 삶이 큰 영향을 받는다고 생각하였다. 24절기 외에도 설과 한식 그리고 단오와 추석을 4대 명절로 삼았다. 이를 합쳐 세시(歲時)라 하며 이때 행하던 의식과 놀이를 세시 풍속이라고 한다. 그리고 세시 풍속에 맞추어 선조들은 음식을 만들어 먹었는데, 이를 세시 음식이라고 한다. 이 중에는 조선의 왕과 관련된 음식이 여럿 있다.

세시 음식 중 하나인 조랭이떡은 개성 지방에서 즐겨 먹던 음식으로 흡사 땅콩을 까기 전 모습 또는 눈사람처럼 생겼다. 조랭이떡이 만들어진 데에는 여러 전설이 내려오는데 그중에서도 널리 알려진 것이 태조 이성계와 관련된 내용이다. 이성계가 세운 조선이 오래가지 않아 무너지리라 생각하고 지방으로 내려간 고려 충신들이 많았다. 이들은 조선을 무너뜨릴 명분을 기다리며 고려 왕족에게 충성을 맹세하고 있었다. 이에 불안한 이성계는 고려 왕족과 고려에 충성을 맹세한 이들을 대거 죽이기 시작하였다. 고려 왕족은 죽음을 면하기 위해서 왕(王)씨를 옥(玉)·전(全)·전(田) 등 한자를 조금씩 변형하는 방법으로 성씨를 바꾸었다. 고려 왕족이 성을 바꿔야 살아남을 수 있었던 아픔과 고통을 기억하기 위해 개성 사람들은 가래떡 끝을 비틀어

◆우리가 잘 아는 24절기

입춘(立春)	2월 4일 또는 5일	봄의 시작
춘분(春分)	3월 20일 또는 21일	낮이 길어짐
하지(夏至)	6월 21일 또는 22일	낮이 연중 가장 긴 시기
입추(立秋)	8월 7일 또는 8일	가을의 시작
입동(立冬)	11월 7일 또는 8일	겨울 시작
동지(冬至)	12월 21일 또는 22일	밤이 가장 긴 시기

잘라버리며 조선에 대한 복수를 다짐했다고 한다. 이때 끝이 비틀리며 만들어진 떡이 오늘날 조랭이떡이 되었다고 한다.

또 다른 이야기로는 뛰어난 상술로 만상·내상·경강상인과 더불어 조선 경제를 주무르던 개성상인과 관련되어 있다. 송상이라 불리는 개성상인은 의주의 만상이나 동래의 내상과 함께 중국 청나라와 일본과의 무역을 담당하였다. 그들은 우리나라를 상징하는 인삼과 홍삼을 주요 물품으로 삼아 다양한 물건을 사고팔면서 큰 이익을 남겼다. 그래서 개성 사람들은 설이 되면 엽전 꾸러미처럼 생긴 조랭이떡국을 먹으며 한 해 동안 많은 돈을 벌 수 있기를 기원하였다.

많은 사람이 즐겨 먹는 대표적인 인절미도 조선 시대 인조와 연관된 세시 음식이다. 광해군을 내쫓고 왕이 된 인조가 공신을 책봉하는 논공행상에서, 이괄이 제대로 된 처우를 받지 못했다고 불만을 품었다. 이괄은 결국 참지 못하고 난을 일으켜 한양을 점령하였다. 인조는 이괄에 제대로 된 반항도 하지 못한 채, 급하게 공주의 공산성으로 피난을 떠났다. 이때 임씨 성을 가진 농부가 피난 가는 인조에게 찰떡을 만들어 갖다 바쳤다. 인조는 도망가는 와중에서도 떡이 너무 맛있었다. 이처럼 쫀득하고 맛있는 떡의 이름이 너무 궁금하여, 주변에 물어

봤으나 아무도 그 이름을 알지 못하였다. 이에 인조는 임씨라
는 농부가 만든 떡(절미)이니 앞으로는 '임절미'라고 부르라고
하였다. 이때부터 인절미란 이름이 등장하였다.

　남녀노소 할 것 없이 즐겨 먹는 궁중 떡볶이는 떡과 함께 쇠
고기, 표고버섯, 양파 등 다양한 채소들을 간장 양념에 끓여
만드는 음식이다. 지금이야 비교저 싸게 먹을 수 있는 서민 음
식이지만 예전에는 왕실에서만 먹을 수 있는 고급 음식이었다.
조선 후기 고추가 들어오자 궁중 떡볶이는 빨간 떡볶이로 발전
하게 되었다. 고추의 색깔이 붉고 맛은 맵다 보니, 선조들은 떡
볶이를 먹으면 몸의 나쁜 기운과 귀신들을 쫓을 수 있다고 생
각하고 즐겨 먹었다. 이처럼 우리가 먹는 음식에는 재미난 사연
과 역사가 담겨 있는 것이 많다.

◆봄에 먹는 세시 음식

설	떡국
정월대보름	오곡밥과 묵은 나물 약밥과 부럼
2월 초하루	송편
3월 초사흘	진달래 화전
한식	찬 음식

★ 한눈에 보는 역사

세시			
절기	양력	특징	세시 풍속 및 음식
입춘	2월 4일경	봄의 시작	차례, 성묘, 오곡밥
우수	2월 18일경	봄비가 내리고 싹이 남	
경칩	3월 5일경	개구리가 잠에서 깨어남	머슴날, 콩볶기
춘분	3월 20일경	밤낮의 길이가 같음	
청명	4월 4일경	봄 농사 준비	화전놀이, 장 담그기
곡우	4월 20일경	농사에 필요한 비 내림	
입하	5월 5일경	여름의 시작	연등, 줄불놀이
소만	5월 21일경	실질적인 농사의 시작	
망종	6월 5일경	씨뿌리기	봉숭아물, 창포
하지	6월 21일경	일 년 중 낮이 가장 긴 날	
소서	7월 7일경	가장 더운 날	유두천신, 삼복
대서	7월 23일경	가을의 시작	
입추	8월 7일경	가을의 시작	백중놀이, 호미씻이
처서	8월 23일경	더위가 물러나고 일교차가 커짐	
백로	9월 7일경	이슬이 내리기 시작	벌초, 강강술래
추분	9월 23일경	밤낮의 길이가 같음	
한로	10월 8일경	찬 이슬이 내림	중양절
상강	10월 23일경	서리가 내림	
입동	11월 7일경	겨울의 시작	시제, 성주고사
소설	11월 22일경	눈이 내림	
대설	12월 7일경	큰 눈이 내림	동지고사, 동지차례
동지	12월 22일경	일 년 중 밤이 가장 긴 날	
소한	1월 5일경	일 년 중 가장 추운 날	묵은세배, 수세
대한	1월 20일경	겨울 큰 추위	

59 조선 시대 노비는 어떻게 살았을까?

· **조선**
신분제도
중요도 : ★★

조선 시대는 엄격한 신분제 사회였다. 조선 시대는 국가의 의무를 다하면서 당당한 주체로서 살아가는 양인과 사람 취급을 받지 못하고 동물처럼 매매·상속·양도·증여의 대상이 되는 천민이 있었다. 천민에서도 가장 대표적이고, 다수를 차지하는 계층이 노비였다.

노비는 소유주의 유형에 따라 왕실이나 관청에 소속된 공노비와 개인의 사유재산인 사노비로 나눌 수 있다. 공노비는 관청의 일을 하며 노동력을 제공하는 선상노비(選上奴婢)와 정해진 현물을 내는 납공노비(納貢奴婢)로 나뉜다. 공노비의 경우 사노비처럼 매매되거나 양도되는 경우가 적어서 보다 안정적인 삶을 살아갈 수 있었다.

반면 사노비는 주인의 집에 기거하면서 집안일과 농사를 짓는 솔거노비와 주인과 떨어져 농사를 지으며 현물로 몸값을 내는 외거노비로 나뉜다. 사노비 중 외거노비는 가정을 이루면서 주인의 토지 외에도 다른 사람의 논과 밭을 경작할 수 있었다. 자신의 노력 여하에 따라 얼마든지 여유로운 생활이 가능하였다. 그러나 주인과 함께 사는 솔거노비의 경우 자신만의 시간과 경제력을 갖는다는 것은 매우 어려운 일이었다.

그러나 외거노비나 솔거노비 모두 주인에 의해 언제든지 팔릴 수 있는 매매의 대상이었다. 대체로 남자 노비의 경우 시대에 따라 다르지만,《경국대전》에서 16~50세의 노비는 저화 4,000장, 16세 이하나 50세 이상의 노비는 3,000장으로 규정하고 있었다. 저화라는 단위가 오늘날 사용되지 않기에 쉽게 이해되지 않겠지만, 대략 소 한 마리와 남자 노비 2명의 값이 비슷하다고 생각하면 된다.

전반적으로 사노비가 공노비보다 생활환경이 열악했다. 그 이유는 재산으로 여겨져 매매가 이루어졌기 때문이다. 노비는 양반 지주들이 재산을 늘리는 수단이었기에, 마음씨 좋은 주인을 만나지 않는다면 평생을 고단하게 살 가능성이 높았다.

모든 사람의 인권이 존중되는 오늘날의 사회에서는 상상조차 할 수 없지만, 신분제 사회인 조선 시대 노비는 소나 말보다 훨씬 싸면서도 유용 가치가 좋은 재산이었다. 노비종모법에 따라 어머니가 노비인 경우만 자녀들이 노비가 되어야 했지만, 조선 시대 이 원칙은 잘 지켜지지 않았다. 부모의 한쪽이 노비면 자연스레 그들의 자식도 노비가 되는 것이 일반적이었다. 그래서 돈이 없어 결혼하지 못한 가난한 노총각에게 여자 노비를 아내로 주고, 자식을 낳으면 다시 여자 노비와 자식을 회수하는 경우가 많았다. 그럼 자연스레 여자 노비와 결혼했던 가난한 양인 남자도 스스로 양인을 포기하고 노비 생활을 자청했기 때문이다.

노비를 매매하는 것도 문제였지만, 주인이 노비의 생사여탈권을 쥐고 있었다는 것이 더 큰 문제였다. 주인이 노비를 죽여도 관청에 보고만 하면 아무런 처벌을 받지 않았다. 그렇다 보니 노비에게 어떤 학대를 하든 문제 될 것이 없었다. 중종 때

◆사료 보기

노비의 매매는 관청에 신고해야 하며 사사로이 몰래 사고팔았을 경우 관청에서 노비와 대가로 받은 물건을 모두 몰수한다.

출처:《경국대전》

홍언필의 처였던 송씨는 시기와 질투심이 많았다. 남편 홍언필이 아침에 물을 떠 온 여종의 손을 잡는 것을 목격하고는, 다음 날 여종의 손을 잘라 버렸다고 한다. 또한 홍언필이 윤삼계의 여종과 잠자리를 한 사실을 알게 되자 여종에게 심한 매질을 하고 빗으로 얼굴을 긁는 폭행을 저질렀다. 그러나 송씨는 어떠한 처벌도 받지 않았다. 오히려 의지와 기개를 겸비한 여장부로 평가받았다. 역사를 들여다보면 우리가 오늘날 살고 있다는 사실이 행복해질 때가 많다.

◆사료 보기

주인이 종을 죽인 일이 있어 세종이 이를 금하는 법을 엄하게 하고자 하였다. 변계량이 말하기를 "정치를 하는 데는 명분보다 중요한 것이 없습니다. 주인과 종 사이의 높고 낮음에도 명분이 있습니다. 무릇 법은 윗사람을 높이고 아랫사람을 억누르도록 해야 하는데….

출처: 《세종실록》

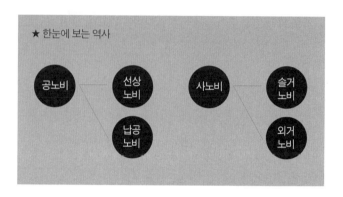

★ 한눈에 보는 역사

관혼상제가 어렵다고?

·조선
사회 풍습
중요도 : ★

조선은 성리학의 나라로 모든 일에 있어 의식과 절차를 매우 중요하게 생각하였다. 눈에 잘 보이지 않는 행동이 그 사람의 실제 모습을 보여준다고 생각했기에 양반들은 유교 원칙에 맞는 생활을 하고자 늘 큰 노력을 기울였다. 이러한 의식은 관혼상제(冠婚喪祭)로 표출되었고, 관혼상제의 형식과 절차를 제대로 알고 행하느냐로 사람의 됨됨이를 판단하였다. 시간이 흐를수록 조선 시대 양반들은 관혼상제와 관련된 의식과 절차를 매우 중요하게 여기며 규격화하고 제도화했다.

관례는 성인이 되었음을 주변에 알리고 축하받는 의식이었다. 보통 15~20세 전후로 관례를 치른 뒤, 성인으로 인정받고 여러 모임에 참석할 수 있는 자격을 얻었다. 관례를 앞둔 남성은 가족과 일가친척을 집으로 초청하여, 관례에 필요한 옷과 신발을 갖추어 입고 마당에 앉는다. 그러면 인근에 존경을 받는 사람이 관례를 치르는 남자의 머리를 빗겨준 후 관을 씌우고 더담을 해준다. 이 절차가 끝나면 성인이 된 청년이 집인의 사당에 인사하고, 관례를 봐준 분들에게 절을 올리는 것으로 관례가 마무리되었다. 여성의 경우는 혼례를 올리기 전 머리를 틀고 비녀를 꽂는 간단한 의식 절차로 관례를 마무리 지었다.

혼례는 남녀의 결혼식으로 문중 간의 결합을 상징하는 중요한 의식이었다. 혼례는 크게 의혼(議婚)·대례(大禮)·후례(後禮) 세 단계로 이루어졌다. 의혼은 혼인 날짜를 정하고 신랑·신부 측에서 예물과 폐백을 주고받는 절차다. 대례는 신부 집에서 신랑과 신부가 서로 마주 보고 절을 하고 술잔을 나누어 마신 뒤 신혼 첫날밤을 보내는 것으로 마무리된다. 후례는 첫날밤이 지나고 신부가 신랑 집으로 와서 일가친척에게 폐백을 올리고 인사하는 것을 말한다. 시간이 흘러 신부가 시댁에 적응하면, 비로소 친정에 인사하러 다녀올 수 있었다.

상례는 사람이 죽었을 때 행하는 의식 절차로 흉례(凶禮)라고도 부른다. 조선 시대에는 대체로 주희가 쓴 《가례(家禮)》를 바탕으로 행해졌는데 젊은 나이에 죽는 것을 흉상, 노인이 되어 죽는 것을 길상이라고 하였다. 사람이 죽으면 온몸을 주물러 일자가 되게 펴주고 가족들은 머리를 풀고 슬피 울며 애도를 표하였다. 이후 시신을 깨끗이 씻기고 머리카락과 깎은 손발톱을 관 속에 넣고, 죽은 이의 입속에 저승으로 갈 노자로 엽전이나 쌀을 넣어주었다. 입관 절차와 조문객의 방문이 끝나면 시신을 담은 상여가 장지를 향해 떠나는 발인을 거쳐 매장했다. 이후 자녀들이 삼년상을 치르면 상례는 마무리된다.

제례는 부모만이 아니라 선조들의 영혼을 살아생전과 같이 정성스레 모시는 의례로 사당제(祠堂祭)·사시제(四時祭)·이제(爾祭)·기일제(忌日祭)·묘제(墓祭) 다섯 가지가 있다. 제례의 경우 문중과 지방에 따라 의식의 절차와 방법이 많이 다르지만, 일반적으로 음식을 차려 놓고 술을 따른 뒤, 두 번의 절을 통해 선조의 혼령이 오기를 기다린다. 이후 제사에 참여한 모든 이가 절을 한 후 숟가락을 밥에 꽂아두었다. 그리고 다시 술잔에 술을 부어 올리고 엎드린 상태로 선조의 혼령이 식사하기를 기다린 후, 두 번 절하는 것으로 마무리하였다.

그런데 조선 후기로 갈수록 관혼상제의 방법과 절차가 복잡해지기 시작하였다. 관혼상제를 잘 모르면 천한 사람으로 여기며 무시했다. 관혼상제의 의미는 사라지고 허례허식만 남아 많은 사람을 힘들게 하였다. 관혼상제에 정말 중요한 것은 진심이 담겨야 한다는 사실을 잊은 채 말이다.

◆ 조선 시대 관혼상제의 기준
조선 시대는 《주자가례》를 관혼상제의 기준으로 정하고 중요시하였다. 《주자가례》는 송나라 주희가 예의범절과 관련된 덕목을 기록한 책으로 사대부의 집에 늘 비치되어 관혼상제가 있을 때마다 참고하였다.

★ 한눈에 보는 역사

관혼상제	
관	성인이 되었음을 주변에 알리고 축하받는 의식
혼	남녀의 결혼식으로 문중 간의 결합을 상징하는 중요한 의식
상	사람이 죽었을 때 행하는 의식 절차
제	부모와 선조의 영혼을 정성스레 모시는 의례

61 한산도대첩이 없었다면 조선이 존재했을까?

· 조선
임진왜란
중요도 : ★★★

1592년 왜는 20만에 가까운 대군을 조선에 파병하면서 전투에 대한 승리보다는 군수물자 보급을 더 걱정했다. 바다 건너 조선에 군수물자를 보급할 수 있는지가, 전쟁의 승패를 결정짓는 가장 큰 변수였기 때문이다. 왜는 조선의 가장 넓은 곡창지대인 호남 지역을 장악하여, 왜군의 군량과 물자를 조달하고자 하였다. 이 계획은 전쟁 초기 조선이 쉽게 무너지면서 순조롭게 진행되는 듯하였다. 전라좌수사 이순신 장군이 등장하기 전까지 말이다.

이순신이 이끄는 조선 수군은 육지에서 승승장구하며 패배를 모르던 왜를 상대로 옥포·당포 지역에서 승리를 거두었다.

남해 지역에서 이순신이 이끄는 조선 수군의 승리는 왜의 호남 지역 진출을 가로막는 것에 그치지 않았다. 일본 본토에서 오는 군수물자 보급도 어렵게 만들었다. 왜는 이순신이 이끄는 조선 수군을 섬멸하지 않고서는 북쪽으로 진군할 수 없었다.

1592년 7월 왜는 호남 지역 점령과 본토와의 교통로 확보를 위해 대규모의 수군으로 조선 수군과 결전을 벌일 계획을 세웠다. 왜군의 사령관 와키자카는 도요토미 히데요시를 따라다니며 많은 무공을 세운 당대 최고의 무장이었다. 와키자카는 임진왜란 당시 1,600명의 병력으로 전라감사 이광이 이끄는 5만의 군대를 이기는 전과를 보이기도 하였다. 승리에 도취한 와키자카는 이순신을 상대로 군공을 독차지하기 위해서 가도 요시아키, 구키 요시타카와 함께하지 않고 73척의 배를 이끌고

◆이순신의 3대 대첩
① 한산도대첩(1592): 임진왜란 초기 조선 수군이 학익진을 사용해 남해권을 장악한 전투. 왜의 보급이 어려워지며 전쟁 양상이 바뀌는 계기가 되었다.
② 명량대첩(1597): 정유재란 당시 칠천량 해전으로 조선 수군이 거의 궤멸한 상황에서 13척의 전함으로 전라도를 통해 한양으로 올라오는 왜군을 격퇴했다.
③ 노량해전(1598): 도요토미 히데요시가 죽고 일본으로 되돌아가려는 왜군을 궤멸시킨 전투. 그러나 전투 중에 이순신 장군이 전사했다.

단독 출전하였다.

왜의 동향을 살피던 이순신은 73척의 왜선이 출발했다는 소식에 전라우수사 이억기와 공동 출전하던 중 경상우수사 원균이 이끄는 7척을 만나 합류시킨 뒤 총 55척의 배를 이끌고 한산도에 도착하였다. 한산도에 주둔한 조선 수군은 폭이 좁고 암초가 많은 견내량에 왜군이 있다는 정보를 수집하였다. 이순신은 왜선에 비해 무겁고 속도가 느린 조선 수군의 배(판옥선)로는 견내량이 아니라 한산도의 넓은 바다가 전투에 유리하다고 판단하였다.

이순신은 판옥선 5~6척으로 견내량에 있던 왜군을 한산도로 유인하였다. 그 뒤 학익진으로 왜선을 포위하고 집중적으로 포격한 결과, 왜선 47척을 격침하고 12척을 나포하였다. 이 한산도대첩에서 왜군이 크게 지면서 임진왜란의 판도가 뒤바뀌게 되었다.

왜는 육지로 호남 지역을 접수하기 위해 7~8월 사이에 충청도 금산으로 군대를 집결시켰다. 그러나 조헌과 700명의 의병이 목숨을 걸고 왜군을 막으면서, 왜는 호남으로의 진입에 실패했다. 10월에는 진주에서 호남으로 들어가고자 했으나 김시민이 이끄는 진주 관민이 왜군에 승리하면서 쉽게 끝날 것

같았던 임진왜란은 원점으로 돌아갔다. 전쟁 물품 보급에 어려움을 겪게 된 왜군은 평양성에서 북으로 더는 올라가지 못했다. 그리고 각 지역에서는 자기 고장을 지키기 위해 일어난 의병들이 왜를 괴롭혔다. 조선 수군의 승리는 조선이 왜와 같은 편이 아니라는 확신을 명나라에 심어주었고 원군 파병을 끌어냈다.

이순신 장군이 이끄는 조선 수군이 한산도대첩을 승리로 이끌어내지 못했다면 조선은 망했을지도 모른다. 그래서 이 한산도대첩을 진주대첩, 행주대첩과 더불어 임진왜란 3대 대첩이라고 한다. 조선의 운명을 바꾸어놓은 한산도대첩의 주인공은 이순신과 함께 자기 일에 묵묵히 최선을 다했던 수군들이었다. 그들이 목숨 걸고 남해의 해상권을 장악했기에 조선은 살아남

◆사료 보기

전라수군절도사 이순신이 경상우수사 원균, 전라우수사 이억기 등과 함께 적병을 거제도 바다에서 크게 격파하였다. (중략) 고니시 유키나가는 평양성을 차지했지만, 형세가 외로워서 위로 전진하지 않았다. 이로 인하여 나라에서는 전라도와 충청도를 확보할 수 있었고 황해도와 평안도 연안 일대도 보전할 수 있었다. 군량을 조달하고 호령을 전달할 수가 있어서 나라의 중흥을 이룩할 수 있었다.

출처: 《징비록》

을 수 있었다.

임진왜란 당시 수군, 의병, 관군의 활동		
수군	제해권 장악	역전의 발판 마련
의병	익숙한 지형 활용	
관군	관군 초기 잇따른 패배 → 명군과 함께 왜군 격퇴	

62 도루묵까지 왜 선조를 비난할까?

· 조선
임진왜란
중요도 : ★

조선 시대 가장 무능력하고 비겁한 왕으로 선조와 인조를 이야기한다. 임진왜란과 병자호란이라는 특수성이 있기에 국정을 책임지는 왕으로서 비난받는 것은 어쩔 수 없다고 하더라도 이 둘의 행동은 이해하기 어려운 점이 많다.

선조는 조선 시대 최초의 서자 출신인 왕이다. 선조는 중종의 서자였던 덕흥군의 셋째 아들로 누구도 왕이 되리라 생각지 못했던 인물이었다. 조선 시대 양반의 서자는 과거 시험에 응시할 수도 없었고, 선조들의 제사에도 참여하지 못하였다. 그런데 직계도 아닌 방계의 선조가 왕이 되었으니 많은 사람이 뒤에서 수군거렸다. 서자라는 꼬리표는 자연스레 선조의 콤플렉스가 되었다. 선조는 콤플렉스를 극복하기 위해 자신의 가치를 높이고자 하였다. 문제는 그 방법이 신하들을 이간질하여 분열시키고 싸우게 한 뒤, 선조가 한쪽을 편드는 식이었다. 선조의 국정 운영 방식은 붕당의 분열로 이어져 피비린내 나는 정쟁을 계속 일으켰다. 예를 들어 정여립의 모반을 처리하는 과정에서 1,000여 명의 사람을 죽인 기축옥사는 선조 자신이 주도했음에도 불구하고, 모든 책임은 정철에게 뒤집어씌웠다.

임진왜란 당시 선조가 벌인 치졸하고 비겁한 일들은 너무 많아 일일이 거론하기도 힘이 들 정도다. 가장 대표적인 이야기를 들자면 선조가 한성을 버리고 개경, 평양 그리고 의주로 제일 먼저 피난 가면서, 백성들에게는 늘 자신은 여기서 뼈를 묻을 각오로 왜를 맞아 싸우겠다고 공언한 일이었다. 무슨 일이 있어도 뒤로 물러나지 않겠다고 그토록 호언장담하던 선조는 왜군이 북진하고 있다는 소리만 들리면 누구보다 먼저 짐을 챙겨 도망갔다.

그리고 의주에서는 명나라로 망명하기 위해 왕위를 버리고자 하였다. 모든 문무백관이 그것만은 안 된다고 하자 광해군을 세자로 책봉하고 관리를 나누어 준 뒤, 종묘사직을 받들고 왜에 맞서 싸우라며 최전선으로 내보냈다. 광해군은 이런 상황에서도 힘을 내어 16개월 동안 의병을 독려하고 관군을 모아 왜에 맞서 싸웠다. 아버지를 대신하여 국난 초기 어려웠던 전쟁을 수습하고 백성들을 다독였던 광해군을 선조는 예뻐하거나 고마워하지 않았다. 국정이 안정되자 백성들의 사랑을 받는 광해군을 시기 질투하였다. 또한 왕위를 계승할 광해군이 서자라는 사실이 마음에 들지 않았다. 그러던 중 선조는 인목대비에게서 영창대군을 보게 되었다. 어떻게든 영창대군을 왕으로 만들기 위해 임진왜란 당시 사지에 몰아넣었던 광해군을 관료들 앞에서 대놓고 무시하고 따돌렸다.

이처럼 선조는 이익이 되거나 자신이 하고 싶은 일이라면, 예전에 내뱉었던 말이나 행동과 달라도 크게 개의치 않았다.

◆사료 보기
적이 한양을 차지한 지 이미 2년이 지나면서 적병의 칼날이 미치는 곳은 천 리 어디에도 없었다. 백성은 밭을 갈지 못하고 씨를 뿌리지 못하여 거의 다 굶어 죽었다. 한양에 남은 백성들은 온갖 고생을 하면서 (중략) 굶주린 백성들이 좌우에 있으면서 슬피 부르는 노래가 처량하여 차마 들을 수가 없었는데, 아침에 일어나 보니 여기저기 쓰러져 죽은 자가 무척 많았다.
출처:〈징비록〉

이런 선조를 꼬집는 재미난 이야기로 도루묵이 있다. 선조는 피난길에 백성들이 정성스레 갖다 바치는 음식들에 독이 들었을까 의심스러워 먹지 않았다. 그러나 계속되는 피난길에 배고 프고 고단해진 선조는 그동안 거들떠보지도 않던 음식들도 먹기 시작하였다. 그렇게 먹은 음식 중의 하나가 '묵'이라는 생선이었다. 보기에는 보잘것없는 생선이었지만, 시장이 반찬이라는 말이 있듯이 입에 들어가는 순간 고기가 살살 녹아버릴 정도로 맛있었다. 선조는 너무 맛있는 생선의 이름이 묵이라는 것이 마음에 들지 않았다. 그래서 손수 '은어(銀魚)'라는 이름을 내렸다.

피난길이 끝나고 한양으로 돌아온 어느 날, 선조는 묵이 너무나 먹고 싶어졌다. 신하가 가져온 묵을 보며 군침을 삼키던

◆선조에게 왕의 자질이 있음을 보여주기 위해 만든 이야기
명종이 덕흥대원군의 아들들을 불러 익선관을 써보라 하였다. 하원군과 하릉군은 별말 없이 익선관을 썼지만, 하성군(훗날 선조)은 현직 왕의 익선관을 함부로 쓸 수 없다 하여 물러났다. 이런 하성군의 겸손한 태도를 명종이 마음에 들어 했다는 이야기가 내려온다. 이는 명종이 마지막까지 최대한 왕위를 계승할 사람을 거론하지 않았다는 점에서 서자 출신인 선조의 즉위를 정당화하기 위해 만들어진 이야기로 생각한다.

선조는 고기 한 점을 입에 넣는 순간 인상을 크게 찌푸렸다. 예전과 달리 너무나 맛없는 묵의 맛에 선조는 은어라는 이름을 하사한 것이 너무 아까웠다. 그리고 은어라는 좋은 이름을 하사한 것에 대해 사람들이 수군거릴 것이 걱정되었다. 그래서 다시 묵이라고 부르게 하였다. 이처럼 선조가 "도로 묵이라 불러라." 해서 붙여진 도루묵은 사람들이 어떤 일을 추진하다 실패했을 때 "말짱 도루묵이다."라는 표현으로 사용되고 있다. 도루묵의 이야기가 선조와 관련 없다는 말도 있다. 그러나 항간에서 선조의 이야기로 널리 알려졌다는 것은 사실의 여부보다 선조의 행동을 비난하고 조롱하고자 했던 사람들의 마음이 어떠했는지를 보여준다.

★ 한눈에 보는 역사

임진왜란	
배경	도요토미 히데요시의 전국 시대 통일 → 조선침략
전개	수군 활약: 이순신의 한산도대첩, 명량대첩 → 남해 해상권 장악 의병 활약: 지형을 이용한 전술로 왜군에 타격 명의 원군과 관군 정비 → 휴전 협상 → 정유재란 → 일본 패배
영향	조선: 국토 황폐화, 인구 감소, 문화재 소실 등 일본: 조선인 포로로 인쇄·도자기 문화 발달, 성리학 전래 중국: 명의 국력 약화, 여진의 성장

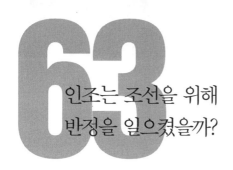

63 인조는 조선을 위해 반정을 일으켰을까?

· **조선**
병자호란
중요도 : ★★★★

광해군을 내쫓고 왕이 되었던 인조에게 과연 미래에 대한 대안이 있었을까? 인조와 정변을 일으킨 서인은 광해군의 잘못만 이야기할 뿐, 전쟁 복구와 명·청의 패권 다툼 속에서 조선이 나아갈 바를 제시하지 못하였다. 오히려 과거의 존화주의 이념에 국한되어 빠르게 변화하는 국제사회를 제대로 파악하지 못하고 후퇴하고 있었다.

광해군이 무리한 역사(토목 공사)를 추진하며 백성들의 삶을 힘들게 한 부분은 있지만, 전체적인 큰 틀로 보면 조선의 국익에 도움이 되는 일이 많았다. 임진왜란 당시 분조를 이끌고 백성들을 위로하며 최전선에서 왜와 맞서 싸운 광해군의 경험은 왕이 된 후 국정을 운영하는 데 큰 영향을 미쳤다. 특히 명과 왜의 휴전협상을 지켜보며 조율하던 경험은 국제질서의 흐름을 파악하고 대처하는 데 탁월한 능력이 되었다.

광해군은 왕이 된 후 전쟁으로 잘 먹지 못하고 피폐해진 백성들을 위해 허준의 《동의보감》을 국가 차원에서 간행하고 보급하였다. 토지의 주인을 찾고 면적을 측정하는 양전사업과 호적 정리를 통해 전쟁 피해를 파악하고 백성을 어루만지며 국가 재정을 확충하였다. 이로써 전쟁 직후의 전반적인 상황을 파악하고 미래를 설계할 수 있었다.

대외적으로는 명과 후금(훗날의 청) 사이에서 중립 외교를 통해 조선의 안전을 도모하였다. 명나라는 새롭게 흥기하는 후금을 꺾기 위해 임진왜란 때 도와주었던 사실을 상기시키며 원병을 계속 요청하였다. 그럴 때마다 광해군은 조선의 국력으로

◆사료 보기

강홍립이 통사 황연해를 시켜 여진인에게 말하기를, 우리나라가 너희들과 본래 원수진 일이 없는데 무엇 때문에 서로 싸우겠느냐. 지금 여기 들어온 것은 부득이한 것임을 너희 나라에서는 모르느냐고 하니 드디어 적과 화해하는 말이 오갔다.

출처: 《연려실기술》

명을 도와줄 경우 조선도 같이 붕괴할 위험이 크다고 판단하였다. 더욱이 누가 이길지도 모르는 명과 후금 사이에서 섣부른 행동을 하기보다는 상황을 지켜보아야 한다고 여겼다. 어쩔 수 없이 명에 군대를 파병할 때에도 강홍립에게 전쟁의 추이를 보고 군대 운영을 하도록 지시하였다. 이에 강홍립은 전쟁에서 후금이 명보다 더 강하다는 사실을 인지하고, 곧바로 후금에 항복하여 조선의 입장을 설명하였다. 후금도 조선이 자신들에게 큰 적대감이 없음을 확인하고 별다른 위해를 가하지 않았다.

그러나 1623년 인목대비를 유폐시키고 이복동생인 영창대군을 죽인 부도덕한 왕이라는 죄명과 오랑캐를 섬기는 국가 정책으로 조선을 금수의 나라로 만들었다는 명분으로 인조반정이 일어났다. 반정을 일으킨 인조와 서인 세력은 광해군이 행

◆사료 보기

우리나라가 중국을 섬긴 지 200년이다. 의리는 군신이며 은혜는 부자와 같다. 임진년에 입은 은혜는 잊을 수 없다. 선조께서 40년 동안 지극한 정성으로 섬기어 평생 서쪽을 등지고 앉지도 않았다. (중략) 광해군은 황제가 칙서를 내려도 원병을 보낼 생각을 하지 않았다. 예의의 나라인 삼한을 오랑캐와 더불어 금수가 됨을 면치 못하게 하였다. 어찌 그 통분함을 다 말할 수 있겠는가?

출처: 《인조실록》

하던 정책에 대한 대안을 마련하지도 않은 채 모두 폐기해버렸다. 특히 인조반정을 명으로부터 허락받기 위해 광해군의 치부를 강조하고, 후금을 무시·조롱하는 행위를 벌였다. 노골적으로 명을 숭상하고 후금을 배척하는 외교정책은 조선을 전쟁의 소용돌이로 한층 더 몰아붙였다.

1626년 후금을 세운 누르하치가 죽고, 조선에 대한 강경책을 주장하던 홍타이지가 태종으로 즉위하였다. 후금을 정벌하여 명을 돕자고 주장하는 조선이 마음에 들지 않던 청 태종에게 희소식이 들려왔다. 인조반정의 논공행상에 불만을 품은 이괄이 난을 일으켰다가 실패하자, 그 일부가 청으로 도망가 인조 즉위의 부당성을 이야기한 것이다. 청 태종이 이를 명분 삼아 3만의 군대를 보내 조선으로 쳐들어온 것이 1627년 정묘호란이다. 큰소리만 칠 줄 알았던 인조 정부는 제대로 된 저항도 하지 못한 채, 형제로서 후금을 모시겠다는 강화조약을 맺고 나서야 나라를 보존할 수 있었다.

후금은 1636년 국호를 청(淸)으로 바꾸고 형제의 관계에서 한 단계 발전한 군신 관계를 맺자고 요구해왔다. 이에 조선이 거부하자 청 태종 자신이 12만의 병력을 이끌고 재차 조선을 침략하였다. 이를 병자호란이라 한다. 실력도 없이 명분만 내세우던 인조와 서인 정권은 남한산성에서 45일간 고립되었다가, 삼전도에서 군신 관계를 맺고 항복하는 조건으로 왕조를 계속 이어 나갈 수 있었다. 체면과 명분만 내세우며 반정의 정당성을 주장하던 인조는 수십만의 백성을 청나라에 인질로 내주며 정권을 지켰다. 그 이후로도 인조와 서인은 무엇을 위해 광해군을 내쫓는 정변을 일으켰는지 아무것도 보여주지 못한 채 핑계와 책임 전가로 정권을 이어 나갔다.

★ 한눈에 보는 역사

광해군의 중립 외교	
배경	명의 국력 쇠퇴, 누르하치가 이끄는 여진족의 후금 건국
내용	명과 후금 사이에서 실리적인 중립 외교
결과	서인의 인조반정으로 광해군 축출

64

삼전도비를 왜 보존해야 하지?

> ・**조선**
> 병자호란
> 중요도 : ★★★

1636년 청이 조선을 침략한 병자호란 당시 인조는 남한산성으로 급히 피신하였다. 남한산성에서 45일간 고립된 인조는 청군에 맞서 싸우려는 관군이나 백성들이 나타나지 않자, 결국 항복을 선택하였다. 인조는 남한산성에서 나와 오늘날 송파구 석촌동에 위치한 삼전도에서 청나라 황제 태종에게 신하의 예를 갖추고 항복하였다.

인조는 청 황제가 내려다보는 곳에 무릎을 꿇고 3번 큰절을 하고 9번 땅바닥에 머리를 찧는 삼배구고두(혹은 삼궤구고두)를 행하였다. 인조가 땅에 머리를 부딪치며 내는 소리가 단상 위에 앉아있는 청 황제 귀에 들릴 정도로 컸다고 한다. 인조가 항복하는 의식인 삼배구고두를 마쳤을 때, 인조의 이마는 피로 젖어있었다. 청 태종은 인조의 항복을 받아들여 조선을 신하의 나라로 삼겠다고 발표한 뒤, 엄청난 배상금과 함께 소현세자와 봉림대군, 그리고 끝까지 싸울 것을 주장한 척화파 신하들을 인질로 끌고 갔다. 그리고 청나라에 필요한 일꾼과 인질 값을 받기 위해 사대부 가족 등 40만 명에 가까운 백성들을 추운 겨울이던 12월에 청으로 끌고 갔다. 항복하는 과정에서 이마에 피가 흐른 인조와 40만 명의 포로 중 무엇이 더 안타까운 일이었을까? 당시 지도층에게는 인조가 삼전도에서 당한 굴욕이 더 안타까운 일이었다. 인조의 굴욕에 깊은 우려와 탄식을 하던 지도층에겐 40만의 백성은 중요하지 않았다. 그들은 압록강에서 도망쳐 돌아오는 조선인을 붙잡아 청에 되돌려 주었다. 그리고 점차 가족들과 생이별하고 청에 끌려가 죽거

◆사료 보기

저녁 임금에게 서울로 돌아가도 좋다고 하므로 삼배를 하고 나오니, 청나라 태종이 금말 안장의 흰말로 뒤를 따르게 하였다. 세자와 봉림대군과 그 부인은 앞으로 심양에 들어가야 하므로 진중에 머물러 들판에서 밤을 지냈다. 임금이 성을 나갈 때 온 성안 사람이 곡하면서 보내니 곡소리가 천지를 뒤흔들었다.

출처: 《연려실기술》

나 돌아오지 못한 수많은 백성들은 잊히고 부정되어 갔다.

병자호란 당시 청이 분탕질하고 간 자리에는 커다란 삼전도 비만 덩그러니 남았다. 1639년 청과 청 태종을 숭상하고 조선이 신하국임을 잊지 말 것을 기록한 삼전도비를 세웠다. 삼전도비는 앞면 왼쪽에는 몽골문자, 오른쪽은 만주글자 그리고 뒷면은 한지로 세 개의 문자로 새겨져 있다. 삼전도비의 글은 홍문관·예문관의 대제학이던 이경석이 짓고, 명필로 유명한 오준이 썼다. 삼전도의 비문은 청이 작성한 것이 아니라, 그토록 소중화(小中華)로 자부하며 청을 오랑캐라 낮춰 부르던 조선 스스로 작성하고 새긴 것이었다.

삼전도비는 아주 오랫동안 그 자리를 지키며 조선이 청의 속국이었음을 알려주었다. 고종 때 청이 조선의 종주국이 아님을 주장하던 일본에 의해 삼전도비는 잠시 사라졌다가 1895년 청·일 전쟁이 끝나고 다시 복원되었다. 이후 1956년 대한민국의 문교부는 삼전도의 비를 수치스러운 역사의 기록이라며 땅에 묻어버렸지만, 몇 해 후 삼전도비는 장마에 모습을 다시 드러냈다. 이후 부끄러운 과거도 배워야 할 역사라는 인식이 널리 퍼지면서 삼전도비는 현재 송파구 석촌호수에 자리하고 있다.

최근까지도 수치스러운 삼전도비를 없애버리자고 주장하는 사람들이 있다. 2000년대에도 어떤 사람이 빨간색 페인트로 삼전도비에 철거하라는 글을 쓰며 훼손하였다. 그러나 삼전도비는 오래도록 보존되어야 한다. 삼전도비를 보면서 강대국을 숭상하자는 사대주의를 주장하는 이야기가 아니다.

치욕스러운 역사라도 우리의 역사다. 잘못된 선택으로 빚어진 결과를 순순히 받아들이고, 우리의 잘못을 되새기자는 것이다. 무엇을 잘못했는지 기억하고 반성하는 민족과 국가야말로 오랫동안 존속하며 발전한다. 반대로 자신들의 잘못을 부정하고 반성하지 않는 나라는 오래갈 수 없다. 그리고 주변국의 비난도 면하기 어렵다. 마침 현재의 일본처럼 말이다.

나라의 주인이자 근간이던 백성들을 외면하고 버린 인조와 조정으로 인해 얼마나 많은 사람이 고통을 당했는지를 기억하

◆화냥년의 유래
청나라에 끌려갔던 여인들이 되돌아오면 사람들은 고향으로 돌아왔다는 의미로 환향녀(還鄕女)라고 불렀다. 그러나 사대부의 집에서는 정절을 지키지 못하고 돌아와서 가문의 명예를 떨어뜨렸다며 내쫓았다. 어디에도 갈 곳이 없어진 여인들은 스스로 목숨을 끊거나 비참한 생활을 해야 했다. 그리고 환향녀는 부도덕한 여자라는 의미의 화냥년으로 변질하였다.

기 위해서라도 삼전도비는 존속되어야 한다. 그리고 삼전도비 앞에 잘못된 선택이 어떤 결과를 가져오는지 기록하여 모든 사람이 알 수 있도록 해야 한다. 앞으로 이런 역사가 다시는 되풀이되지 않기 위해서라도 말이다.

★ 한눈에 보는 역사

정묘호란과 병자호란	
정묘호란 (1627)	배경: 서인의 친명배금 정책
	전개: 이괄의 난을 계기로 후금이 조선 침략 → 후금의 강화 제의 → 형제의 맹약 수용
병자호란 (1636)	전개: 청의 군신 관계 요구 → 주화론과 주전론 대립 → 조선의 군신 요구 거절 → 청 태종의 침략
	결과: 남한산성에서 45일간의 항전 → 삼전도의 굴욕(군신 관계 수용)

65 대동법이 조선을 살렸다고?

양난 이후 조선이 300년 가까이 유지될 수 있었던 것은 기적에 가까운 일이었다. 그만큼 조선 후기의 모습은 정상적인 모습보다는 비정상적인 모습들이 많았다. 그중에서도 비정상적인 조세 운영으로 백성들을 가장 힘들게 한 것이 공납이었다.

◆대동법의 영향

대동법은 광해군 때 경기도에서 처음 실행하여 숙종 때 평안도와 함경도를 제외한 전국으로 확대되었다. 공납은 토지 결수에 따라 쌀(1결당 12두)·면포나 삼베·동전으로 징수하였다. 이로 농민의 부담이 감소하고, 공인이 등장하여 상품 화폐 경제 발달에 기여하였다.

공납이란 각 지방에서 생산되는 특산물을 집집마다 재산의 규모와 상관없이 부과하던 세금이었다. 건국 초에는 각 지방의 특산물과 호구조사가 잘 이루어지면서 큰 문제가 발생하지 않았다. 그러나 훈구 세력이 대상인과 결탁하면서 공납은 가진 자들의 배를 채워주는 수단이 되었다. 관리와 상인들이 백성이 납부할 공물을 대신 바치고, 수수료와 이자를 보태어 원금의 몇 배로 백성들에게 받아내는 방납이 전국적으로 이루어졌다. 방납의 부담을 이기지 못한 자작농은 소작농으로 전락했고, 국가는 조세 수입이 줄어들어 재정 위기에 빠졌다.

1569년 이이가 쌀로 공물을 납부하자는 대공수미법을 건의했으나, 방납으로 이익을 보던 관료와 상인들의 방해로 실현되지 못하였다. 이런 상황에서 임진왜란이 발발했고 조선은 극심한 재정난으로 붕괴 위기에 처했다. 임진왜란 당시 백성들의 고충을 직접 보고 경험했던 광해군은 한백겸과 이원익의 의견을 받아들여 1608년 선혜청을 세우고 경기도에 한하여 대동법을 시행하였다.

대동법은 조선 전기 공납의 문제점을 개선한 조세제도였다. 대동법은 재산이 없어도 부과되던 공물을 농지 소유 면적에 따라 차등 부과하였다. 그리고 지역의 특산물 대신 쌀이나 포로 내게 하였다. 양반 지주의 저항이 만만치 않았지만, 대동법이 국가에 주는 이익은 매우 컸다.

인조반정 이후 대동법은 강원도·충청도·전라도로 확대되는 듯했으나, 반정 세력이 양반 지주의 이익을 대변하며 곡창지대인 충청도와 전라도의 대동법을 폐지했다. 재산이 많은 사람이 세금을 더 내는 것이 당연한 일이지만, 원칙이 지켜지기란 쉽지 않았다. 재산을 많이 가진 사람이 여러 이유로 세금을 내지 않자, 국가는 상대적으로 세금을 거두기 쉬운 서민이나 하층민에게 더 많이 부과하였다.

그러나 서인에서도 조선과 백성을 생각하는 이가 있었다. 김육을 중심으로 대동법 시행을 강력히 주장하는 소장파가 나오면서 효종 대에 충청도(1651), 전라도(1658), 경상도(1677)로 확대되었다. 18세기 숙종 대에 이르러서는 함경도와 평안도를 제

◆사료 보기

만물이 소생하는 봄, 산천초목이 즐거워하는데 우리 백성들만 위태로워 죽기 직전이다. 그런데도 내가 그들을 보살피지 않는다면 백성의 부모 된 도리가 아니다. (중략) 백성들을 힘들게 하는 것을 없애고, 굶주린 자들은 도와 줘서 죽는 일이 없도록 하라.

출처: 《광해군일기》

외한 전국에서 대동법이 시행되었다. 이들의 뚝심 있는 행동이 아니었다면 대동법은 양반과 지주들의 조세 저항에 막혀 사라졌을지 모른다.

대동법 시행 후 중앙정부는 필요한 물건을 공인(貢人)을 통해 구입하면서, 자연스레 산업자본가가 등장하였다. 공인이 전국의 상공인들과 거래를 전담하자, 조선의 수공업과 상업이 발달하였다. 또한 삼남 지방이 아닌 쌀이 많이 나지 않는 지역에서는 돈이나 포로 공납을 납부하기 위해 백성들은 장시에 나가 물건을 내다 팔았다. 이 과정에서 물건을 중계하는 보부상의 활동이 증대되면서 장시가 발달하고 화폐의 유통이 활발해졌다.

그 결과 조선 후기는 개인이 가진 기술과 노력 여하에 따라 얼마든지 돈을 많이 벌 수 있는 세상이 되었다. 경제적 성공을 한 상민들은 신분 상승을 꾀하면서 조선 후기 신분제를 흔들어놓으며 새로운 시대의 문을 열었다.

★ 한눈에 보는 역사

조선 후기 수취 체제 개편	
전세	영정법: 전세를 1결당 4두로 고정
공납	대동법: 공납의 전세화(호(戶)에 부과하던 공납을 토지에 쌀, 면포, 동전 등으로 부과)
군역	균역법: 군포 2필 → 1필 결작, 선무군관포 등으로 부족액 보충

숙종의 환국이
붕당의 변질을 가져왔다고?

임진왜란과 병자호란 양난을 겪으면서 조선의 경제는 무너졌다. 전 국토의 40% 이상이 황무지가 되었고, 전체 인구의 1/3 이상이 다치거나 죽었다. 황폐해진 토지를 개간할 사람이 부족하자 농업 중심의 조선 경제는 회복될 기미가 보이지 않았다. 더욱이 양난 중에 군공을 세워 신분이 상승하거나, 거짓으로 양반 행세를 하는 사람이 늘어나면서 양반 계층의 역할은 상실되고 권위는 추락하였다.

양반들이 경제적 어려움을 해결하고 권위를 되찾는 방법은 오로지 관직에 진출하는 방법 외에는 없었다. 하지만 3년에 한 번, 33명을 선발하는 과거제로 관직에 오른다는 것은 정말 어려운 일이었다. 인맥을 통해 관직에 오르는 방법이 더 효과적이라 생각한 양반들은, 임진왜란 당시 상설기구화 된 비변사를 장악한 붕당에 연줄을 대는 것이 중요하였다. 비변사는 과거 시험을 주관하고 세자빈을 간택하는 조선 후기의 핵심기구로 각 붕당이 서로 장악하고자 했던 기구였다. 이 과정에서 어떤 붕당에 소속되느냐가 개인과 가문을 일으키는 중요한 수단이 되었다. 결국 공존과 견제를 최우선으로 하는 붕당은 권력을 획득하고 유지하는 데 큰 목적을 두는 당파로 변했다. 그와 함께 왕권은 급속도로 약화되었다.

비변사는 줄곧 서인들이 장악하여 자신들의 당파에 소속된 인물을 대거 임용하고 승진시켰다. 왕실의 대비·중전·세자빈도 모두 서인의 여식으로 채운 결과, 왕조차도 서인으로부터 자유롭지 못하였다. 이 과정에서 신권을 누르고 왕권을 강화하려는 숙종(재위 1674~1720)이 등장하였다. 현종의 아들로 13살에 왕위에 오른 숙종은 정권을 잡은 당파를 교체하는 환국의 방식으로 정국을 운영하였다.

그러나 환국을 일으키려면 명분이 필요하였다. 과거제는 숙종이라도 쉽게 건들 수 없었다. 하지만 왕을 무시하는 행태나 세손에 관련된 문제라면 달랐다. 숙종이 신하의 태도나 세자

책봉을 가지고 환국을 일으키면 어떤 신하도 피해갈 수 없었다. 숙종은 세 번의 환국을 통해 신하들을 자기 뜻대로 움직이며 46년이라는 긴 시간 동안 조선을 경영하였다.

첫 번째 경신환국(1680)은 숙종이 예송논쟁에서 승리했던 남인을 상대로 인사권을 행사한 사건이다. 남인의 영수였던 영의정 허적이 조부의 시호를 맞는 잔치에서 비가 오자 숙종의 허락도 받지 않고 왕실의 천막을 가져다 사용하였다. 숙종은 이 행위가 왕을 무시하는 중대한 사안이라며 남인이 가지고 있던 군권을 서인에게 넘겼다. 그리고 남인의 영수였던 허적과 윤휴를 죽이며 붕당의 균형을 무너뜨렸다.

두 번째 기사환국(1689)은 숙종이 장희빈의 아들을 세자로 책봉하려 하자 송시열을 중심으로 한 서인들이 크게 반발한 데에서 시작하였다. 숙종은 서인의 영수 송시열을 죽이고 서인들을 대거 내쫓았다. 그리고 인현왕후를 내쫓고 장희빈을 왕비로 맞이하였다. 그중에서도 서인에게 가장 타격이었던 사건은

◆환국
환국이란 정국을 주도하던 붕당이 몰락하고 견제하던 붕당이 정권을 잡아 정국이 급격하게 바뀌게 되는 상황을 말한다. 숙종 때 경신환국(1680), 기사환국(1689), 갑술환국(1694) 등을 거치면서 서인, 남인, 서인이 차례로 집권하였다.

이이·성혼을 문묘에서 퇴출한 사건이었다.

세 번째 갑술환국(1694)은 장희빈이 왕실을 기만하고 불경한 행동을 일삼는다며 사약을 먹여 죽이고 인현왕후를 다시 복위시키는 과정에서 일어났다. 이 과정에서 남인은 기사회생하지 못할 정도로 철저하게 짓밟히고 중앙 정계에서 밀려났다.

환국을 장희빈에 의해 일어난 사건으로 많이 표현하지만, 실제로는 장희빈과 인현왕후는 숙종의 희생양이었다. 숙종은 역사에 많은 조연을 등장시키고 퇴출시키는 과정을 통해 정국을 손쉽게 끌고 갔다. 그러나 그의 죽음 이후 조선은 일당 전제화로 견제와 균형이 무너지면서 새로운 사회를 이끌어갈 유연성과 원동력을 상실하고 경직된 폐쇄적 사회로 변모하였다.

◆노론과 소론의 분화
서인이 남인을 역모로 몰아 정권을 독점한 경신환국 이후 서인은 노론과 소론으로 나뉘었다. 송시열을 중심으로 한 노론은 대의명분을 중시하고 민생 안정을 강조하였다. 반면 윤증을 중심으로 하는 소론은 실리를 중시하고 적극적인 북방 개척을 주장하였다.

★ 한눈에 보는 역사

붕당 정치의 변질	
현종	상호 비판적인 공존 체제
	예송 이후 대립 격화
숙종	환국 발생 → 붕당 간의 상호 공존 논리 붕괴
	일당 전제화 추세

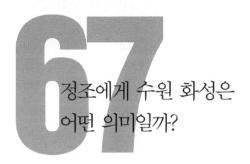

67 정조에게 수원 화성은 어떤 의미일까?

· 조선
정조의 탕평책
중요도 : ★★★★

숙종의 환국 이후 일당 전제화로 왕권이 약화되던 시기 탕평책을 통해 왕권을 강화했던 왕이 영조와 정조다. 이들은 조선의 르네상스를 이끌며 민생정책을 통해 백성들의 삶을 다독여주고, 힘들어하던 많은 이들이 쉬어갈 수 있는 시대를 만들었다.

두 왕이 탕평책을 추진했던 배경에는 어린 시절 가족들이 죽는 모습을 목격하며 경각심을 가지게 된 이유가 있었다. 영조의 경우, 장희빈이 사약을 먹고 죽은 후 후사를 낳지 못하던 경종의 왕위를 뺏을 수 있는 존재로 간주되었다. 경종을 지지하는 소론의 위협에 영조는 여러 번 목숨의 위협을 받았다. 다행히 이복형 경종과 숙종의 계비 인원왕후의 도움으로 소론의 위협과 압박에서 간신히 살아남을 수 있었다.

정조도 영조와 노론에 의해 아버지가 죽는 모습을 11살이라는 어린 나이에 바라보며 성장하였다. 그리고 정조를 왕으로 즉위시키지 않으려는 세력으로부터 살아남기 위해 큰 노력을 기울어야 하였다. 자신의 목숨조치도 장담할 수 없는 현실에서 붕당 간의 균형을 맞추는 탕평책은 선택이 아닌 필수가 되었다.

영조가 개인적인 능력과 감정의 표출로 탕평책을 주도했다면, 정조는 제도적인 측면에서 영구히 지속할 수 있는 탕평책을 만들고자 하였다. 정조가 추진했던 정책은 크게 보면 인재 양성, 군사력 확보 그리고 국가 재정 확충이었다. 인재 양성은 규장각을 통해 붕당과 신분에 크게 구애받지 않고 왕을 도와

◆규장각
규장각은 군주의 글을 보관하는 기능을 담당하는 기구로, 궁궐 안에 만들어진 왕실 도서관이었다. 숙종 때 어제와 어필을 보관하던 규장각을 정조는 즉위하던 해인 1766년에 창덕궁 후원에 새로 지었다. 이후 정조는 규장각에 비서실 기능과 과거 시험 주관, 문신 교육의 임무 등을 부여하며 자신의 정책을 뒷받침하는 정치기구로 육성하였다.

줄 수 있는 인물을 선발하고 초계문신제로 능력을 향상시켰다. 군사력은 왕실 호위부대로 출발한 장용영을 강화해 벽파가 장악하고 있던 5군영을 견제하였다.

마지막으로 대상인과 연계하여 국정을 농단하던 세력의 힘을 약화하고, 국가 재정을 확충하기 위해 수원 화성을 건설하였다. 수도를 옮긴다는 것은 기득권을 가진 세력의 강력한 저항과 반발이 예상되어, 정조도 천도를 성사시킬 자신이 없었다. 그래서 사도세자의 묘를 참배하는 형식으로 수원에 자주 행차하며 눈여겨보던 수원 화성에 서울의 경제를 옮기고자 하였다. 수원에 새로운 상인 계층을 육성하여 한쪽으로만 쏠리던 부의 흐름을 끊고자 하였다. 그와 더불어 그동안 왕권을 강화하기 위해 노력해왔던 모든 것을 수원 화성을 통해 검증하고자 했다.

규장각을 통해 정조가 실력을 키워왔던 인재들을 화성 건설에 투입하여 능력을 검증하고 높은 관직에 중용하였다. 대표적인 인물이 정약용이었다. 정약용은 거중기를 통해 공사 기간과 비용을 획기적으로 줄이면서, 노역에 종사하는 백성들의 고충을 덜어주었다. 더욱이 수원 화성은 기존의 성과는 다르게 중국과 일본의 성이 가진 장점과 새로운 무기와 전술에 맞춘 효과적인 건축양식으로 지어졌다. 이로써 정조 자신이 키운 인재들의 능력을 세상에 내보이며 다른 관료들에게 경각심을 심어줄 수 있었다.

수원 화성이 완공되자 정조는 문무백관을 데리고 행차하여 장용영의 절도 있는 훈련 모습을 보여주었다. 절도 있고 기율이 잡혀있는 장용영이, 벽파가 장악한 5군영을 뛰어넘는 최강의 부대라는 사실을 증명하였다. 그리고 정조의 지시에 일사불란하게 움직이는 장용영의 모습을 통해 군권을 장악하겠다는 왕의 의지를 관료들에게 보여주었다.

이와 함께 수원 일대에 나라가 운영하는 둔전을 설치하고, 자유로운 상행위를 위한 지원을 아끼지 않았다. 대동법 시행 이후 성장하던 신흥 상공업자에게 수원 화성은 새로운 기회의 장소로 등장하였다. 하지만 특권을 누리던 대상인들에게는 큰 타격이었다. 대상인으로부터 불법 자금을 받던 일부 관료들의

◆화성성역의궤

수원 화성 성곽을 축조한 내용을 기록한 《화성성역의궤》는 정조의 명으로 제작되었다. 책은 총 10권으로 성곽 시설물의 각 부분을 그림으로 설명한 도설이 수록되어 있다. 화성이 일제강점기와 6·25전쟁을 거치면서 파괴되었으나 《화성성역의궤》의 기록으로 복원될 수 있었다.

돈줄이 막히자, 왕권이 신권을 능가하기 시작하였다.

그러나 정조가 1800년에 갑작스럽게 죽으면서 탕평책을 통한 왕권 강화는 후대에 이어지지 못하였다. 어린 순조가 즉위하고 정순왕후의 수렴청정이 이루어지면서, 정조가 육성한 인물은 정계에서 밀려났고 규장각과 장용영은 사라졌다. 이후 왕권을 뒷받침할 인재와 기구가 없다 보니 안동 김씨와 같은 일부 가문이 권력을 독점하는 60여 년간의 세도정치로 많은 백성은 고통에 신음해야 했다.

★ 한눈에 보는 역사

정조의 탕평책	
왕권 강화	규장각 설치 초계문신제(관리 재교육) 실시 장용영 설치 화성 건설 수령의 권한 강화
민생 안정책	신해통공(시전 상인 특권 폐지) 공노비 해방 추진 서얼 등용
문물제도 정비	학문 장려, 《대전통편》 간행

68

조선 시대 실학자 1호는 누굴까?

· **조선**

실학

중요도 : ★

조선 후기 교조화 되어 가는 성리학에서 벗어나 실생활에 도움이 되는 학 문을 연구하고 정책에 반 영시키고자 했던 움직임을 실학(實學)이라고 한다. 많은 실학자 는 오랜 기간 동안 깊은 사색과 연구를 바탕으로 저마다의 해 결책과 비전을 제시하였다. 그중에서도 모든 실학자의 모델로, 가장 먼저 나라의 폐단을 걱정하고 새로운 방향을 제시한 인 물이 유형원(1622~1673)이다.

유형원은 어린 시절 부친이 광해군 복위 사건에 연루되어 죽는 모습을 보았다. 병자호란 당시에는 가족들과 원주로 피난 을 가면서 무능력한 조선과 피폐한 사회를 위해 자신이 해야 할 일이 무엇인지 깊은 고민에 빠졌다. 천재 소리를 들으며 자란 그였지만, 서인이 주도하는 정국에서 남인 계통이었던 유형원이 할 수 있는 일은 많지 않았다. 그래서일까? 젊은 시절 병자호란의 치욕을 갚고자 무술을 익히며 《중흥위략(中興偉略)》이라는 책을 저술하며 의욕적인 모습을 보이던 그가 돌연 32살의 나이에 전라도 부안으로 낙향해버렸다. 그리고 부안군 우반동에 '반계서당'을 짓고 학문을 연구하며 인재를 양성하는 데 힘을 기울였다.

이곳에서 다양한 분야의 학문을 익히고 연구하며 오랜 시간을 보내던 유형원은 49살에 《반계수록》이라는 역작을 세상에 내놓았다. 《반계수록》에는 다양한 분야의 개혁안이 담겨있는데 대부분이 농업과 관련된 내용이었다. 국가 경제의 토대를 농업에 두던 조선이 양난으로 붕괴되었으니 유형원에게 있어 토지개혁은 어느 것보다도 가장 우선시되는 문제였다.

유형원은 농사를 짓는 사람이 토지를 가져야 한다는 원칙 아래 모든 토지를 국유화하고 백성들에게 나누어 준 뒤, 국방의 의무를 부과해야 한다고 주장하였다. 하지만 농민은 1경, 선비는 2경, 관리는 6~12경이라는 차등 분배와 농민만 군역을 부담해야 한다고 주장하는 등 아직 신분제와 유교 사상의 한계를 벗어나지 못하였다.

관료 등용에서는 과거제의 폐단을 지적하며 천거제를 주장하였다. 그리고 학교 교육과 연계시켜 뛰어난 인재를 문벌과 관련 없이 등용할 것과 재가한 부인의 자손도 관직에 진출해야 한다고 주장하였다. 또한 전문성을 갖춘 지방관을 양성하기 위해 수령은 9년, 관찰사나 절도사는 6년의 임기를 보장하자고 주장하였다. 이는 서인이 과거제를 주관하는 비변사를 장악한 상황에서 남인들이 관직에 진출하기 어려운 문제를 해결하려는 방법이었다.

노비제도는 품삯을 지급하는 중국의 고공 제도를 받아들여, 여러 폐단을 없애자고 주장하였다. 노비제 폐지는 당시로써는 매우 파격적인 안으로 신분제가 가지는 모순점과 한계가 양

◆사료 보기

우리나라의 노비법은 유죄·무죄를 묻지 않고, 오직 그 세계(世系)를 조사하여 자손 대대로 노비로 된다. 이 때문에 아무것도 모르는 바보라도 남의 생사를 좌우하는 권한을 갖게 된다. 설령 현명한 인재가 노비 사이에 태어났다고 하여도 역시 벼슬길이 막혀 남의 노비가 되고 마니 이 어찌된 도리인가. (중략) 노비의 세습법을 혁파하고 대신 고공 제도를 채택함이 어찌 지극히 공평하고 지극히 당연한 길이 아니겠는가.

출처: 《반계수록》

난 이후 심각한 사회 문제였음을 보여준다.《반계수록》은 이외에도 당시 조선이 가지고 있던 여러 문제점과 해결책을 제시하였다. 서울과 경기·충청을 제외한 다른 지역의 유생들이 관리 임용되기 어렵고, 경제·사회·문화적으로 낙후되어가는 것에 대한 해결책으로 지역 차별을 반대하였다. 특히 화폐의 발행과 유통을 강조하여 새롭게 변화되어 가는 사회 현실에 대해 뛰어난 통찰력을 보여주었다.

우리는 실학이 18세기에 나타난 현상으로 알고 있다. 그러나 17세기 조선이 가지고 있던 문제들을 인식하고 극복하려던 유형원에서부터 실학은 시작되었다. 비록 유형원이 성리학과 신분제 그리고 사대주의의 한계를 벗어나진 못했지만, 그의 사상과 학문은 18세기 이익과 정약용 등에게 이어졌다. 실학의 선구자 유형원이 일으킨 새로운 바람은 훗날 경직되고 폐쇄적인 조선을 변화시키는 시발점이 되었다.

★ 한눈에 보는 역사

18세기 실학의 발달	
18세기 전반 (중농학파)	유형원 《반계수록》: 균전론(농민에게 일정한 면적의 토지 분배) 이익 《곽우록》: 한전론(영업전 매매 금지) 《성호사설》: 여섯 가지 폐단 지적 정약용 《목민심서》: 지방행정 개혁 《경세유표》: 중앙행정 개혁, 정전제 《전론》: 여전론(마을 단위의 공동 농장제)
18세기 후반 (중상학파)	뉴수원 《우서》: 상공업 진흥, 사농공상의 직업적 평등 홍대용 《임하경륜》: 균전제, 양반의 생산 종사 주장 《의산문답》: 지전설(중국 중심 세계관 비판) 박지원 《열하일기》: 수레와 선박의 이용, 화폐 유통 《과농소초》: 한전론(토지 소유 상한선) 박제가 《박학의》: 소비 권장, 수레와 선박 이용

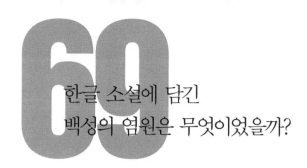

한글 소설에 담긴
백성의 염원은 무엇이었을까?

· **조선**
조선 후기의 사회 변화
중요도 : ★★★

조선 후기 문화에서 나타난 가장 큰 변화가 한글 소설의 등장이었다. 한글 소설의 등장은 수많은 억압과 편견에도 한글이 사라지지 않고 백성들에게 널리 쓰였다는 점에 의의가 있다. 그러나 무엇보다도 백성을 주인공으로 하여 사회 부조리를 비판하고 새로운 사회를 제시했다는 점에 큰 의미가 있다.

조선 후기 한글 소설의 대표작은 《춘향전》과 《홍길동전》이다. 이 두 소설은 닮은 듯 다른 점이 많다. 두 소설은 서얼, 연애, 새로운 나라의 건국 등 당시에는 금기시되던 주제를 다루면서 사회를 비판하고 새로운 대안을 제시했다는 점에 공통점이 있다. 그러나 시기적으로 《홍길동전》이 《춘향전》보다 앞선다. 《홍길동전》은 허균(1569~1618)이라는 원작자가 있는 반면, 《춘향전》은 작자 미상이다.

1618년에 우리나라 최초로 만들어진 한글 소설 《홍길동전》의 내용은 다음과 같다. 세종 때 첩의 자식으로 태어났던 홍길동은 뛰어난 자질과 능력으로 아버지인 홍 판서의 사랑을 받았다. 그러나 이를 시기하던 가족들에게 목숨을 잃을 뻔한 길동은 집을 떠나 활빈당이라는 도적 무리를 이끌며 탐관오리의 재물을 빼앗아 백성들에게 나누어 주는 의적이 되었다. 조정에서는 도적 홍길동을 잡아들이려 노력하지만, 뛰어난 재주를 가진 길동은 오히려 임금과 조정대신들에게 사회 부조리와 잘못을 가르치며 도망쳤다. 하지만 자신으로 인해 아버지와 형이 힘들어하자, 길동은 자신을 따르는 무리를 데리고 조선을 떠나

◆사료 보기

"소인은 대감의 정기를 타고나 당당한 남자로 태어났으니 이만 즐거운 일이 없습니다. 평생 서럽기를 아비를 아비라 부르지 못하고, 형을 형이라 부르지 못하여 상하노복이 다 천하게 보고 친척 고두도 손으로 가리키며 아무개의 천한 소생이라 이르오니 이런 원통한 일이 어디에 있습니까." 길동이 대성통곡하니 (후략)

출처: 《홍길동전》

율도국을 세우고 왕이 된다는 내용이다.

　허균이 《홍길동전》을 쓸 당시는 임진왜란이 끝나고 전쟁의 후유증으로 많은 이들이 고통 받던 시기였다. 전쟁 중에 왕을 비롯한 양반 계층은 백성보다 먼저 도망갔고, 전쟁이 끝난 후에는 백성을 수탈하며 군림하였다. 임진왜란 이후 양반들이 받던 도덕적 존경은 사라지고 신분제는 흔들렸다. 이런 사회 변화와 백성들의 마음을 소설에 담아 당시 사회를 꼬집은 허균은 《홍길동전》 때문만은 아니겠지만 1618년 역모죄로 거리에서 능지처참을 당했다.

　《춘향전》은 내용이 조금씩 다르게 구전되지만, 큰 맥락으로는 비슷한 내용 구조를 지닌다. 조선 숙종 때 남원에 기생의 딸로 태어나 뛰어난 미색을 자랑하던 춘향이가 있었다. 춘향이는 남원에 부임한 사또의 아들 이몽룡과 사랑에 빠지지만, 신분이 다른 처지여서 맺어질 수는 없었다. 그러던 차에 아버지를 따라 이몽룡이 서울로 올라가게 되었다. 이몽룡은 춘향에게 장원급제해서 데려오겠다고 약속을 했지만, 여러 달이 지나도 아무런 소식이 없었다. 마침 남원에 여자를 밝히는 변 사또가 부임하여 춘향에게 수청을 요구했지만, 춘향은 이몽룡에 대한 정절을 지키며 감옥에서 온갖 고초를 견뎌냈다. 이에 암행어사가 되어 남원에 내려온 이몽룡이 변 사또를 혼내주고, 왕의 허락 하에 춘향과 혼인하여 행복하게 산다는 내용이다.

신분제에서 가장 낮은 천민이었던 기생이 벼슬하는 양반 관료와 결혼을 한다는 내용은 조선 후기 신분제가 흔들리고 있음을 여실히 보여준다. 신분보다는 능력이 중요시되는 사회상을 반영한 《춘향전》은 한 걸음 더 나이가 금기시되던 청춘 남녀의 사랑을 다루었다. 춘향이가 혼인도 하기 전에 이몽룡과 사랑을 나누는 장면은 성리학이 더는 사회를 이끄는 이데올로기가 아님을 보여주고 있다.

《홍길동전》과 《춘향전》처럼 사회를 비판하고, 자신의 감정을 솔직하게 표현하는 새로운 모습은 다양하고 이채로운 조선 후기의 문화를 만들어갔다. 그리고 한글 소설이 유행했던 배경에는 상민들의 의식과 문화 수준의 향상이 있었다.

◆사회상을 담은 한글 소설

한글 소설은 조선 후기의 사회 변동을 반영하고 있다. 현실 사회의 모순과 양반의 부조리를 비판하거나, 서민의 감정이나 남녀 간의 애정을 표현하였다. 그 결과 평등 의식을 고취하거나 봉건 사회의 모순과 비리를 풍자하면서 서민층의 의식을 높이는 데 기여하였다. (대표적인 한글 소설: 홍길동전, 춘향전, 심청전, 별주부전, 장화홍련전 등)

★ 한눈에 보는 역사

조선 후기 서민 문화의 발달	
문학	한글 소설, 사설시조
미술	풍속화, 민화
공연	판소리, 탈춤
음악	민요

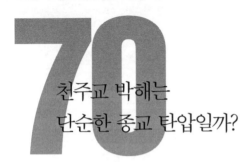

70 천주교 박해는
단순한 종교 탄압일까?

> **·조선**
> 천주교 탄압
> 중요도 : ★★★★★

병자호란 이후 17세기 청과의 관계가 원만해지면서 청의 선진 문물을 배워야 한다는 움직임이 조선에서 활발해졌다. 이런 움직임은 청에 사신으로 가는 사절단을 통해 조선이 갖지 못했던 진귀한 많은 물건과 이념 그리고 사상을 받아들이게 하였다. 이때 천주교가 서학(西學)이라는 이름으로 우리나라에 들어왔다. 서학이라는 이름은 천주교가 종교가 아닌, 서양 학문으로 유입되었음을 의미한다.

유럽에서 일어난 종교개혁에서 세력이 축소된 천주교는 유럽 국가들이 식민지를 만드는 길에 동참하여 식민지인들에게 기독교를 전파하였다. 그러나 중국의 경우는 유럽보다 뛰어난 문화와 경제를 보유하고 있었기 때문에 아메리카와 아프리카처럼 강압적인 태도로 기독교를 전도할 수 없었다. 그래서 중국인들이 보지 못했던 망원경이나 세계지도 등을 선물로 제공하여 환심을 산 뒤 전도하였다. 그러다 보니 청의 사절단으로 갔던 사람들은 천주교를 새로운 서양 학문으로 이해하고 국내에 가져왔다.

하지만 서학을 공부하다 보니 학문이라기보다는 그동안 접해보지 못했던 새로운 종교였다. 서학은 기존의 성리학으로는 해결할 수 없었던 많은 문제를 다시 되짚어 생각해볼 수 있는 계기를 만들어주었다. 특히 인간 평등을 내세운 교리는 부녀층과 사회적 약자들에게 희망이 되었다.

정조 때 천주교를 믿는 사람들이 늘어났지만, 아직까지 영향력이 미비했고 유교 질서에 크게 어긋나지도 않았다. 그 이유는 초창기 아시아에 들어왔던 천주교의 '예수회'가 아시아의 전통과 문화를 존중했기 때문이었다. 그러나 아시아에 후발 주자로 들어온 여러 종교 단체가 예수회의 포교 방식을 문제 삼자 교황청은 아시아의 전통제례를 허용하지 않았다. 이에 아시아에서 천주교의 활동이 크게 변화되면서 조선에도 큰 영향을 미쳤다. 점차 조상에 대한 제사를 지내지 않는 사람들이 등장하기 시작한 것이다. 1791년에는 윤지충을 비롯한 양반들마저 제사를 거부하자, 조정 내에서 천주교에 대한 인식이 나빠졌다. 결국 조선 정부는 윤지충을 비롯한 천주교 신자들에게 박해를 가했는데, 이를 신해박해라고 한다.

그러나 천주교에 대한 박해가 본격적으로 이루어진 것은 1801년 신유박해다. 신유박해는 청나라에서 주문모 신부가 들어오면서 천주교 신자가 급속하게 늘어나자, 사회를 어지럽 힌다는 명목으로 주문모 신부를 비롯한 한국인 천주교 신자를 처형하고 유배 보낸 사건이다.

이 당시 이승훈, 정약종 등 우리가 익히 들어 알고 있는 천 주교 신자 100여 명이 처형되고 400명에 가까운 사람이 유배 되었다. 신유박해로 천주교 신자가 희생당하자 주문모에게 세 례를 받은 황사영이 청나라에 주둔하고 있던 프랑스군에게 도

◆사료 보기

천주를 부모로 삼았으므로 천주의 명을 따르지 않을 수 없습니다. 사대부 집안 의 신주는 천주교에서 금하는 것이므로, 결국 신주를 묻었습니다. 죽은 자에게 술과 음식을 올리는 것은 천주교에서 금하는 것입니다. (중략) 이는 단지 천주 의 가르침을 따른 것일 뿐 나라의 법을 어긴 것은 아닙니다.

출처: 〈정조실록〉

움을 요청하는 편지를 썼다. 황사영은 편지에서 프랑스 군대가 조선으로 들어와 천주교의 포교를 자유롭게 할 수 있도록 무력행위를 해달라고 요청하고 있었다. 이는 역모에 해당하는 일이어서, 편지와 관련하여 수백 명의 천주교 신자가 희생되었다.

그러나 천주교가 탄압받은 이유는 종교적 가치가 유교적 사회질서에 어긋나는 행위를 해서가 아니었다. 오히려 정치적 역학관계가 변화되는 가운데 정순왕후 측이 반대 세력을 제거하기 위한 도구로 천주교를 사용한 측면이 강했다.

1800년 정조가 갑작스럽게 죽은 이후 1801년 11살의 순조가 왕위에 오르면서 정순왕후의 섭정이 이루어졌다. 정조에 의해 위축되었던 노론 벽파 세력들은 이 기회에 정조의 측근들을 제거하기 위해 천주교를 명분으로 삼았다. 즉 천주교 탄압

◆사료 보기

서양은 그리스도의 가르침이 이루어진 땅으로 이천 년 이래 모든 나라에 그리스도의 가르침을 전하여 귀화하지 않은 곳이 없습니다. 그런데 홀로 이 나라만 이 그리스도의 명에 순종하지 않고 도리어 강경하게 그리스도의 가르침을 어기고 성직자를 마구 학살하였습니다. 이러한 짓은 동양에서 200년 이래 없었던 일이니 군사를 일으켜 죄를 묻는 것이 어찌 옳지 않겠습니까?

출처: 《황사영백서》

은 노론 벽파가 남인을 비롯한 진보적 사상가와 정치 세력을 몰아내는 정치 탄압이었다. 탄압받은 대표적인 인물이 정약용이다. 정약용은 젊은 시절 천주교에 관심을 가졌지만, 관직에 오른 이후 공개적으로 천주교와 관련이 없다고 밝혔다. 그러나 과거 천주교 신자였다는 이유만으로 정조가 죽은 후 18년간 유배 생활을 했다. 19세기 사람을 위해 존재하는 종교가 권력의 도구로 사용되어, 많은 사람이 희생을 당했다는 점이 안타까움을 남긴다.

★ 한눈에 보는 역사

서학과 동학의 특징	
서학(천주교)	유일신 사상 평등사상 내세사상
동학(천도교)	인내천 사상 후천 개벽 사상 보국안민

71

암행어사 출두가
백성을 왜 힘들게 하지?

· 조선
세도정치
중요도 : ★★★

1800년에 정조가 죽고 순조가 11살의 나이로 왕에 즉위하자 조선의 정국은 다시 혼란스러워졌다. 영조의 계비인 정순왕후가 수렴청정하면서 정조가 육성했던 신진 관료들은 귀양을 가거나 죽음을 당했다. 이 과정에서 병자호란 당시 유명했던 김상헌의 후손인 김조순은 정조의 명을 따라 순조를 옆에서 보필하면서 정치적 두각을 드러내지 않았다. 그러나 1804년 수렴청정이 끝나고 순조가 직접 정치의 일선에 나오자, 김조순은 노론 벽파를 몰아내고 안동 김씨가 정국을 주도하는 세도정치를 끌어냈다. 이후 흥선대원군이 고종을 왕으로 즉위시키기까지 60여 년 동안 조선은 안동 김씨, 풍양 조씨 등 왕의 외척에 의해 국가가 비정상적으로 운영되었다.

안동 김씨 세도가는 비변사를 통해 인사권과 주요 관직을 독점하였다. 또한 관직 매매를 통해 경제적 기반을 마련하면서, 관리들의 약점을 움켜쥐고 자신의 뜻대로 조정을 움직였다. 안동 김씨가 중요 관직을 독점하자, 조정 내에서 비판하고 견제할 세력이 사라졌다.

세도가에게 돈을 주고 관직에 나간 벼슬아치들은 보다 높은 관직을 얻기 위해 세도가에게 매년 뇌물을 바쳤다. 벼슬을 얻고 유지하는 데 소요되는 막대한 비용은 농민에게 수탈한 재물로 충당되었다. 이들은 전정·군정·환곡에서 많은 부정 비리를 일으켰는데, 이를 삼정의 문란이라고 한다.

수령들은 전정을 통해 토지대장에 없는 땅에 세금을 부과하거나, 정해진 금액보다 더 많이 걷어 들였다. 군정에서는 어

◆사료 보기

봄철에 좀먹은 쌀 한 말 받고서 가을엔 온전한 쌀 두 말 바쳤다. 게다가 좀먹은 쌀값을 돈으로 내라 하니, 온전한 쌀을 판 돈으로 바칠 수밖에 없다. 남는 이윤은 교활한 관리를 살찌워 한 번 벼슬길에 천 마지기 땅이 생겼다. 백성은 고생뿐이어서 굶어 가고 벗겨 가고 걸핏하면 매질이라.

출처: 《여유당전서》

린아이나 죽은 사람에게까지도 병역의 의무를 부과하여 군포를 걷어 들였다. 환곡을 통해서는 백성에게 강제로 곡식을 대여하고, 높은 이율로 원곡보다 더 많은 쌀을 걷어 들였다. 삼정의 문란으로 과도한 세금을 이기지 못한 많은 백성이 도망가면, 수령들은 이웃이나 친족에게 도망간 사람의 세금까지 떠넘겼다.

많은 백성이 수령의 수탈을 이겨내지 못하고 고향을 떠나 불안한 삶을 영위하자, 조정은 관리들의 비리를 밝히고 바로잡기 위해 암행어사를 보냈다. 암행어사는 지금으로 따지면 대통령의 특별 지시로 비밀리에 감찰 활동을 하는 관리를 말한다. 대부분 암행어사라고 하면 부조리를 밝히고 바로잡는 과정에서 수령을 혼내주고 선정을 베풀 것이라 예상한다. 하지만 실제로는 정반대의 현상이 일어났다. 백성들은 암행어사의 행차를 반기기는커녕 자신들의 고을로 오지 말라고 항의하는 경우가

◆암행어사

암행어사는 왕이 지방 군현에 비밀리에 파견해 수령을 감시하고, 백성들의 어려움을 듣게 하는 임시직이었다. 조선시대 왕들은 관리를 감찰하고 지역의 민심을 듣는 통로로 암행어사를 오랫동안 활용했다. 암행어사로 잘 알려진 인물로 영조 시절 박문수가 있다.

더 많았다.

암행어사는 비밀리에 업무를 진행해야 하지만, 실제로는 수령에게 몇 날 몇 시에 방문하겠다고 미리 통보하고 방문하였다. 그럴 수밖에 없는 것이 암행어사도 자신의 능력으로 관직에 오른 경우보다는 세도가에게 뇌물을 갖다 바친 사람이 많았다. 그렇게 암행어사가 된 자들이 국가와 백성을 위해 활동할 리가 없었다. 수령들이야 백성을 상대로 재물을 뜯어낼 기회가 많았지만, 암행어사는 직접 백성을 상대로 수탈할 수가 없었다. 그렇다면 관리가 되기 위해 바친 돈과 앞으로 필요한 돈을 충당하기 위해서는 수령에게 뒷돈을 받는 방법이 최고였다. 또한 암행어사보다 세도가와 더 가까운 수령을 잘못 건드리는 경우에는 자칫 관직에서 쫓겨날 수도 있었다.

암행어사가 수령에게 방문 시기를 알려주면, 수령은 접대비와 뇌물로 줄 돈을 백성에게 뜯어냈다. 이렇다 보니 암행어사의 방문은 삼정의 문란을 해결하는 것이 아니라 오히려 백성들에게 이중 부담을 안겨주는 행위였다. 암행어사가 같은 지역에 여러 번 오는 경우 백성들은 살기 위해서 공식적으로 재방문을 거부하는 항의를 벌이기도 하였다.

★ 한눈에 보는 역사

세도정치	
배경	탕평 시기 왕에게 집중된 권력 → 소수 외척 가문에 권력 집중
전개	안동 김씨(순조) → 풍양 조씨(헌종) → 안동 김씨(철종)의 3대 60여 년간
특징	세도 가문이 정치 주도 의정부와 6조의 기능 약화 매관매직 등 정치 기강 문란 삼정의 문란 등 탐관오리의 수탈

72 홍경래의 난은 왜 일어났을까?

> **· 조선**
> 세도정치
> 중요도 : ★★★★

세상을 살아가다 보면 좋은 일이든 나쁜 일이든 한꺼번에 몰리는 경우가 많다. 좋은 일의 경우에는 문제가 없지만, 나쁜 일이 연달아 일어나면 대부분 자괴감에 빠진다. 이때 자기를 책망하는 단계가 끝나면, 문제의 원인을 타인이나 사회로 돌리는 경우가 종종 나타난다. 조선 시대에 안 좋은 일만 계속 생기던 지역이 있었다. 바로 평안도다. 평안도는 수탈과 흉년 그리고 지역 차별 등 안 좋은 일이 연달아 일어나면서 1811년 조선을 무너뜨리고 새로운 세상을 만들려는 홍경래의 난이 일어났다.

북쪽에 위치한 지역은 예로부터 이민족의 침략을 자주 받으면서 강인한 기질이 몸에 배어 있었다. 병자호란 당시 청나라 군대가 임경업 장군이 지키는 백마산성을 돌아서 서울로 남 하했던 것도 평안도 사람들의 강한 결집력과 저항 의식이 얼마 나 대단했는지를 보여준다. 그러나 이런 모습은 정치하는 위정 자들에겐 큰 부담으로 느껴졌다. 평안도 사람들을 잘 이용하면 엄청난 이익을 얻을 수 있지만, 잘못 이용하면 자신들이 다칠 수 있다고 생각했다. 이는 평안도 사람만이 아니라 함경도 사 람에게도 해당했다. 함경도 출신인 이성계도 함경도의 정예병 으로 모든 전쟁에서 백전백승의 승리를 거두며 왕이 되었지만, 조선 건국 이후로는 함경도 사람들을 중용하기보다는 오히려 차별하였다.

평안도는 여기에 수탈이라고 하는 항목을 하나 더 얹어야 했다. 조선 시대 평안도에서 걷히는 조세는 서울로 운반되지 않 고, 군대 운영과 중국 사신을 맞이하는 접대비로 사용되었다. 우리 속담에 "평안 감사도 저 싫으면 그만이다."라는 말이 있다. 이 말은 평안도를 총 관할하는 평안 감사에게 행정·사법·군 사권이 부여되어 어떠한 관직보다도 막강한 힘과 부를 가졌음 을 의미한다. 평안도에 부임한 관리들은 언제라도 마음만 먹으 면 백성들을 수탈할 수 있다 보니, 평안도 사람들은 지역 차별과 수탈이라는 이중고에 늘 시달리면서 힘든 생활을 감수해야 했다.

상대적인 박탈감과 절대적인 빈곤에서 살아가던 평안도 사람들은 정조가 죽고 난 후 일어나는 정치적 격동기에 더욱 큰 어려움을 겪었다. 정순왕후의 수렴청정이 끝나자 김조순을 중심으로 하는 인동 김씨 세도가의 폭정은 삶을 더 어렵게 만들었다. 여기에 1811년, 조선 역사에서 사례를 찾아보기 어려울 정도의 대흉년으로 많은 이들이 굶어 죽자 평안도 사람들의 불만이 최고조에 달하였다.

몰락한 양반이던 홍경래는 평안도의 민심을 읽고 광산에 돈을 벌기 위해 온 많은 하층민을 규합하여 봉기를 일으켰다. 당시 홍경래의 참모진에는 양반, 대상인과 같이 지배 계층에 속하는 사람들도 있어 수탈을 이겨내지 못하고 일어난 단순한

◆사료 보기
관서는 성인 기자의 옛터요, 단군 시조의 옛 근거지로서 문물이 발달한 곳이다. (중략) 그러나 조정에서는 관서를 버림이 분토와 다름없다. 심지어 권세 있는 집의 노비들도 평안도 사람을 보면 반드시 평안도 놈이라고 말한다. 어찌 억울하고 원통하지 않은 자 있겠는가.
출처: 《패림》

농민 봉기가 아니었다. 오랜 지역 차별과 경제적 어려움으로 이미 오래전부터 예정되었던 난이었다.

홍경래를 중심으로 모인 농민 봉기군은 정주·선천·태천·철산·용천·박천을 점령하고, 관아의 곡물을 가난한 백성들에게 나누어 주며 승승장구하였다. 그러나 500년을 이어온 조선은 만만치 않았다. 관군에게 송림에서 패한 이후 봉기군은 정주성으로 물러나야 했다. 이후 3개월을 버티며 주변 지역이 봉기에 응해주기를 원했지만, 어느 곳도 홍경래와 함께하는 곳이 없었다. 홍경래가 새로운 세상을 만들고 싶어 하던 희망의 불은 점차 사그라들었다. 결국 1812년 정주성을 폭파한 관군에 의해 홍경래가 죽고 3,000명에 가까운 봉기군이 체포되며 봉기는 끝을 맺었다.

홍경래의 난은 오랫동안 곪아 있던 지역 차별, 폐쇄적인 신분제, 관리들의 부정부패가 복합적으로 얽혀 터져버린 사건이

◆준비된 홍경래의 난
홍경래의 난은 10여 년 동안의 준비 과정을 통해 일어난 계획적이고 조직적인 봉기였다. 부농과 서민 지주층, 상인층의 경제적 지원을 받으며 산속에 비밀 기지를 건설했다는 점에서 당시 우발적이고 하층민 위주의 일반 봉기와는 다른 성격을 가지고 있다.

었다. 비록 홍경래의 난은 실패했지만, 새로운 세상이 열리기를 바라는 마음은 사라지지 않고 계속 계승되었다.

★ 한눈에 보는 역사

세도정치 시기 농민 봉기	
배경	주도: 몰락 양반 홍경래 중심, 광산 노동자·상인·농민
	배경: 평안도 지방에 대한 차별과 세도정치로 인한 지배층 수탈
선개	삼정이정청 설치 후 전국으로 확대
	* 삼정이정청: 삼정 개선을 위해 설치된 임시 기구

73

양반이 꼭 되고 싶니?

· **조선**
신분제의 동요
중요도 : ★★

조선 후기는 신분제가 흔들리면서 자신의 능력으로 얼마든지 신분 간 이동이 가능해졌다. 특히 양반으로 신분 상승하는 것이 어렵지 않았다. 정부로부터 공명첩을 사거나 양반에게 돈을 주고 사는 방법이 있었다. 이런 방법이 아니라면 양반 행세를 통해 얼마든지 양반이 될 수 있었다.

임진왜란에서 재정이 부족했던 조선 정부는 공명첩을 남발하였다. 공명첩이란 전쟁에서 왜군을 상대로 공을 세웠거나 쌀과 같은 곡식을 낸 사람들에게 부여하는 관직 임명장으로 공식적으로 인정되는 신분 상승 도구였다. 그러나 공명첩은 형식적인 임명장으로 수취자의 이름이 기재되지 않거나, 관직이나 임명 날짜가 없는 경우가 허다했다. 실제 관직을 주지 않고 재물만 받다 보니, 흉년이 들면 조선 정부는 공명첩을 통해 재정의 부족분을 채워나갔고, 그만큼 양반의 숫자는 늘어났다.

공명첩이 아니더라도 양반에게 돈을 주고 족보에 자신의 이름을 올리는 방법으로도 쉽게 양반이 될 수 있었다. 이는 대동법의 시행으로 화폐가 유통되고 상공업이 발달하는 경제적인 변화에 기인하였다. 조선 후기 대동법의 영향으로 상민 중에서 고구마·담배·인삼과 같은 상품작물과 이모작으로 많은 이윤을 남기는 부농이 등장하였다. 이들은 몰락한 양반들에게 돈을 주고 족보에 자신의 이름을 올릴 수 있었다.

또 다른 방법으로 다른 지역으로 도망을 가서 양반 행세를 하는 경우도 있었다. 몰락한 양반의 숫자가 늘어나면서 양반과 상민의 구별이 어려워진 상황에서, 귀동냥으로 들었던 유력 가

◆사료 보기
적의 목을 벤 자, 납속을 한 자, 작은 공이 있는 자에게는 고신이나 면천·면역의 첩을 주었다. 병사를 모집하고 납속을 모집하는 담당 관리가 이 첩을 가지고 지방에 내려갈 때 이름 쓰는 데만 비워 두었다가 응모자가 있으면 그때마다 이름을 써서 주었다.
출처:《선조실록》

문의 정보를 대충 읊기만 해도 가짜 양반은 들통나지 않았다.

반면 양반 중에서 오랫동안 관직에 진출하지 못하면서 경제적 곤궁을 겪는 이들이 나타났다. 과거시험을 준비할 경제적 능력이 없어 농업이나 상업에 종사하는 잔반(殘班)의 삶은 일반 농민보다도 열악한 경우가 더 많았다. 김홍도의 〈자리짜기〉 그림을 보면 양반이지만 먹고살기 위해 남자는 자리를 짜고 여자는 물레로 실을 뽑는다. 그러나 양반으로서 가문을 일으키기 위해 아이에겐 글을 읽히고 있다. 그 아이를 자세히 살펴보면 바지도 입지 못한 채 공부하고 있다.

양반이지만 자녀에게 아랫도리도 입히지 못하는 가난한 현실로 인해, 양반은 부유층이 된 상민들에게 더는 존경의 대상이 되지 못했다. 그리고 당연히 모시고 받들어야 하는 계층도 아니었다. 이처럼 신분보다는 경제적인 능력이 더 중요한 시대로 변해갔지만, 사회의식과 제도는 아직 따라오지 못하고 있

◆사료 보기
모든 백성이 군역을 피하고자 간사한 아전과 한통속이 되어 뇌물을 쓰고 호적을 위조하여 유학이라고 거짓으로 올리고 면역하거나 다른 고을로 옮겨 가서 스스로 양반 행세를 한다.
출처: 《일성록》 정조 편

었다.

조선 시대 양반들은 공부한다는 명목으로 국가에 내야 할 조세가 면제되었다. 그리고 관료가 되기 위한 과정으로 양반 자제만 입학이 가능한 서원에 들어가 인맥의 폭을 넓히며 사회의 주류가 될 수 있었다. 이는 면세와 면역이라는 경제적 이익과 더불어 상민이 가질 수 없는 특권이었다. 이 무리 양반의 가치가 예전보다 떨어졌다고 하나, 여전히 양반이란 이름이 주는 이익과 매력은 매우 컸다.

오늘날에도 양반과 상민이라는 계급이 사라졌지만, 여전히 사람들은 같은 성씨를 가졌다는 사실만으로도 쉽게 친분을 쌓고 가까워진다. 그리고 양반 족보를 이야기한다. 법적으로 신분제가 사라진 지 120년이 넘은 지금도 양반이라는 이름이 주는 효과가 큰데, 수백 년간 무시와 멸시를 당했던 상민들이 양반이라는 칭호를 듣고 싶었던 것은 당연한 일이 아니었을까?

★ 한눈에 보는 역사

조선 후기 신분제 변동		
양반	증가	벌열 양반: 정치권력을 차지
		향반: 향촌 사회에서 위세 유지
		잔반: 몰락 양반
상민	감소	서민층의 성장: 부농층, 상업 자본가, 독립 수공업자 등
노비	감소	군공, 납속, 도망
		공노비 6만여 명 해방(1801)

74 무엇이 신사임당과 허난설헌의 삶을 바꾸었나?

> **· 조선**
> 여성의 사회적 지위
> 중요도 : ★

고려 시대 여성의 사회적 위치는 동시대 주변국보다 훨씬 높았다. 그러나 조선 시대 양난을 거치면서 여성들의 처지는 점차 열악해졌다. 여성들의 지위가 낮아질수록 역설적이게도 어머니들은 딸을 부정하였다. 자신과 같은 어려운 삶을 살아가야 할 딸보다는 대접받는 아들 낳기를 희망했다. 시간이 흐르자 딸을 안타깝게 생각하던 마음은 사라지고, 아들을 낳지 못하고 딸을 낳았기 때문에 자신의 인생이 힘들어졌다고 여겼다.

이처럼 여성들의 권위가 낮아진 데에는 성리학에서 여성을 남성보다 낮은 존재로 규정한 유학자들의 해석이 바탕에 깔려 있다. 그렇다 보니 성리학을 공부한 유생들이 한 집안의 가장 으로 또는 관리가 되어 국가를 경영할 때에 여성을 위한 배려 가 없었다. 여자는 남자를 위해 희생하는 것이 옳다고 여겼고, 여성들이 겪는 문제들을 공감하고 인지하지 못했다. 또한 남자 들은 집안이나 사회에서 문제가 발생하면 그 원인과 책임을 사 회적 약자였던 여성에게 떠넘기며 회피하고자 하였다.

이런 요인들이 복잡하게 얽히면서 조선 후기 여성들의 삶은 비참해졌다. 조선 시대 여성의 지위가 변화되는 과정을 잘 보여 주는 인물이 신사임당(1504~1551)과 허난설헌(1563~1589)이 다. 이 둘은 조선 시대 뛰어난 재주를 가졌던 여성 문인이었다. 그러나 둘은 60년이라는 세월의 차이로 삶의 운명이 판이하였 고 상반된 평가를 받았다.

우리는 얼마 전까지 현모양처라는 개념을 시부모를 잘 부양 하고, 남편과 자식의 뒷바라지를 잘하는 여성으로 인식하였다. 그런데 이 개념에 맞추어 본다면 현모양처의 대명사인 신사임 당은 해당하는 부분이 적다. 우선 신사임당은 혼인 이후 시댁 에 가서 살지 않았다. 친정인 강릉에서 20년 가까이 거주하다 가 38세가 되어서야 서울로 삶의 터전을 옮겼다. 율곡 이이의 탄생 설화에서도 남편 이원수가 태몽을 꾸고 아이를 갖기 위해 강릉으로 찾아갔던 일과 신사임당이 죽으면서 재혼을 하지 말라고 한 유언을 본다면, 과거 현모양처보다는 오늘날 당당하게 자신의 권리를 주장하는 여성에 가까워 보인다.

　반면 허난설헌은 중국과 일본에까지 시가 알려질 정도로 뛰어난 자질로 8살에 신동이라는 소리를 들으며 성장하였다. 그러나 15세에 결혼하여 시집살이하는 동안 남편보다 뛰어난 자질이 문제가 되어 시어머니의 구박을 많이 받아야 했다. 남편도 가정에 충실하기보다는 밖으로만 나돌며 허난설헌의 속을

◆신사임당의 〈思親(사친)〉
千里家山萬疊峰 천리가산만첩봉(천리 먼 고향 만 겹 봉우리 저쪽인데)
歸心長在夢魂中 귀심장재몽혼중(돌아가고 싶은 마음 늘 꿈길에 있네)
寒松亭畔雙輪月 한송정반쌍륜월(한송정 가에는 하늘과 물의 두 둥근 달이요)
鏡浦臺前一陣風 경포대전일진풍(경포대 앞에는 시원한 바람 한바탕 불리)
沙上白鷗恒聚散 사상백구항취산(바닷가 모래밭에 갈매기 모였다 흩어지고)
波頭漁艇每西東 파두어정매서동(파도 머리 고깃배 이리저리 오고 가리)
何時重踏臨瀛路 하시중답임영로(언제 다시 고향 강릉 길 밟고 가)
綵舞斑衣膝下縫 채무반의슬하봉(비단 색동옷 입고 부모님 곁에서 바느질할꼬)
◆허난설헌의 〈剪刀(전도, 가위)〉
有意雙腰合 유의쌍요합(뜻이 맞아 두 허리 맞대고)
多情兩脚擧 다정양각거(다정스레 두 다리 들었다오)
動搖於我在 동요어아재(요리조리 흔드는 건 내가 하리니)
深淺任君裁 심천임군재(깊게 얕게는 당신 맘대로요)

태웠다. 여기에다 두 아이를 먼저 저세상으로 보내고 배 속의 아이마저 유산하면서 마음고생 하던 허난설헌은 27살의 젊은 나이로 생을 마감하였다.

조선 시대 성리학이 사회에 뿌리를 내리면서 고려 시대 당당하게 살던 여성의 삶이 송두리째 바뀌어버렸다. 양난 이후로 여성은 호적에 이름을 올리지 못했고, 출가외인이라고 하여 모든 가정사에서 배제되었다. 부모의 유산도 받지 못하면서 경제적 능력을 상실한 여성들은 시댁에 의존하면서 모진 세월을 버텨야 했다. 혹시라도 시댁에 미운털이 박힌다면 칠거지악에 따라 쫓겨나야 했다. 시댁에서 쫓겨난 여성은 친정으로 돌아갈 수도 없었다. 친정으로 돌아가게 되는 경우 문중을 욕보였다는 이유로 다시 밖으로 내쳐졌고, 극한 경우에는 스스로 목숨을

◆칠거지악(七去之惡)
① 시부모를 잘 섬기지 못할 때
② 아들을 낳지 못할 때
③ 부정한 행위를 할 때
④ 질투가 심할 때
⑤ 나병·간질 등의 중병을 앓을 때
⑥ 말이 많을 때
⑦ 물건을 훔칠 때

끊는 경우도 많았다.

국가에서도 남편이 죽고 나서 재혼하지 않고 시댁을 잘 보필하는 여성에게는 열녀문을 내리며 포상했지만, 재가한 여성의 자녀는 과거 응시 자격을 박탈하는 정책을 통해 여성의 처우를 열악하게 만들었다. 이런 변화들은 조선 후기 아들을 낳은 여성만 가슴을 내놓고 다닐 수 있는 풍토를 만들어냈다.

★ 한눈에 보는 역사

조선 후기 신분제 변동	
고려	재산 상속, 제사, 재혼 가능
조선	중기 이후 고려 시대의 권리 상실 시집살이 시작

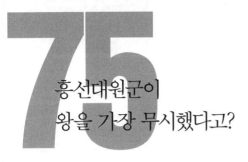

흥선대원군이
왕을 가장 무시했다고?

· **조선**
흥선대원군의 정책
중요도 : ★★★★

세도정치 기간 동안 왕권이 무너지면서 유능한 왕족들은 숨을 죽이며 살아가야 했다. 혹시라도 안동 김씨의 눈에 벗어나는 경우, 응분의 대가를 치루며 모진 삶을 살아야 했다. 그러나 마음속 깊은 곳에 복수의 칼을 갈며 때가 오기를 기다리는 왕족이 있었다. 훗날 10년 동안 조선을 통치했던 흥선대원군(1820~1898)이 그 주인공이다.

흥선대원군은 선왕들이 신하들 앞에서 국가 정책에 대한 자신의 생각을 당당하게 이야기하는 것을 보지 못했다. 혹시라도 바른 소리를 하면 신하들의 거센 항의에 곧바로 잘못했음을 시인하는 모습을 보면서 약해져 가는 왕권을 바로잡아야겠다고 생각하였다. 이는 흥선대원군 스스로도 세도가에게 많은 멸시와 무시를 당했던 경험에 기인한다. 흥선대원군이 젊은 시절 충청북도 괴산에서 송시열을 배향하는 화양서원 앞을 지나다가, 말에서 내리지 않았다는 이유로 유생들에게 몰매를 맞은 적이 있다. 왕족이라고 밝혔음에도 무시당한 채 몰매를 맞자, 무슨 일이 있어도 조선을 이씨의 나라로 되돌리겠다고 다짐하였다.

흥선대원군의 집념은 참으로 대단하였다. 2대에 걸쳐 왕이 나올 수 있다는 풍수지리가의 말에 사찰을 없애고 연천에 있던 아버지의 묘를 충남 예산으로 이장하였다. 영종도의 용궁사에 바다에서 건져 올린 영험한 옥부처가 있다는 소리를 듣고는 그곳에서 10년 동안 기거하며 자신의 아들이 왕이 되기를 기도하였다. 이런 집념을 바탕으로 철종이 죽자 조대비와의 협상을 통해 12살의 둘째 아들 명복을 왕으로 즉위시켰다. 이 왕이 바로 제26대 고종(재위 1863~1907)이다.

어린 나이의 고종이 직접 정치를 할 수 없었기에 자연스레 흥선대원군은 섭정 형식을 통해 국정을 운영해나갔다. 흥선대원군의 목표는 '왕이 바로 서야 나라가 바로 선다.'는 것이었다. 이후 모든 정책을 통해 세도가의 힘을 약화시키고, 모든 권력을 왕실에 집중시키고자 하였다. 그 와중에 조선을 괴롭히던 고질적인 문제들이 해결되기 시작하였다.

흥선대원군이 왕권을 강화하는 방법은 정치와 경제 두 부분에서 이루어졌다. 정치적으로 안동 김씨의 기반이 되었던 비변사를 폐지하고 서원을 철폐하였다. 비변사가 폐지되고 의정부의 기능이 회복되자 소신 있고 능력 있는 인물들이 조정을 메우기 시작하였다. 그리고 서원이 가지고 있던 여러 폐해가 사라지자, 패당이 사라지고 여론 조작이 줄어들었다.

경제적으로는 안동 김씨와 추종 세력이 세금을 착복하지 못하도록 막고, 국고를 채우기 위한 경제개혁에 착수하였다. 세금을 고의로 누락시킨 땅을 찾아내기 위해 양전 사업을 하고, 양반에게 주었던 군역 면제의 특권을 없애는 호포제를 통해 모든 양인에게 군포를 걷어 들였다. 또한 관료들이 환곡을 통해 사적 이익을 추구하지 못하도록 향촌 주민들이 자치적으로 운

◆사창제

사창제는 국가에서 면 단위로 운영하던 환곡을 리(里) 단위로 백성이 스스로 사창을 설치하여 운용하도록 하였다. 마을 안에서 덕망이 있으면서 경제적 여유가 있는 사람이 사창 운영의 책임을 맡으면서, 공권력을 가지고 더 많은 곡물을 수탈하던 수령의 횡포를 막았다.

영하는 사창제를 시행하였다.

이런 정책들은 양반 지주들의 반발을 가져오기는 했으나, 그동안 백성들을 괴롭히던 많은 문제를 해결해주었다. 하지만 흥선대원군 정책의 일순위는 백성이 아니라 왕이었다. 그는 왕권이 먼저 바로 서야 백성들도 행복할 수 있다고 믿었다. 약해진 왕권을 바로 세우기 위해서는 무엇보다도 임진왜란 이후 재건되지 않던 경복궁을 다시 중건하는 일이 시급하다고 생각했다.

그러나 경복궁을 중건할 재정이 없다는 것이 문제였다. 흥선대원군은 경복궁 중건에 필요한 자금을 마련하기 위해 일종의 기부금이라 할 수 있는 원납전을 강제 징수하고, 당시 화폐보다 100배나 가치가 높은 당백전을 마구 발행하였다. 그리고

◆경복궁 타령 일부

에- 에헤이야 얼널널 거리고 방에 흥애로다.
조선 팔도 좋다는 나무는 경복궁 짓느라 다 들어간다.
도편수라는 놈의 거동 보소.
먹통 메고 갈팡질팡한다.
에나 떠난다고 통곡 말고
나 다녀올 동안 네가 수절을 하여라. (중략)
남문 열고 바라 둥당 치니 계명산천에 달이 살짝 밝았네.
경복궁 역사가 언제나 끝나 그리던 가족을 만나 볼까.

일 년 농사의 풍흉을 결정짓는 농번기에 백성을 강제 동원하여 경복궁을 짓게 하였다. 이런 비정상적인 방법들은 백성들의 반발로 이어졌다.

홍선대원군이 왕권을 바로 세운다는 명목 아래 행했던 많은 정책은 지배 계층과 피지배 계층 모두의 반발을 가져왔다. 그 결과 홍선대원군은 정권에서 밀려났다. 아들이기 전에 왕이던 고종을 가장 무시하고 왕권을 추락시킨 것이 정작 자신인지도 모른 채 말이다.

★ 한눈에 보는 역사

홍선대원군 정책	
왕권 강화	비변사 폐지 → 의정부와 삼군부 부활
	법전 편찬: 대전회통, 육전조례
	능력에 따른 인재 등용
	경복궁 중건
민생 안정	전정 → 양전 사업
	군정 → 호포제
	환곡 → 사창제
	서원 철폐 → 47개소만 남김
쇄국정책	병인양요(1866, 프랑스)
	신미양요(1871, 미국)
	전국에 척화비 건립

76

신미양요는 승리일까? 패배일까?

· 조선
서양 세력의 침략
중요도 : ★★★

흥선대원군이 집권하던 시기는 서양 제국들이 아시아에 식민지를 만들기 위해 본격적으로 뛰어들면서 세상이 급변하던 시대였다. 중국은 영국과의 아편전쟁 (1839~1842)에서 패배하며 맺은 난징조약을 통해 서구로부터 본격적인 침탈을 당했다. 일본은 1853년 미국 페리 함대의 함포 외교에 굴복하고 불평등한 조약을 맺으며 문호를 강제 개방하였다.

중국과 일본보다 늦기는 했지만, 1800년대부터 우리나라 해안선에도 끊임없이 '서양 배(당시 이양선이라 부름)'가 출몰하여 불안감이 조성되고 있었다. 1858년에는 러시아가 아이훈조약을 통해 연해주를 차지하면서 국경을 마주하게 되자 조선의 불안감은 한층 고조되었다. 1866년에는 미국 상선 제너럴셔먼호가 평양에 들어와 난동을 벌였고, 같은 해 조선이 프랑스 선교사를 죽였다는 명분으로 프랑스군이 강화도를 쳐들어오기도 하였다.

그중에서도 흥선대원군을 가장 화나게 만든 사건은 1868년 독일 상인 오페르트가 충남 예산에 있는 흥선대원군의 아버지인 남연군 묘를 도굴하려 한 사건이었다. 효를 중시하던 조선에서 부모의 유골을 파내 흥정하려던 모습은 굉장한 충격으로 다가왔다. 더불어 왕을 만드는 명당이라 하여 흥선대원군이 매우 중요하게 여기던 남연군 묘를 파헤치려 했으니, 흥선대원군의 노여움은 하늘을 찔렀다. 그 결과 많은 조선인은 서양을 금수만도 못한 오랑캐로 인식하였다.

서양을 상종하지 못할 대상으로 인식하고 쇄국정책을 고수하던 조선의 강화도에 1871년 미국 함대가 출몰하였다. 미국 함대는, 1866년 평양군민에게 제너럴셔먼호가 불태워지는 과정에서 죽은 미국인에 대한 보상과 함께 통상 수교를 맺자고 요구하였다. 흥선대원군은 미군에 통상 수교를 할 의사가 없음을 알리고 군대 철수를 명했지만, 아시아함대 사령관 로저스(J.

Rodgers)는 응하지 않았다. 오히려 강화도 손돌목으로 1,230명의 병사를 태운 군함 5척을 이끌고 접근하였다. 조선군이 경고용 포격을 가하자, 미군은 이를 빌미로 본격적인 전쟁을 벌여 초지진·덕진진을 순식간에 점령하였다. 조선군보다 대포의 유효사거리가 현저히 길었던 미군은 함포사격으로 조선군을 손쉽게 무력화시킨 뒤 강화도에 상륙하여 진지를 함락시켰다.

서울로 들어가는 입구에는 이제 광성보만이 남았다. 광성보에는 진무중군 어재연이 이끄는 조선 수비병 600여 명이 목숨을 걸고 미군을 기다리고 있었다. 그러나 한 시간 동안의 공격으로 광성보는 불바다가 되어 많은 사람이 목숨을 잃었다. 당시 미군은 3명이 죽고 10명이 다친 반면, 조선군은 350명이 죽고 부상자가 57명이라고 기록하고 있다.

당시 미국 장교였던 슬레이 대령은 "적은 노후한 전근대적인

◆광성보
광성보는 조선 광해군 때 고려 시대의 외성을 보수하면서 설치되었고, 이후 몇 차례 개축되었다. 광성보에 올라서면 서울로 들어가는 한강 하구에서 바다로 빠르게 흐르는 물살을 통해 전략적 위치로 매우 유용했음을 확인할 수 있다. 신미양요 당시 어재연이 이끄는 수비대가 미군과 싸웠던 대포와 포대 등이 전시되어 있다.

무기를 가지고서 용감히 싸웠다. 적은 그들의 진지를 사수하기 위하여 용맹스럽게 싸우다가 전사하였다. 아마도 우리는 가족과 국가를 위해 그토록 강력하게 싸우다 죽은 국민을 다시는 볼 수 없을 것이다."라고 회상할 정도로 조선군은 많은 희생에도 불구하고 후퇴하지 않은 채 미군에 맞서 싸웠다.

일본처럼 위협을 가하면 손쉽게 문호를 개방할 것이라 믿었던 미군은 크게 당황하였다. 군함 5척으로 조선을 정복하러 온 것이 아니어서, 가져온 물자와 화약이 전투로 많이 소진되자 미군은 물러날 수밖에 없었다. 그들은 어재연 장군이 전투를 지휘할 때 사용하던 수자기(군대 깃발)만 기념으로 챙기고, 조선인 포로들은 모두 석방하였다. 이후 미국은 완강하게 저항하는 조선보다는 아시아의 다른 지역을 먼저 확보한 뒤 조선을 재침

◆사료 보기

지난번에 그대들의 선박이 포를 쏘아 대치하는 일이 있었는데, 호의라고 운운하면서 이런 일을 일으키니 심히 개탄스럽다. 조정에서는 귀국 함대와 관련한 불상사가 일어나지 않도록 엄히 명하였다. 그러나 귀국의 배들이 우리 영토로 침범해서 들어오니, 수비와 방어를 담당하고 있는 군민들이 어찌 좌시하고만 있겠는가? 따라서 지난번의 사건은 그대들이 자초한 일이다.

출처: 〈고종실록〉

략하는 것이 낫다고 판단했다. 그러나 흥선대원군과 조정의 생각은 달랐다. 중국과 일본이 막아내지 못한 서양 세력에 맞서 당당히 이겼다고 생각했다. 미국이 조선을 두려워하여 물러났다는 생각이 오판인 줄도 모르고, 중화사상을 지키는 소중화로서 자부심을 한껏 드높이는 순간이었다.

★ 한눈에 보는 역사

통상 수교 거부 정책과 양요	
1866	병인박해
	제너럴셔먼호 사건
	병인양요
1868	오페르트의 남연군 묘 도굴 미수 사건
1871	신미양요
	척화비 건립

77

임오군란에 백성들이
왜 참여했을까?

> **·조선**
> 임오군란
> 중요도 : ★★★★

1876년 강화도조약을 맺은 이후 조선은 매우 혼란한 시기를 맞이하였다. 조공과 책봉 질서에 익숙한 조선은 근대적 외교 방식에 대하여 알지 못하였다. 조선은 예전처럼 일본을 낮추어 보고 그들을 통해 서구의 문물을 선택적으로 수용하려는 자세로 강화도조약을 맺었다. 그러나 일본과 맺은 강화도조약이 얼마나 무서운 결과를 가져왔는지를 아는 데 오랜 시간이 걸리지 않았다.

그리고 공무역을 통해서만 교역을 해왔던 조선은 지금까지 경험해보지 못한 새로운 방식의 교역에 좀처럼 적응하지 못하였다. 특히 강화도조약(조·일 수호 조규)과 부속 조약에서 일본 화폐를 사용하고, 양곡의 대량 유출과 수출입에 대한 무관세를 허용한 것은 조선의 허약했던 경제에 큰 타격을 주었다.

일본은 경제적 이익을 위해 영국의 면직물을 값싸게 사다가 조선에 비싸게 팔았다. 그리고 농촌 인구의 감소로 발생한 식량난을 해결하기 위해 조선의 쌀을 무제한으로 수입해 가져갔다. 관세도 없고 일본 화폐로 거래를 했기 때문에, 조선은 일본으로부터 면직물을 비싸게 사고 쌀은 헐값에 넘기는 꼴이었다.

당시 어머니들이 잠도 못 자고 밤새 베틀에 앉아 무명을 만들어 세금 내고, 남는 것을 시장에 내다 팔아 아이들을 입히고 먹였다. 그런데 일본 상인이 어머니가 만든 면직물보다 더 싼 가격으로 시장에 내놓으니, 어머니들이 만든 무명이 더는 시장에서 팔리지 않았다. 우리네 아버지들은 하루 종일 뜨거운 뙤약볕에서 허리 한 번 펴지 못하고 일 년 내내 농사를 지었다.

◆강화도조약과 부속 조약

제7관 일본인은 본국에서 사용되는 화폐로 조선인들이 보유한 물자를 교환할 수 있다. -조·일 수호 조규 부록

제6조 조선국 항구에서 머무는 일본인은 양곡을 수출입할 수 있다.

제7조 일본국 정부에 소속된 선박은 조선의 항구에서 항세를 납부하지 않는다. -조·일 무역 규칙

그러나 지주들의 높은 소작료로 손에 쥐는 것은 얼마 되지 않았다. 반면 지주들은 쌓아 두기만 하던 쌀을 일본이 서양의 진귀한 물건으로 바꾸어 주자 큰 이문을 남길 수 있게 되었다. 이윤이 많이 남을수록 지주들은 소작료를 더욱 높여 더 많은 쌀을 거둬들였다. 당시 농민의 다수를 차지하던 소작농들은 가족들을 먹여 살리기 위해 높아진 소작료의 부담을 고스란히 떠안았다. 그리고 소작마저도 할 수 없는 사람들은 하루 품삯이라도 벌기 위해 서울과 같은 대도시로 몰려들었다. 특히 서울의 경우에는 왕십리 지역으로 지방의 많은 빈곤층이 몰려들었다. 그렇지만 대도시라고 해도 일자리는 늘 부족했고 서울살이는 어려웠다.

준비가 부족했던 개항으로 백성들의 삶이 피폐해지다 보니 나라의 세금도 적게 걷혔다. 재정 상태가 더욱 열악해진 조선 정부는 군인들의 월급도 주지 못했다. 무위영과 장어영의 군인들은 무려 13개월 치 녹봉을 받지 못하고 있었다. 그러던 중 1882년 6월 어느 날, 한 달 치의 월급에 해당하는 쌀을 준다는 소식이 군인들에게 전달되었다. 군인들이 기쁜 마음에 선혜청으로 달려갔지만, 기다리는 건 모래가 절반 넘게 섞여 도저히 먹을 수 없는 쌀이었다.

개항 이후 신식 군대인 별기군과 비교하여 차별 대우를 받던 차에 모래 섞인 급료가 나오자 구식군인들은 더는 화를 참을 수 없었다. 구식 군인들은 선혜청을 책임지던 민겸호와 별기군의 일본인 교관을 살해하고, 흥선대원군에게 다시 나라를 맡아달라고 요청하였다. 흥선대원군이 수락하자 개화파 관료들을 찾아다니며 책임을 물었다. 이 과정에서 민비는 충주 장호원의 충주목사 민응식의 집으로 피신하여 청나라에 도움을 요청하였다.

청나라는 민비의 요구를 받아들여 군대를 파병하여 임오군란을 진압하고 흥선대원군을 청으로 압송하였다. 그리고 그 대가로 조·청 상민 수륙 무역 장정을 체결하고 청 상인의 내륙 진출 등을 이끌어내며 많은 이권을 챙겼다. 일본은 자국민이

◆제물포조약
제3조 조선국은 5만 원을 내어 해를 당한 일본 관리들의 유족 및 부상자에게 주도록 한다.
제4조 흉도들의 포악한 행동으로 인하여 일본국이 입은 손해와 공사를 호위한 해군과 육군의 군비 중에서 50만 원을 조선국에서 부담한다.
제5조 일본 공사관에 군사 약간을 두어 경비를 서게 한다. 병영을 설치하거나 수리하는 일은 조선국이 맡는다.

죽고 공사관이 불에 탔다는 명분을 내세워 제물포조약을 맺고, 막대한 배상금과 함께 일본군을 서울에 주둔시키며 본격적인 침탈 준비를 하였다. 임오군란은 우리에게 알려진 것처럼 단순한 군인들의 반란이 아니었다. 임오군란을 일으킨 것은 개항 과정에서 백성을 생각지 않은 정부와 지배 계층에 대한 민초들의 일갈이었다.

★ 한눈에 보는 역사

임오군란(1882)	
배경	외세의 침략과 개화 정책에 대한 불만 곡물 유출과 곡물가 폭등 구식 군인에 대한 차별
경과	구식 군인의 봉기, 도시 하층민 가담 민씨 정부 고관 및 일본인 교관 살해, 일본 공사관 습격 흥선대원군 재집권 민씨 정부의 청 군대 요청 청군의 흥선대원군 납치 민씨 세력 재집권
결과	청의 내정간섭: 마젠창(내정), 묄렌도르프(외교)를 고문으로 파견 제물포조약: 일본군의 서울 주둔 허용 조·청 상민 수륙 무역 장정: 청의 경제 침략 강화

78 백성들은 갑신정변을 왜 외면했을까?

· **조선**

갑신정변

중요도 : ★★★★

일본에 문호를 개방하자 서구 열강은 때를 기다렸다는 듯이 조선으로 들어와 조약을 맺었다. 열강들은 하나같이 조선에 너무나 불리한 조건을 내세웠고, 조선은 무기력한 모습으로 불평등한 조약에 서명하였다. 아주 오랫동안 중국을 모델로 국정을 운영해오던 조선은 아무 비판 없이 청나라가 서구 세력에 대응하는 방식을 따라했다. 반면 청은 아편전쟁 이후 서구에 많은 이권을 빼앗기고 침탈당하는 과정에서 기존의 종속 국가들이 이탈하지 않도록 다독일 필요가 있었다. 그중에서도 조선은 청의 속국으로 계속 남아있어야 할 일순위였다.

중국의 의도를 모르던 지배 계층은 서양 세력과 일본의 침략에 맞서 조선을 도와줄 나라는 청밖에는 없다고 생각했다. 임오군란이 일어나자 민비와 민씨 세력은 청에 군대를 요청했고, 청은 기다렸다는 듯이 위안스카이를 보내 흥선대원군을 청으로 압송하며 마무리 지어버렸다. 이후 청나라는 노골적으로 조선을 내정간섭 하였다.

청에 의해 재집권하게 된 민씨 세력들은 청나라를 상대로 우리의 의견을 무엇 하나 제대로 전달하지 못한 채 끌려다녔다. 청은 임오군란을 진압한 이후 마건상과 독일인 묄렌도르프를 고문으로 파견하고, 3,000여 명의 군대를 조선에 주둔시키며 조선을 압박하였다. 그리고 '조·청 상민 수륙 무역 장정'을 통해 조선을 청의 속국으로 규정하고, 개항장을 벗어나 내지에서 청 상인들이 상업 활동을 할 수 있도록 하였다. 이로 인해 개항장에 국한되었던 서구의 물건이 전국에 빠르게 확산하면서 조선의 경제는 빠르게 무너졌다.

일본을 모델로 개혁을 추진하려는 김옥균·홍영식 등 급진 개화파는 청나라의 내정간섭에 끌려다니는 정국 운영이 마음에 들지 않았다. 그들의 눈에는 자주적인 모습이 사라진 온건 개화파가 청의 꼭두각시같이 보였다. 반면 모든 실권을 가진 온건 개화파에게 급진 개화파는 눈엣가시 같은 존재로 정권에서 반드시 쫓아내야 하는 대상이었다.

힘의 크기로 본다면 온건 개화파에 비해 열세였던 급진 개화파는 정국을 주도하기는커녕 밀려날 판이었다. 김옥균을 비롯한 급진 개화파들은 불리한 상황을 뒤집기 위해 개혁에 필요한 자금을 일본으로부터 빌려오겠다며 호언장담했다. 그러나 조선의 부국강병을 원하지 않던 일본은 자금을 빌려주지 않고 오히려 청나라에 빌붙은 온건 개화파를 제거하라고 꼬드겼다. 청나라를 배제하는 것만이 조선이 발전할 수 있는 길이라고 설득하며, 급진 개화파가 정변을 일으키면 군사적·경제적 지원을 아끼지 않겠다는 거짓 약속을 하였다. 결국 일본으로부터 차관 도입에 실패한 급진 개화파는 입지가 좁아지는 현실을 극복

◆사료 보기

오늘날의 급선무는 반드시 인재를 등용하며 국가 재정을 절약하고 사치를 억제하며, 문호를 개방하고 이웃 국들과 친선을 도모하는 데 있다고 한다. 그러나 나의 생각에는 실사구시 하는 것이 제일이라고 여겨진다. (중략) 일본은 법을 변경(변법)한 이후로 모든 것을 경장했다고 들었다.

출처: 《치도약론》

* 치도약론: 1883년 도로 정비 관련 김옥균의 논설

하기 위한 방법으로 정변을 계획하였다.

청·프 전쟁으로 청군의 절반이 빠져나가자 급진 개화파는 정변을 일으키기에 최적의 시간이라고 판단하였다. 마음이 조급해진 급진 개화파는 준비가 덜 된 상황에서, 우정총국 축하연을 계기로 정변을 일으켰다. 이들의 거사는 고종을 볼모로 잡으면서 시작은 순조로웠다. 그러나 급진 개화파에 대한 고종의 생각은 달랐다. 급진 개화파의 정변이 자신을 향한 충정심이 아니라, 정국 운영을 제대로 하지 못한 비판이라고 생각하였다. 급진 개화파가 보유한 적은 군사로는 넓은 창덕궁을 장악하지 못하리라 판단한 고종은 고집을 부려 경우궁에서 창덕궁으로 거처를 옮겼다.

고종의 판단은 적중하여 서울에 남아있던 청군이 창덕궁으로 몰려오자 급진 개화파는 감당하지 못하고 일본으로 망명하거나 그 자리에서 죽어갔다. 급진 개화파가 정변을 일으키고 실패한 기간이 삼 일이라는 짧은 기간이어서 '갑신정변'을 '삼일천하'라고도 한다. 갑신정변이 이토록 빠르게 실패한 데에는 여러 이유가 있다. 우선 일본에 의해 경제적 어려움을 겪던 백성들의 눈에는 급진 개화파란 일본군을 끌어들여 왕을 협박하고 나라를 위태롭게 하는 사람들이었다. 또한 그들의 개혁 정강에는 농민들이 원하던 토지개혁이 없었다. 좋은 집에서 태어나 고생 한 번 안 해 본 청년들이 마치 세상을 다 안다는 듯 믿고 따라오라고 하는 엘리트 의식도 강한 반발을 가져왔다. 그렇기에 급진파들이 청군에게 쫓겨 도망갈 때, 어느 누구 하나 도와주지 않고 차가운 시선으로 바라봤다. 만약 20~30대의 젊은 급진 개화파들이 백성들의 소리에 귀를 기울이며 때를 기다렸다면 역사는 지금과는 다르게 흐르지 않았을까?

◆사료 보기
① 청에 조공하는 허례를 폐지할 것
② 문벌을 폐지하고 능력에 따라 관리를 등용할 것
③ 지조법을 개혁할 것
⑨ 재정은 모두 호조에서 관할케 할 것
출처: 《갑신일록》

★ 한눈에 보는 역사

갑신정변(1884)	
배경	청의 내정간섭 심화 개화 정책 후퇴 청·프 전쟁 발발
경과	우정총국 개국 축하연 이용한 정변 14개조 개혁 정강 발표(입헌군주제, 평등권 확립, 재정일원화 등) 청 개입으로 실패
결과	한성조약: 일본 공사관 신축 비용 부담 톈진조약: 청·일 양군 철병, 조선에 군대 파병 시 상호 통보

79

동학농민운동의 주체는 동학일까?
농민일까?

1800년대에 우리의 선조들은 어떤 시기보다도 힘든 시기를 보냈다. 세도정치하에서 언제 그칠지 모르는 수탈과 학대를 계속 받았다. 강화도조약 이후에는 일본과 청에 의해 값싼 면직물은 들어오고 귀한 쌀은 국외로 반출되며 경제적으로 궁핍했다. 백성들의 삶을 이해하고 돌봐주어야 할 관리들은 세도정치 때와 하나도 달라지지 않은 채 여전히 백성들을 수탈하였다.

어려움과 고통을 어디에도 하소연할 곳 없던 농민들에게 희망을 불어넣어주고 다독여주는 동학이라는 새로운 종교가 이때 등장하였다. 동학은 "모든 사람이 하늘이다."라는 인내천 사상을 기본으로 '제폭구민(폭정을 막고 백성을 구하자.)', '보국안민(나라를 지키고 백성을 편안히 하자.)'을 주장하였다. 그 시대 어떤 종교도 동학만큼 백성들의 마음을 다독여주고 현실에 필요한 것을 대변해 주지 못하였다. 특히 동학의 제2대 교주였던 최시형이 전국에 접소를 설치하고 포접제를 통해 교단을 정비하자, 동학은 전국에 빠른 속도로 교세를 넓혀나갔다.

많은 농민이 접소를 통해 자신들의 어려운 이야기를 하소연하였다. 그럴 때마다 접소의 책임자인 접주는 농민들의 고충을 들어주고 공감해주었다. 그리고 사회의 문제를 공론화시키며 문제 해결을 위해 노력하였다. 이런 모습은 더욱더 많은 사람을 동학으로 끌어당겼다. 동학의 접소로 모여든 사람들은 현재의 어려움이 자신만의 문제가 아니라, 모두가 겪는 어려움이라는 사실을 인식하기 시작하였다. 그리고 문제를 해결하기 위해 머리를 맞대고 모색하였다. 이런 움직임이 하나둘 모여 1894

◆사료 보기
사람이 곧 하늘이라, 그러므로 사람은 평등하며 차별이 없나니, 사람이 마음대로 귀천을 나눔은 하늘을 거스르는 것이다. 우리 도인은 차별을 없애고 선사의 뜻을 받들어 생활하기를 바라노라.
출처: 최시형의 최초 설법(1865)

년 동학농민운동의 기반이 되었다.

동학농민운동의 직접적인 원인은 전라도 고부에서 일어났다. 고부 군수 조병갑은 백성들을 수탈하고 괴롭히는 데 일가견이 있는 인물이었다. 아버지 선정비를 세우기 위해 백성을 수탈하고, 그동안 잘 사용하던 보가 있음에도 불구하고, 강제로 새로운 만석보를 만들어 농민에게 물세를 받아갔다. 그런 조병갑의 횡포에 농민들은 더는 버티기 어려웠다. 농민들은 몰락한 양반이지만 고부의 향교에서 일을 맡아 할 정도로 학식을 갖추고 있던 전창혁을 찾아갔다. 어려움을 호소하는 농민들을 대변하기 위해 조병갑을 찾아간 전창혁은 조목조목 부당함에 대하여 이야기하였다.

그러나 조병갑은 백성이 관리의 잘잘못을 이야기하고 훈계하는 것은 있을 수 없는 일이라며 심한 매를 때렸다. 늙은 몸으로 매를 이기지 못한 전창혁은 결국 세상을 떠났다. 농민들을 대신해서 올바른 소리를 했던 전창혁은 동학농민운동을 일으

◆포접제
포접제는 동학의 교단 제도로 각 처에 접소를 두고 대접주를 포주로 삼아 그 밑의 접주를 통솔하게 하였다. 포접제 조직은 대규모 농민 세력을 규합할 수 있게 하였다.

켰던 전봉준의 아버지였다. 전봉준은 아버지의 억울한 죽음에 분통을 감출 수 없었다. 아무리 생각해봐도 세상이 잘못 돌아가고 있다는 생각밖에는 들지 않았다. 그리고 이런 사태는 자신에게만 일어나고 끝날 일이 아니었다.

아버지의 죽음은 동학의 접주로서 수없이 보고 들었던 가슴 아픈 일 중의 하나였다. 전봉준의 아픈 사연은 아무 죄 없이 관아에 끌려가 모진 매를 맞고 죽어가던 수많은 아버지이자 남편이고 아들의 이야기였다. 누구나 아픔을 하나 이상 가지고 있던 농민들은 전봉준의 사발통문에 낫과 괭이 등 농장기를 손에 쥐고 고부 관아로 향했다.

고부 관아에 몰려간 농민들은 조병갑이 불법으로 거두어들인 곡식을 가난한 사람들에게 나누어 주고, 억울하게 옥살이하는 사람을 풀어주었다. 그리고 이 소식이 널리 퍼져 다른 관리들도 경각심을 갖기를 바랐다. 그러나 고부 봉기를 조사하고 문제를 수습하기 위해 내려온 안핵사 이용태는 농민들의 바람을 무시하는 행보를 보였다. 나라에서 금지한 동학을 믿는 자들이 봉기를 주도하고, 양반이자 관료인 조병갑을 욕보였다며 봉기 주동자들을 잡아들이고 탄압하였다. 이 소식이 알려지자 동학교도와 상관없는 타 지역의 농민들도 분개하여 봉기에 동참하였다. 이것이 동학농민운동의 시작이었다. 그러나 동학농민운동은 토지 분배에 불만을 가진 관료와 지주들의 저항에 부딪혔다. 여기에 일본과 청이 조선의 이권을 빼앗기 위해 뛰어들면서 실패로 끝났다. 그러나 사람이 사람답게 사는 세상을 만들고자 했던 동학농민운동의 뜻은 멈추지 않고 의병 활동으로 이어졌다.

★ 한눈에 보는 역사

동학농민운동의 의의와 영향	
1차 봉기	의의: 정치·사회 개혁 요구
	영향: 갑오개혁에 반영(신분제 폐지)
2차 봉기	의의: 반침략 구국 투쟁 전개
	영향: 잔여 세력 의병 가담(항일 의병 투쟁의 토대 마련)

80 을사늑약이 영·미·일의 합작품이라고?

> **· 조선**
> 을사늑약
> 중요도 : ★★★★

1905년 일본은 대한제국을 식민지로 만들기 위해 외교권을 강제로 빼앗고 통감부를 설치하였다. 당시 일본은 군대를 동원하여 창덕궁을 에워싸고 고종과 대신들을 위협했다. 을사오적은 중명전에서 고종의 허락 없이 조약에 날인하였다. 이를 '을사조약'이라 한다. 그러나 최근에는 강제적으로 맺어진 효력 없는 조약이란 뜻의 '을사늑약'이란 용어로 바뀌는 추세에 있다.

을사늑약은 대한제국이 일제의 식민지로 전락하는 실질적인 시점이었다. 을사늑약 이후 통감부의 일본인 차관이 모든 일을 결정하고 실행하면서 대한제국은 자주적인 국정 운영을 해나가지 못했다.

사실 일본의 국력이 대한제국의 영토와 주권을 넘보던 중국·러시아 등 여러 나라를 물리칠 정도로 강하지는 못했다. 하지만 일본은 국제 정세를 잘 살폈고, 다가온 기회를 놓치지 않고 과감하게 모험수를 던지는 배짱 있는 나라였다. 메이지유신 이후 서구화를 적극적으로 추진한 일본은 1890년대에 들어 서양 열강들의 먹잇감에서 벗어났다. 그리고 서구 열강과 같은 제국화로의 변신을 꾀하였다. 일본과 달리 제국들의 먹잇감으로 전락한 것은 청나라와 대한제국뿐이었다.

1800년대 서양 열강들이 동아시아로 침탈해 올 당시만 해도 여러 나라가 조선에 관심을 두고 있었다. 그러나 1900년대에는 대한제국을 식민지로 만들려는 나라는 러시아와 일본 두 나라밖에는 없었다. 그 배경에는 중국의 반식민지화가 있었다. 중국은 아편전쟁 직후 서구의 침탈을 받기는 했지만, 여전히 영토가 넓고 인구가 많은 강대국이었다. 또한 서양처럼 근대화하려는 양무운동을 통해 체제 변화를 모색하면서 서양 열강에게 쉽지 않은 대상이라는 것을 보여주고 있었다. 그런데 양무운동의 일환으로 창설하여 세계 최강이라 자랑하던 중국 함대가 1894년 청·일 전쟁에서 일본에 무참하게 패배하였다. 약소국으로 평가받던 일본에 너무도 싱겁게 져버린 중국은 이후 서구 열강의 본격적인 침탈을 받게 되었다.

약해진 중국을 통해 가장 많은 이권을 챙긴 나라가 영국이었다. 영국은 중국의 이권을 장악하기 위해 과감한 투자와 노력을 기울인 결과, 막대한 영향력을 행사할 수 있었다. 하지만 그런 영국을 자극하고 신경 쓰이게 만드는 나라가 동아시아로 영토를 확장하던 러시아였다. 러시아가 영토를 넓히기 위해 남하하는 모든 지역에는 영국의 식민지가 있었다. 영국은 서아시아 등 여러 지역에서 남하하는 러시아와 전쟁을 벌이며 식민지를 지켜냈다. 그러나 동북아시아는 영국에서 너무 멀었다. 그리고 중국에서 러시아와 전쟁을 할 경우 중국 침탈에 전념할 수 없을 뿐만 아니라, 영국을 견제하려는 여러 나라의 비판에서도 자유로울 수 없었다. 셈이 빠른 영국은 정반대에 위치한 동북아시아에 군대를 주둔시켜 러시아의 남하를 막는 것보다는, 일본에 조선을 내주고 러시아를 견제하게 만드는 것이 효과적이라고 생각했다. 마침 대한제국을 식민지로 만들고 싶어 하던 일본의 의중을 확인한 영국은 1902년 영·일 동맹을 통해 러시아와 벌일 전쟁에 필요한 군수물자를 제공하였다. 영국에게 영토가 작고 자원이 부족한 대한제국은 계륵과 같은 나라였기 때문에 일본에 넘겨줘도 크게 아쉬울 것이 없었다.

미국의 경우도 태평양을 차지하기 위해 하와이와 괌을 미국 영토로 만든 후에도, 필리핀을 식민지로 만들기 위해 전쟁을 하고 있었다. 미국-필리핀 전쟁(1899~1902)이 치열하게 전개 되는 과정에서 미국도 일본과 러시아의 세력 확장이 신경 쓰일 수밖에 없었다. 미국은 영국과 일본을 지지하면서 러시아를 견 제하는 정책이 가장 안전하고 손해가 적다고 판단하였다.

1904년 발발한 러·일 전쟁에서 영국의 지원을 받은 일본이 줄곧 승기를 잡았지만, 물자 부족으로 전쟁을 끝내지는 못하 고 있었다. 이에 미국은 일본에 힘을 실어주기 위해 가쓰라·태 프트 밀약(1905. 7.)을 맺어 필리핀과 조선의 지배를 서로 인정 하기로 결의하였다. 영국 또한 제2차 영·일 동맹(1905. 8.)을 통 해 일본의 한국 지배를 인정하며 힘을 실어주었다. 영국과 미 국의 도움을 받은 일본은 러시아로부터 승리를 거둔 뒤, 1905

◆사료 보기
제3조 일본은 한국에서 정치·군사·경제상의 탁월한 이익을 옹호 증진하기 위
해 정당하고 (중략) 지도 감리 및 보호 조치를 한국에서 집행할 권리를 갖는다.
출처: 제2차 영·일 동맹

년 9월 포츠머스 조약을 통해 한반도 지배의 독점권을 받아냈다. 세계 최강이던 영국과 미국 그리고 러시아로부터 한반도 지배를 인정받은 상황에서 일본이 두려워할 것은 하나도 없었다. 단지 을사늑약은 대한제국을 식민지로 만드는 형식적인 절차였을 뿐이었다.

◆사료 보기

첫째, 필리핀은 미국과 같은 친일적인 나라가 통치하는 것이 일본에 유리하며, 일본은 필리핀에 대하여 어떤 침략적 의도도 갖고 있지 않다.

둘째, 극동의 전반적 평화를 유지하는 데는 일본·미국·영국 등 3국 정부의 상호 양해를 달성하는 것이 최선의 길이며 사실상 유일한 수단이다.

셋째, 미국은 일본이 대한제국의 보호권을 확립하는 것이 러·일 전쟁의 논리적 귀결이며 극동 평화에 직접 이바지할 것으로 인정한다.

출처: 가쓰라·태프트 밀약

★ 한눈에 보는 역사

러·일 전쟁~을사늑약까지	
영·일 동맹 (1902)	러시아 견제를 위해 영국의 일본 지원
러·일 전쟁 (1904)	일본의 러시아군 기습
한·일 의정서 (1904)	일본의 군사 기지 사용권 인정
제1차 한일협약 (1904)	고문정치: 일본이 외교(스티븐스), 재정(메가타) 고문 파견
을사늑약 (1905, 제2차 한·일 협약)	외교권 피탈, 보호국 체제, 통감부 설치

81

헤이그 특사가 왜 최고의 조합일까?

·**조선**

헤이그 특사

중요도 : ★★★★

1905년 일제의 강압과 을사오적이라고 불리는 매국노에 의해 외교권을 일본에 빼앗기고, 대한제국을 식민지로 만들기 위한 기구인 통감부가 설치되는 을사늑약이 맺어졌다. 을사늑약은 국제법상 강압에 의해 맺어진 조약으로 효력이 발생할 수 없었다. 또한 대한제국의 주권을 가진 고종황제가 조약문에 도장을 찍지 않았기에 조약이라 부를 수도 없었다.

그러나 을사늑약이든 조약이든 상관이 없었다. 일본이 대한제국을 식민지로 만들 수 있도록 당시 최강국이던 영국과 미국이 인정하고 도와주었기 때문이다. 그리고 을사늑약이 체결

되자 대한제국 내에 있던 다른 나라 공사관은 기다렸다는 듯 철수했고, 해외에 나가 있던 대한제국 공사관은 철수되고 공사들은 쫓겨났다.

고종이 독일·미국 등 여러 나라에 을사늑약의 부당함을 알리고 도움을 요청했지만, 대부분의 국가는 어떤 반응도 보이지 않았다. 유일하게 답을 준 나라가 1904년 러·일 전쟁에서 패배한 러시아였다. 1907년 네덜란드 헤이그에서 열리는 만국평화회의 의장국으로 선정된 러시아는 대한제국에 을사늑약의 부당함을 호소할 기회를 주겠다고 약속하였다.

고종황제는 만국평화회의 참석이 나라를 빼앗기지 않을 유일한 기회라 생각하고 이준을 중명전으로 몰래 불러들였다. 이준은 1895년 신설된 법관양성소를 졸업하고 1896년 한성재

◆사료 보기

제2조 일본 정부는 한국과 타국 간에 현존하는 조약의 실행을 완전히 하는 책임을 맡고, 한국 정부는 금후에 일본 정부의 중재를 거치지 아니하고 국제적 성질을 가진 어떠한 조약이나 약속을 맺지 않을 것을 서로 약속한다.

제3조 일본 정부는 그 대표자로 하여금 한국 황제 폐하의 밑에 1명의 통감을 두되, 통감은 오로지 외교에 관한 사항을 관리하기 위해 경성에 주재하고 친히 한국 황제 폐하를 알현할 권리를 가진다.

출처: 을사늑약

판소 검사보에 임명된 법 전문가였다. 1897년에는 와세다 대학 법과에서 공부하면서 국제법과 국제 정세를 익혀, 만국평화회의에서 을사늑약의 부당함을 논리적으로 설명할 수 있는 인물이었다.

이준은 고종의 밀명을 받고 러시아 연해주 블라디보스토크로 이동하여 이상설을 만났다. 이상설은 을사늑약 당시 대신회의 실무를 총괄하는 의정부 참찬으로서, 일제가 군대를 동원하여 궁궐을 에워싸고 협박하는 모습을 증언할 인물이었다.

법 전문가였던 이준과 을사늑약 당시를 증언할 이상설은 러시아의 수도 페테르부르크로 이동하여 이위종을 만났다. 이위종은 외교관이던 아버지 이범진을 따라 여러 나라를 다니면서 영어·프랑스어·러시아어를 능숙하게 구사할 수 있는 언어 천

◆사료 보기

1882년 이래로 아메리카 합중국과 한국은 우호 통상 조약 관계를 유지해 오고 있습니다. (중략) 이제 일본은 1904년 체결한 협정에서 서약한 바를 정면으로 위해하는 우리나라에 대한 보호 정치를 선언하고 (중략) 나는 귀하가 지금까지 귀하의 생애의 특성인 아량과 냉철한 판단력으로 이 문제를 심사숙고해 주기를 바라며, 귀하는 언행이 일치되도록 우리를 도울 수 있는 바가 무엇인가를 깊이 성찰해 주기를 바랍니다.

출처: 루스벨트 미국 대통령에게 보낸 고종 황제의 친서(1905)

재였다. 그는 이준과 이상설의 이야기를 회의장에서 통역해줄 대변인이었다. 최고의 조합을 갖춘 헤이그 특사는 죽는 한이 있어도 세계에 을사늑약의 부당함을 알려 대한제국의 자주권을 되찾으려 하였다.

그러나 네덜란드 헤이그에 도착할 무렵 국제 정세가 급변하였다. 냉랭했던 러시아와 일본의 관계가 우호적으로 바뀌면서 헤이그 특사는 회의장에 들어갈 수 없게 되었다. 헤이그 특사 세 명은 포기하지 않았다. 자신들이 할 수 있는 일을 찾아 움직이기 시작하였다. 대한제국을 누구도 알지 못하는 네덜란드 헤이그에서 이들의 피땀 어린 노력은 꽃을 피웠다. 대부분의 유럽 국가들이 식민지를 경영하며 약소국가의 지배를 당연시하는 풍토에서 헤이그 특사가 주장하는 을사늑약의 부당함과 일제의 강압성은 유럽 시민들을 분노하게 만들었다. 헤이그의 여론은 특사의 활동 상황과 함께 을사늑약의 부당함을 신문 1면에 기재하도록 신문사를 움직였다. 오늘날 G20 회의장 앞에 들어보지도 못한 국가에서 온 유색 인종이 피켓을 들고 항의하는 모습이 신문 1면에 실리는 것이 가능한지를 생각해보면 헤이그 특사가 거둔 성과가 얼마나 대단한 것인지 알 수 있다.

물론 헤이그 특사는 일제의 방해와 유럽인들의 관심이 식으면서 을사늑약의 무효를 이끌어내지 못하였다. 오히려 일제는 헤이그 특사 파견의 책임을 물어 고종을 강제 퇴위시켜 버렸다. 하지만 1907년 헤이그 특사는 우리 민족의 자주독립에 대한 열망을 국내외에 여실히 보여주면서 애국심을 고취시킨 큰일을 해냈다.

★ 한눈에 보는 역사

을사늑약에 대한 저항
을사의병, 5적 암살단, 시일야방성대곡(장지연), 민영환 자결
미국에 헐버트를 특사로 파견(1905)
서양 열강에 도움을 요청하는 고종 황제의 서한 발송
헤이그 특사(이준, 이상설, 이위종) 파견(1907) → 고종 강제 퇴위(1907)

82

국채보상운동은 실패한 걸까?

· 조선
국채보상운동
중요도 : ★★★

일제는 을사늑약 이후 대한제국을 식민지로 만들기 위해 정치·사회·경제·문화 전 분야에서 침략의 마수를 뻗었다. 정치적으로는 을사늑약을 통해 대한제국이 일본의 식민지라고 공표하고 인정받았으니 더는 문제 될 것이 없었다. 정치 다음으로 손을 댄 것이 대한제국의 경제를 일본에 예속시키는 일이었다. 식민지를 만드는 가장 큰 목적이 경제적인 수탈에 있다는 점에서, 대한제국의 자본을 일본에 예속시키는 일은 매우 중요하였다.

일제는 통감부를 통해 식민지 경영에 필요한 기구와 철도·항만 등 기간산업을 확충하는 일에 힘을 쏟았다. 대한제국이 식민지가 된 후에는 일본의 자본을 투입하여 건설해야 했기에, 가급적 대한제국의 돈으로 만들려 하였다. 대한제국이 차관의 빚을 갚느라 경제력이 약해지면 식민지를 만드는 데 필요한 시간과 노력이 단축되고, 일본은 이자만으로도 큰 수익을 거둘 수 있었다. 그러니 대한제국에 차관을 제공하는 일은 일본에게 일석이조 이상의 효과를 가져다주었다.

1907년 대한제국이 일본에 진 빚이 1년 예산과 맞먹는 1,300만 원을 넘었다. 지금 경제 수준에 비추어보면 1,300만 원이라는 돈이 적어 보일 수도 있다. 경제 대국이 된 대한민국과 가난한 대한제국의 1년 예산을 비교하는 것이 무리는 있지만 1,300만 원의 가치가 어느 정도인지를 가장 쉽게 짐작해 볼 방법이기도 하다. 참고로 2021년 대한민국 국가 예산이 555조 원이니, 대한제국이 일본에 진 빚이 얼마나 많았는지 짐작할 수 있다.

일제 차관의 심각성을 인식한 민족 지도자들이 전국 곳곳에서 한숨을 쉬고 있을 때, 대구에서 서상돈(1850~1913)을 중심으로 하는 국채 보상 기성회가 결성되었다. 이들은 일본으로부터 경제적 독립의 중요성을 강조하며 자발적인 모금운동을 전개해나갔다. 많은 남자가 술과 담배를 끊은 돈으로 성금을 냈으며, 여성들은 결혼할 때 가져온 비녀와 가락지를 내놓았다. 고종도 백성들의 행동에 감동하여 금연 의지를 내보이며 국채보상운동을 적극적으로 독려하였다.

특히 양기탁과 베델(1872~1909)이 운영했던 《대한매일신보》는 국채보상운동을 전국에 알리고 보급하는 데 아주 큰 역할을 담당하였다. 《대한매일신보》를 통해 국채보상운동 소식을 접한 사람들은 남녀노소, 직업에 상관없이 모금 운동에 적극적으로 참여하였다. 하층민인 인력거꾼과 백정들도 성금을 내놓았고, 기생들도 적극적으로 참여하였다. 어떤 기생은 서상돈이 기부한 800원보다 더 많은 1,000원을 내놓기도 하였다.

일본의 입장에서 국채보상운동은 나라를 빼앗기지 않으려는 국권 회복 운동이자 항일 운동으로 달갑지 않았다. 일본은

◆사료 보기

국채 1,300만 원은 우리 대한제국의 존망에 직결된 것입니다. 이것을 갚으면 나라가 보존되고 이것을 갚지 못하면 나라가 망할 것은 필연적인 사실이지만 지금 국고에서는 도저히 갚을 능력이 없으며 만일 나라에서 못 갚는다면 그때는 삼천리강토는 내 나라 내 민족의 소유가 못 될 것입니다. (중략) 2천만 인민들이 3개월 동안 금연하고 그 대금으로 한 사람이 매달 20전씩 거둔다면, 300만 원을 모을 수 있습니다.

출처: 《대한매일신보》(1907)

국채보상운동을 제재하기 위해 모금 활동의 중심에 있던 양기탁과 베델을 횡령죄로 구속해버리는 악랄한 방법을 사용하였다. 영국인이었지만 우리 민족을 사랑하던 베델을 국외로 추방하고자 주한 영국 총영사에게 계속 압력을 가한 결과, 1908년 5월 베델은 3주간의 금고와 벌금형을 선고받게 되었다. 그리고 같은 해 7월 일본은 양기탁이 국채보상운동으로 모금한 3만 원을 횡령했다며 구속해버렸다. 누구보다 국채보상운동에 앞장섰던 양기탁과 베델이 횡령죄로 구속되어버리자 국채보상운동의 열기가 급속도로 식었다. 더 큰 문제는 횡령이라는 두 글자로 인해 우리는 서로를 의심하고 믿지 못하는 풍토가 만들어졌고, 나라를 위해 애썼던 분들은 스스로를 자책했다. 얼마 뒤 양기탁이 무고죄로 풀려났으나, 국채보상운동은 다시 살아

◆베델

베델(1872~1909)은 러·일 전쟁 때 《런던 데일리 뉴스》 특파원으로 입국하여 《대한매일신보》와 영문판 《코리아 데일리 뉴스》를 창간하여 일본의 침략 정책을 비판하였다. 1908년에는 국채보상운동과 관련하여 영국 한청 고등 재판에서 유죄 판결을 받고 상하이에서 3주일 동안 금고 생활을 했다. 이후 서울에 돌아와 활동하던 중 1909년 서울에서 병사하였다. 현재 마포구 합정동 양화진 성지에 묘지가 있다.

날 기미를 보이지 않았다.

이로부터 100년이 지난 1998년, IMF를 맞은 대한민국은 국채보상운동을 교훈 삼아 나라 빚을 갚기 위한 금 모으기 운동을 진행하였다. 국채보상운동이 실패한 원인을 역사를 통해 분석하고, 문제가 될 만한 상황을 미리 방지한 다음 모금 운동을 벌였다. 그 결과 금 모으기 운동은 우리의 마음을 하나로 묶으면서 IMF를 극복하는 원동력이 되었다.

★ 한눈에 보는 역사

국채보상운동(1907)	
배경	일제의 차관 제공에 의한 경제 예속화
경과	대구에서 국채 보상 기성회 조직 모금 운동 전개(금주, 금연 등) 언론기관 적극 홍보
결과	통감부의 탄압으로 실패

83

서울 진공 작전 실패의 책임을 누구에게 물어야 할까?

1907년은 많은 사건이 일어나면서 우리의 역사를 바꾸어 놓은 시점이었다. 그중에서도 우리에게 안타까운 일로 다가오는 것이 서울 진공 작전이다. 다른 사건들이 약소국으로서 어쩔 수 없이 당해야 했던 외적인 부분이 컸다면, 서울 진공 작전의 실패는 내적인 문제가 컸다.

1900년대 대한제국이 무너져가고 있었다. 그나마 다행인 것은 19세기부터 동학과 서학 등 새로운 종교를 통해 인간 평등 사상이 보급되었고, 개항 이후 새로운 사상의 유입으로 신분제가 빠르게 무너져 내리고 있었다. 특히 1894년 갑오개혁을 통해 신분제가 완전히 폐지되자 민중들의 의식은 빠르게 성장하였다. 민중이 성장하여 국가 정책을 비판하고 자신들의 요구를 표출한 대표적인 사건이 동학농민운동이었다.

이후 민중은 열강의 침입으로 대한제국이 무너져 가는 것을 가만히 보고만 있지 않았다. 의병이 되어 일본군에 맞서 나라를 지키고자 하였다. 과거와 달라진 점은 양반 의병장 외에 평민 출신의 의병장들이 역사의 주역으로 등장한 것이었다. 평민 의병장이 이끄는 의병 부대는 오히려 양반 의병장이 이끄는 부대보다 훨씬 전투력이 강해서 일본군을 벌벌 떨게 했다. 이 당시 대표적인 평민 의병장으로 경상도의 '신돌석'과 함경도의 '홍범도'가 있었다.

양반이란 권위만 내세우고 평민 의병들의 의견을 잘 반영하지 않았기 때문에, 유생이 이끄는 의병 부대는 상하 간 소통이 되지 않았다. 더욱이 양반 의병장은 오랫동안 서생으로 생활하면서 현실감각이 떨어져 일본군과의 전투에서 큰 성과를 내기

◆사료 보기

전술을 알지 못하는 유생이나 무기도 없는 농민이 순국을 각오하고 맨손과 맨 주먹으로 적과 싸워 뼈를 들판에 파묻을지언정 조금도 후회하지 않았으니 이 것이야말로 오랜 역사적 전통 가운데 배양된 민족정신의 발로였다.

출처: 《한국독립운동지혈사》

어려웠다. 대표적으로 최익현이 일으킨 태안 의병이 있다. 최익현이 태안에서 의병을 일으키자 많은 사람이 의병 부대에 합류하며 기세가 매우 높았다. 일제 통감부는 대한제국의 군대에 압력을 행사하여 최익현이 이끄는 의병 부대를 진압하게 하였다. 최익현은 대한제국의 남원 진위대와의 전투를 앞두고 "일본군과는 싸워도 같은 동포와는 싸울 수 없다."라며 의병 부대를 해산시켰다. 이후 최익현이 이끄는 의병 부대는 제대로 된 전투도 하지 못한 채 많은 의병이 붙잡혀 고초를 겪었고, 최익현은 대마도에 끌려가 순국하였다.

반면 거친 농사일과 포수로 살아가면서 강한 신체를 가졌던 평민 의병장이 이끄는 의병 부대는 서로 간에 소통이 원활했고, 위기상황 대처 능력도 뛰어났다. 평소에 양반들에게 매 맞고, 굶기를 밥 먹듯 하며 어렵게 살아오면서 길러진 인내심은

◆신돌석
신돌석(1878~1908)은 19세의 젊은 나이에 평민 의병장이 되어, 100명의 의병을 이끌고 경상북도 영해에서 항일운동을 전개하였다. 경북 울진, 강원도 삼척, 강릉, 양양 등 광범위한 지역에서 일본군과 교전하면서 의병 수가 3,000여 명까지 증가하였다. 1908년 의병들을 귀가시키고 내년을 기약하며 부하 김상열의 집에 칩거하던 중, 이들 형제가 배신하여 신돌석을 죽였다.

일본군에 맞서 승리를 거둘 수 있는 전투력을 갖게 하였다.

이런 상황에서 1907년 고종이 강제 퇴위를 당하고 군대가 해산되자, 의병의 전투력은 매우 높아졌다. 해산된 군인들이 의병 부대에 합류하면서 화력이 강해지고, 다양한 군사 작전도 구사할 수 있게 되었다. 이런 변화는 전국의 유생 의병장들에게 일본을 몰아낼 수 있다는 자신감을 심어주었다. 이들은 이인영을 총대장으로 추대한 뒤, 서울에 있는 일본군을 몰아내고 자주적인 대한제국을 만들기로 결의하며 13도 창의군을 결성하였다.

여기에 동참했던 의병의 수는 1만을 헤아렸으며, 그중 3,000여 명은 해산된 군인 출신으로 의병 부대의 사기도 매우 높았다. 그러나 13도 창의군은, 일본군을 상대로 수없이 많은 승리를 거두었던 신돌석·홍범도 등 평민 의병장 부대는 참여시키지 않았다. 여기에다 총대장이던 이인영이 부친상을 당하게 되자 충보다는 효가 먼저라며 집으로 상을 치르기 위해 내려갔다. 이에 사기가 꺾인 13도 창의군은 급한 마음에 허위가 이끄는 300명으로 서울을 공격하였다. 13도 창의군은 동대문 12km까지 진격했으나 일본군보다 모든 면에서 열세였던 상황을 극복하지 못하고 많은 사상자를 낸 채 퇴각해야만 하였다. 첫 전투에서 일본군에게 패한 13도 창의군은 이후 너무도 허무하게 뿔뿔이 흩어져버렸다. 만약 신돌석과 홍범도 등 평민 의병장이 이끄는 의병 부대를 합류시켰다면 어떤 결과를 가져 왔을까?

★ 한눈에 보는 역사

항일 의병 운동	
을미의병 (1895)	배경: 을미사변, 단발령 특징: 유생층이 주도 해산: 단발령 철회, 고종의 해산 권고 조치
을사의병 (1905)	배경: 을사늑약 체결 특징: 평민 의병장 등장(신돌석)
정미의병 (1907)	배경: 고종의 강제 퇴위, 군대 해산 특징: 해산 군인 가담으로 전투력과 조직력 강화

84

매국노 윤덕영을 아십니까?

> **·조선**
> 매국노
> 중요도 : ★

국제적 묵인 아래 일제는 대한제국을 식민지로 만드는 작업을 순조롭게 진행하였다. 1910년 대한제국을 일제의 식민지로 만드는 데 있어 남은 것은 형식적인 절차뿐이었다. 일제는 일진회 총재였던 송병준(1858~1925)을 통해 한국인 스스로 일본과 병합하기를 원한다는 성명서를 제출하게 했다. 이 당시 송병준은 일제에게 1억 엔이라는 큰돈을 요구한 뒤, '정합방상주문'을 순종과 내각 그리고 통감부에 제출하였다. 그리고 '국민 2천만 동포에게 서고'라는 성명을 발표하여 대한제국이 일제의 식민지가 되어야 한다는 여론을 조성하였다.

모든 준비를 끝마친 일제는 나라를 넘긴다는 조약문에 대한제국 황제의 옥새를 찍는 일만 남았다. 그런데 순종의 아내였던 순정효황후(1894~1966)가 한일강제병합에 대해 논쟁을 벌이던 어전회의를 우연히 엿듣게 되었다. 조선의 운명이 끝난다는 사실에 순정효황후는 급히 자신의 치마 속으로 옥새를 감추었다.

젊은 여인이던 순정효황후의 치마를 걷어 올리고 옥새를 빼앗을 사람은 아무도 없었다. 옥새를 강제로 뺏었다가는 나라를 팔아먹은 오명을 다 뒤집어쓸 수 있는 상황이었다. 그 누구도 순정효황후에게 다가가는 섣부른 행동을 하지 않았다. 시간이 흘러 일제와 친일파들이 초조해할 무렵, 한 사람이 큰 발소리를 내며 순종효황후에게 다가왔다. 그리고 순정효황후의 치마를 걷어 올리고 옥새를 강제로 빼앗았다. 그 순간 모든 사

◆순정효황후
순정효황후(1894~1966)는 윤택영의 딸로 13세로 순종에게 시집갔다가, 이듬해 순종이 즉위하자 황후가 되었다. 1910년 국권이 피탈될 때 옥새를 치마 속에 감추었으나, 윤덕영에게 강제로 빼앗겼다는 일화가 있다. 1926년 순종이 죽은 후 불교에 귀의하여 대지월(大地月)이라는 법명을 받았다. 1966년 낙선재에서 병사하였으며, 현재 유릉에 순종과 합장되어 있다.

람이 그 행동을 제지하지 못하고, 옥새를 빼앗는 장면을 넋 놓고 바라만 보았다. 옥새를 빼앗은 사람은 다름 아닌 순정효황후의 큰아버지 윤덕영(1873~1940)이었다.

윤덕영은 1894년 관리가 된 후 판사, 법무국장, 관찰사 등 여러 관직을 거치며 승승장구한 인물이었다. 1906년 동생 윤택영의 딸이 황후로 결정되는 순간부터 그의 권력은 누구도 넘볼 수 없을 정도로 막강했다. 아무리 그렇다고 해도 황후의 치마를 함부로 걷어 올린다는 것은 있을 수 없는 일이었다. 이 모습을 통해 윤덕영의 됨됨이를 우리는 쉽게 짐작할 수 있다.

옥새를 빼앗아 한일강제병합 조약문에 도장을 찍은 윤덕영은 일제로부터 자작의 작위와 함께 이완용보다 더 많은 포상금을 받았다. 그리고 일왕 메이지의 생일에 초청받아 특별한 사람에게만 준다는 주병(술병)을 받았다. 윤덕영은 일제강점기

◆윤덕영
윤덕영(1873~1940)은 1894년 문과에 급제하여, 농상공부 참서관·내부지방국장 등을 역임했다. 1901년에는 경기도·황해도 관찰사가 되었다가 이듬해 철도원 부총재가 되어 경부선 철도 부설에 공을 세웠다. 1910년 국권 침탈 때는 순종에게 강요하여 병자수호조약에 옥새를 찍게 했다. 이후 일본 정부에 의해 자작 작위를 받은 대표적인 친일파이다.

내내 일본에 많은 돈을 헌납하고, 1938년도에는 한국 청년들에게 일본군으로 복무하여 일왕의 은혜를 갚자고 독려하는 등 친일파 행각을 멈추지 않았다.

이처럼 나라를 팔고 친일 행각을 멈추지 않던 윤덕영은 경복궁 서쪽에 위치한 옥동(오늘날 서촌으로 불림)에 서구식 별장인 벽수산장을 지어놓고 호화로운 생활을 즐겼다. 서촌 곳곳에 자신의 첩을 위한 집을 여러 개 만들어놓고 여생을 즐겼다. 반면 순정효황후는 나라를 지키지 못한 무거운 책임감에 자신을 자책하며 생활하였다. 나라를 되찾은 후에는 낙선재에 머물면서 홀로 외로운 시간을 보냈다. 윤덕영과 순정효황후는 같은 친족이지만, 나라가 피탈당하는 과정에서 정반대의 행보를 보였다.

오늘날 서촌을 설명하는 문화해설사분들은 벽수산장과 관련하여 윤덕영을 비난하고, 순정효황후의 애국심을 칭송한다. 아마도 영원토록 윤덕영은 비난과 욕을 먹을 것이다. 살아있는 순간도 중요하겠지만 죽은 이후 끊임없이 받게 되는 평가와 비판도 중요하다는 생각이 든다.

★ 한눈에 보는 역사

헤이그 특사 파견~한국 병합 조약까지	
헤이그 특사 파견 (1907)	고종 강제 퇴위, 순종 즉위
한·일 신협약 (1907, 정미7조약)	차관 정치: 통감이 한국의 행정권 장악
한국 병합 조약 (1910)	일제의 한국 강점, 총독부 설치

85

3·1운동의 주체는 누굴까?

1910년 나라를 빼앗기자 많은 한국인은 나라의 소중함과 필요성을 인식하였다. 구한말은 온갖 부조리와 무능력한 관료들로 힘들었지만, 그래도 일제강점기보다는 나은 시절이었다. 구한말은 우리 스스로 잘못을 바로잡을 수 있는 기회가 있었지만, 일제강점에는 그런 기회조차 주어지지 않았다. 우리 스스로 어떠한 것도 변화시킬 수 없는 상황에서 일제의 수탈과 탄압은 날로 심해져 갔다. 심지어 일제는 한국인의 눈빛이 마음에 들지 않는다는 이유만으로도 정식 재판 없이 때리고 감옥에 가두었다. 이런 시간을 10년 가까이 보내다 보니 소수의 친일파를 제외한 모든 한국인의 가슴속에는 나라를 되찾고자 하는 열망이 피어날 수밖에 없었다.

이 무렵 미국 대통령 윌슨이 모든 민족은 스스로 자신의 국가를 세울 수 있다는 '민족 자결주의'를 발표했다. 이에 고무된 여러 사람과 단체들은 앞다투어 일제에 독립을 요구하였다. 중국 상하이의 신한청년당은 독립 청원서를 작성하고 파리 강화 회의에 민족 대표로 김규식을 파견하였다. 미국 대한인 국민회의 이승만은 미국 대통령에게 독립 청원서를 제출하였다. 한반도 가까이에서는 만주 지린성에서 민족 지도자 39인이 대한 독립 선언서를 발표했고, 일본 도쿄에서는 유학생들이 조선 청년 독립단을 조직하여 2·8 독립 선언을 발표하였다. 이런 가운

◆사료 보기

① 우리는 한·일 합병이 우리 민족의 자유의사에서 비롯되지 않았으며 그것이 우리 민족의 생존 발전을 위협하고 동양의 평화를 저해하는 원인이 된다고 생각하므로 독립을 주장하는 것이다.

② 우리는 일본 의회 및 정부에 대해 조선 민족 대회를 소집하고 대회의 결의에 따라 우리 민족의 운명을 결정할 기회를 부여할 것을 요구한다.

③ 우리는 만국 평화 회의에 대해 민족 자결주의를 우리 민족에게 적용할 것을 청구한다.

④ 앞의 세 가지 요구가 실현되지 않을 경우, 우리 민족은 일본에 대하여 영원히 혈전(血戰)을 벌일 것을 선언한다.

출처: 2·8 독립선언 결의문

데 일제가 고종을 독살했다는 사실이 널리 퍼지자 독립을 향한 민족 감정이 고조될 수밖에 없었다.

이에 종교계를 중심으로 하는 국내 민족 지도자들은 온 겨레가 다 함께 독립을 요구하는 만세 시위를 계획하게 된다. 천도교의 손병희와 기독교의 이승훈 그리고 불교계의 한용운 등 33인으로 구성된 민족 대표는 1919년 3월 1일을 기점으로 일제에 국권 반환 요구서를 보낸 다음, 탑골 공원에서 독립 선언서를 낭독하고 군중과 함께 거리 시위를 하기로 결의하였다. 3월 1일 지방에서 서울로 올라오지 못한 민족 대표 4명을 제외한 29명의 민족 지도자는 탑골 공원에 4,000~5,000여 명의 학생들이 모였다는 사실에 내심 기쁘기도 했지만 큰 걱정도 되었다. 미래에 독립을 이끌어야 할 많은 젊은이가 일제에 의해 희생될 수 있다는 걱정에 민족 지도자들은 학생들과 만세를 함께 외치자던 약속을 어기기로 한다. 그리고 민족 지도자들은 학생들 모르게 태화관에서 독립 선언서를 낭독한 후, 스스로 일제 경찰에 신고하여 잡혀갔다.

그 시각 탑골 공원에 모인 학생들은 독립에 대한 뜨거운 열정을 품고 민족 대표들과 함께 대한 독립 만세를 외치기를 기다리고 있었다. 애타게 민족 대표를 기다리던 학생들에게 민족 지도자들의 연행은 청천벽력과 같은 소식이었다. 어찌할 바를 모르고 우왕좌왕하던 학생들 사이로 한 학생이 팔각정에 올라가 독립 선언서를 큰 소리로 읽고 만세를 외쳤다. 이 학생의 우렁찬 만세 소리에 학생들은 금세 하나가 되어 태극기를 두 손 높이 들어 올리고 대한 독립 만세를 외쳤다. 이때 탑골 공원 팔각정에서 독립 선언서를 낭독한 학생의 이름은 정재용 (1886~1976)으로 알려져 있다.

어찌 보면 조용히 꺼질 수 있었던 3·1운동을 거족적인 운동으로 발전시킨 것은 바로 10~20대의 젊은 학생들이었다. 학생들에 의해 만세 운동이 확산하는 것을 우려한 일제는 학생들이 집단행동을 하지 못하도록 학교에 휴교령을 내렸다. 그러자 학생들은 누구 할 것도 없이 고향으로 내려가 태극기를 만

◆사료 보기

공약삼장

일. 금일 오 인의 차거는 정의, 인도, 생존, 존영을 위하는 민족적 요구이니 자유적 정신을 발휘할 것이오. 결코 배타적 감정으로 일주하지 말라.

일. 최후의 일인까지 최후의 일각까지 민족의 정당한 의사를 쾌히 발표하라.

일. 일절의 행동은 가장 질서를 존중하야 오인의 주장과 태도로 하여금 어디까지든 광명정대하게 하라.

들고 사람들에게 나누어 주었다. 그리고 장이 열리는 날 장터로 나가 독립 선언서를 외치며 만세 시위를 주도하였다. 이로써 서울에서 시작된 만세 운동은 학생들에 의해 전국으로, 그리고 전국을 넘어 세계로 퍼져나갔다. 전 세계 한국인이 있는 곳에선 어김없이 태극기가 휘날리며 대한 독립 만세를 외치는 소리가 울려 퍼졌다.

★ 한눈에 보는 역사

3·1운동 전개(1919)	
1단계	독립 선언: 민족 대표의 독립 선언 학생·시민의 비폭력 평화 시위
2단계	도시에서 만세 시위 상인의 철시, 노동자의 파업 투쟁 전개
3단계	농촌 지역으로 확산, 국외에서 만세 시위 농민의 식민 통치 기관 습격 → 무력 투쟁화

86 산미 증식 계획을
일제 스스로 중단했다고?

· **일제강점기**

산미 증식 계획

중요도 : ★★★★

1910년대 일제는 토지 조사 사업을 통해 강제로 빼앗은 농토를 일본 하층민에게 나누어 주면서 한국에 거주하도록 유도하였다. 이는 일본 사회의 불안 요소인 하층민을 조선으로 배출하여 일본 내에서 사회 안정과 통합을 꾀하면서, 한국인을 통치하는 인적 자원으로 활용하기 위해서였다. 여기에 한국인을 소작농으로 전락시켜 조선의 경제적 기반을 무너뜨리는 효과까지 덤으로 얻고자 했다.

1920년대 들어서자 일제는 토지에서 쌀로 품목을 변경하여 한국을 또다시 수탈하였다. 이를 산미 증식 계획이라 하는데, 그 배경에는 일제의 제1차 세계대전 승리가 있었다. 승전국이 된 일제는 공업화가 급속도로 진행되면서 많은 노동력이 필요했다. 농어촌에 있던 사람들이 큰돈을 벌기 위해 도시로 몰려들자, 농촌 지역은 자연스레 노동력 부족이 나타났고, 이는 곡물 생산량 감소로 이어졌다. 곡물 중에서도 특히 주식이 되는 쌀값이 폭등하면서 식량 부족이 일본 사회의 큰 문제로 등장하였다. 특히 1918년 쌀 도매상들의 가격 담합으로 쌀값을 비롯한 전체 물가가 크게 폭등하면서 일본 사회는 매우 불안해졌다.

더욱이 1920년대는 다이쇼 데모크라시라고 하여 일본의 민주주의가 크게 발전하던 시기였다. 민주 의식이 성장하면서 일본인들은 부당한 상황에 문제의식을 느끼고 불만을 제기했다. 일제는 식량 부족과 인플레이션 현상으로 발생하는 사회 혼란, 그리고 일본 국민들의 불만을 해소하기 위해 한반도에서 쌀을 가져와 물가를 안정시키기로 하였다. 더불어 그나마 남아 있는 한국의 민족 자본을 아예 없애버리고자 하는 목적도 담겨있었다. 산미 증식 계획은 표면적으로 쌀의 생산량을 늘려 한·일 양국의 식량난을 해소하고, 더 맛있는 쌀 품종으로 바꿔야 한다고 주장하였다. 우선 일본은 겨울과 봄에 비가 오지 않는 한반도 기후적 특성을 극복하기 위해 수리조합을 설립하여 전국적으로 저수지와 보를 확충하겠다고 발표하였다. 그리고 한국 농민들을 강제적으로 수리조합에 가입시켜 조합비를 거두고 저수지와 보를 만드는 작업에 동참시켰다.

여기서 문제가 되는 것이 대부분의 농민들은 벼를 수확하는 가을을 제외하고는 별다른 수입이 없어서, 평상시에는 현금이 없다는 것이었다. 또한 1910년대 토지 조사 사업에서 소작농으로 전락한 많은 농민은 수리조합비를 낼 형편도 되지 못했다.

빚을 내어 수리조합비를 내며 버틴 농민들도 힘들기는 마찬가지였다. 기존의 저수지와 보의 사용이 금지당한 농민들은 조합비와 물 사용료를 내기 위해 또다시 빚을 져야 했다. 결국 자기 땅을 가진 자작농도 토지를 헐값에 팔고, 소작농으로 전락할 수밖에 없었다.

◆산미 증식 계획
산미 증식 계획(1920~1934)은 일본 내 공업화 정책 추진으로 식량 부족과 쌀값이 폭등하자 한국에서 식량을 조달하기 위해 시행되었다. 쌀의 증산량보다 훨씬 많은 수탈이 이루어지면서 한국 농민의 몰락이 가속화되었다. 또한 쌀 중심의 단작형 농업 구조가 형성되면서 광복 이후까지도 쌀 중심의 산업 구조가 한동안 이어졌다.

이 과정에서 한국의 쌀 생산량이 조금씩 증가하기는 했다. 일제가 쌀을 가져가기 위한 정책이었으니 당연한 일이었다. 1920년 12,708,000석 생산되던 쌀이 1928년에는 17,298,000석으로 증가하였다. 그러나 한국인 1인당 연간 쌀 소비량은 오히려 0.63석에서 0.54석으로 줄었다. 이는 4인 가족이 쌀 두 가마(한 가마는 약 80kg)로 일 년을 버텼다는 것을 의미한다. 1980년대 1인 쌀 소비량이 130kg이라는 점을 고려하면 일제강점기 시대 한국인이 얼마나 굶주린 생활을 했는지 짐작할 수 있다.

한국인을 괴롭히던 산미 증식 계획은 1934년 중단되었다. 원래는 1935년까지 진행될 계획이었지만, 값싼 한국 쌀의 유입으로 일본 농민들의 쌀이 팔리지 않자 폭동이 일어났기 때문이다. 이후 중·일 전쟁 과정에서 군량미 확보를 위해 산미 증

◆사료 보기

가족 5인이 힘없이 드러누운 채 짭짭 빨고 있었다. 무엇이나 물어보니 피겨에 소량의 콩과 깻묵을 혼합한 것이라고 하였다. 가족들은 누구나 눈언저리가 보라색으로 부어 있었고, 전신은 물집이 부풀어 있었다. 말할 기운마저 없어서 말하는 것도 마치 모깃소리같이 약했다.

출처: 조선농정의 과제

식 계획은 다시 시작되었고 공출이란 명목으로 우리는 다시 쌀을 비롯한 모든 것을 빼앗겨야 했다.

★ 한눈에 보는 역사

1920년대 일제의 경제 침탈	
산미 증식 계획	일본 내 식량 부족 문제 해결 목적
	한국 식량 사정 악화, 농민 몰락
산업 침탈	회사령 폐지(1920), 관세 철폐(1923)
	→ 일본 독점 자본 진출, 일본 상품 수입 증가

87

청산리 대첩의
진짜 주인공은 누굴까?

> **· 일제강점기**
> 청산리 대첩
> 중요도 : ★★★★★

일제강점기 시절 독립군이 일본군에 맞서 가장 큰 승리를 거둔 것은 1920년 청산리 대첩이다. 청산리 대첩은 간도 지역에서 일제를 상대로 무장투쟁을 벌였던 여러 독립군 부대가 연합하여 이루어낸 결과였다. 그러나 많은 이들이 김좌진 장군과 북로 군정서만을 기억한다. 청산리 대첩을 승리로 이끄는 데 이들이 큰 역할을 한 것은 사실이지만, 다른 독립군 부대가 없었다면 불가능한 일이었다. 그렇기에 청산리 대첩을 승리로 이끌었던 다른 독립군을 아는 것도 우리에게 매우 중요한 일이다.

청산리 대첩의 중심에는 김좌진 장군 외에도 구한말 '나는 홍범도'라는 별명을 가진 홍범도(1868~1943)가 있었다. 홍범도는 평양의 가난한 집에서 태어나 먹고살기 위해 15살이라는 어린 나이로 군대에 입대하였다. 그러나 군대 내의 여러 부조리를 참지 못하고 탈영하여 전국을 떠돌아다니다가 강원도에 정착하여 농사와 사냥을 통해 생계를 유지해갔다. 일제의 침략과 만행에 울분을 감추지 못한 홍범도는 정착 생활을 오래히지 못하였다. 나라를 지켜야겠다는 생각에 홍범도는 사냥꾼을 모아 의병 활동을 전개하였다. 그러던 중 1907년 일제가 '총포 및 화약류 취체법'을 발표하여 조선인은 화약을 취급하지 못하게 하였다. 생계가 어려워진 많은 포수들이 나라를 잃는다는 것이 어떤 것인지를 체감하며 홍범도의 의병 부대에 합류하였다.

하지만 일제의 탄압에 의병 활동이 국내에서 어렵게 되자, 홍범도는 자신을 따르는 의병을 모아 북간도로 넘어가 대한 독립군을 형성하였다. 이들은 국내로 몰래 진입해 일본 주재소와 군인 그리고 친일파를 처단한 뒤, 간도로 되돌아가는 작전을 끊임없이 수행하였다. 일제는 간도의 독립군 때문에 조선의 식민지 경영에 어려움을 겪자, 독립군 소탕 작전을 준비하였다.

마침 1920년 6월 홍범도와 최진동 등이 연합하여 만든 대한북로독군부가 간도로 쫓아오는 일본군을 상대로 삼둔자에서 120명을 사살하고 200여 명에게 상처를 입히는 성과를 거두었다. 패배에 대한 복수로 일본군 1개 대대가 두만강을 건너 간도로 넘어오자 홍범도는 봉오동 계곡으로 유인하였다. 당시 독립군은 부대원이 총 한 자루 갖지 못할 정도로 열악한 상황이었지만, 지리적 이점과 독립에 대한 열망으로 일본군과 격전을 벌였다. 그 결과 봉오동 전투에서 독립군은 일본군 사살 157명, 중상 200여 명, 경상 100여 명이라는 전과를 올렸다. 반면 독립군은 전사 4명, 중상 3명에 불과했으니 실로 대단한 승리였다.

독립군에게 큰 패배를 당한 일제는 훈춘 사건을 조작하여 1920년 10월 21일 15,000명이라는 대규모의 일본군을 동원

◆사료 보기

봉오동 최진동과 연합하여 1920년 4월 초 3일 일병과 접전하여 일병 310명이 죽고 저녁에 소낙비가 막 쏟아지는데 운무가 사람이 보이지 않게 자욱하게 끼었는데 (중략) 신민단 군사 80여 명이 동쪽 산에 올랐다가 일병이 저희 있는 곳으로 당진 하니까 내려다 총질하니 일병은 갈 곳이 없어 맞총질하여 일병 5~6백 명이 죽었다.

출처: 홍범도 일지

하여 북간도를 침략하였다. 소규모의 부대로는 승리는커녕 생존조차 장담할 수 없었던 독립군은 서로 연합하여 일주일간 일본군과 치열한 교전을 벌였다. 1,500여 명에 불과했던 독립군은 백운평, 완루구, 어랑촌 전투 등 10여 차례의 전투 끝에 일본군의 연대장을 포함해 1,200여 명을 사살하였다. 이에 반해 독립군은 전사자가 60명에 불과하였다. 일본보다 모든 것이 열세였던 상황에서 청산리 대첩은 기적과 같은 일이었다.

이 승리는 1930, 40년대 무장독립투쟁에 나섰던 독립군들에게도 이어져 홍경성, 대전자령 전투 등 수많은 전쟁에서 승리를 거두는 초석이 되었다. 청산리 대첩은 홍범도와 김좌진 같은 훌륭한 지도자도 있었지만, 무엇보다도 1,500여 명의 이름 모를 독립군이 없었다면 불가능한 일이었다.

◆훈춘 사건
훈춘 사건은 일본군이 중국 마적을 매수하여, 그들에게 훈춘의 일본 영사관을 습격하게 한 사건이다. 일제는 일본인 거류민 보호를 구실로 중국 당국에 연락 없이 토벌대를 만주 지역에 투입하였다.

★ 한눈에 보는 역사

봉오동·청산리 전투(1920)	
봉오동 전투	배경: 독립군의 국내 진입 작전 → 일본군의 독립군 근거지 공격
	참가 부대: 대한 독립군(홍범도), 군무 도독부(최진동) 등 연합부대
	전개: 봉오동에서 매복 작전으로 일본군 격퇴
	의의: 일본 정규군을 상대로 한 첫 번째 대규모 승리
청산리 전투	배경: 봉오동 전투 → 일제의 대규모 독립군 공격 계획
	참가 부대: 북로 군정서(김좌진), 대한 독립군(홍범도) 등 연합부대
	전개: 훈춘 사건 조작 → 일본군 만주 파견 → 청산리 일대 6일간의 전투
	결과: 독립군의 대승리

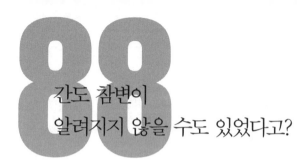

88 간도 참변이
알려지지 않을 수도 있었다고?

· **일제강점기**

간도 참변

중요도 : ★★★★

1920년 간도에서 봉오동 전투와 청산리 대첩을 승리로 이끈 중심에는 간도에서 터전을 잡고 힘겨운 삶을 살아가던 우리 민족이 있었다. 간도는 1800년대부터 억압과 수탈을 이기지 못한 수많은 한국인들이 정착해 살던 지역이었다. 간도에 사는 한국인은 어려운 형편에도 독립군 부대에 독립자금을 제공하며 한민족임을 자각하고 살아가고 있었다.

특히 청산리 대첩 당시 일본군에 맞서 싸우고 퇴각하는 독립군에게 먹을 것과 은신처를 제공하였다. 독립군에게 인근 지리를 알려주며 일본군과 교전하는 데 유리한 장소를 같이 물색하기도 하였다. 반면 독립군을 쫓아온 일본군에게는 거짓된 정보를 제공한 뒤, 독립군에게 일본군의 동태를 상세하게 알려 주었다.

독립군은 일본군보다 병사 수, 장비 등 모든 것이 열세였지만, 전투에 필요한 정보에서만큼은 간도에 사는 한인들로 인해 우위를 점할 수 있었다. 독립군은 한인들이 제공한 정보를 바탕으로 일본군을 대파하고 승리를 거둘 수 있었다. 청산리 대첩에서 큰 패배를 당한 일제는 간도에 사는 한인과 독립군이 계속 연계한다면 승리할 수 없다는 결론을 냈다. 그래서 간도 주민에 대한 복수를 계획하고 실행하였다.

일제는 1920년 10월부터 이듬해인 1921년 4월까지 간도에 있는 한국인 마을을 불태우고 학살하는 만행을 저질렀다. 이당시 간도에 있는 한인들에게 저지른 만행은 10여 년 전 남한 대토벌 작전에서 저질렀던 만행보다도 더욱 잔인하였다. 한국인 마을만 보이면 일본군은 한 명의 한국인도 도망가지 못하도록 포위를 하고 총격을 가하였다. 마을에 살고 있던 남자와 어린아이들은 아무 영문도 모른 채 죽어가야 했고, 여성들은 일본군에게 겁탈당한 뒤 살해당했다. 그 후 일제는 자신들의 만행을 감추기 위해 마을 전체를 불 질러버렸다.

이 당시 간도 참변을 기록한 사진을 보면 한국인을 나무에 묶어놓고 사격 과녁판으로 만들어 죽이는 사진, 사람뿐만 아니라 불에 타 죽은 소의 모습도 확인할 수 있다. 기록에 의하면 한국인을 작두와 일본도로 참수하거나 생매장하는 것을 넘어서 얼굴 가죽을 벗기고 사지를 잘라 죽였다고 한다. 이렇게 학살당한 사람만 공식적으로 약 3,600명에 불에 탄 가옥이 3,520채가 넘는 것으로 알려져 있다. 그러나 실상은 이보다 몇 배 또는 몇십 배 더 많은 이들이 잔인하게 피해를 봤을 것이다.

◆사료 보기

1920년 10월 31일, 연기가 자욱하게 낀 찬랍파위 마을에 가 보았다. 사흘 전 새벽에 무장한 1개 대대가 이 기독교 마을을 포위하고 남자라면 늙은이, 어린이를 가리지 않고 끌어내어 때려죽이고, 그렇지 않으면 불붙은 집과 곡식 더미에 던져버렸다. 이 상황을 울래야 울 수도 없는, 단지 바라볼 수밖에 없었던 그들의 처와 어머니들 가운데는 땅을 긁어 손톱이 빠져 버린 사람도 있었다. 3일을 태워도 끝이 없는 잿더미 속에서 한 노인의 시체가 나왔는데 몸에 총알 자국이 네 군데나 있고, 몸은 이미 새까맣게 타 버려 목이 새 목처럼 달라붙어 있었다. 또 반만 탄 19채의 집 주위를 차례로 돌아보니 할머니와 딸들이 잿더미 속에서 타다 남은 살덩어리와 부서진 뼈를 줍고 있었다. 이것을 보고 나는 신에게 기도를 드렸다. 나는 잿더미 속에서 시체를 하나 끌어내어 뿔뿔이 흩어진 사지를 정확하게 맞추어 사진을 찍었다. 얼마나 화가 났던지 사진기를 고정시킬 수 없어 4번이나 다시 찍었다.

출처:《한국민족운동사》

일제의 만행은 간도 참변을 취재하던《동아일보》기자 장덕진이 암살당하면서 영원히 감춰질 뻔했다. 다행히 만주지역에서 선교 활동을 하던 선교사들의 용기 있는 행동으로 간도 참변이 세상에 알려지게 되었다. 선교사 마틴(Martin, S.H.)과 푸트(Foote)가 일본군의 만행을 "피 젖은 만주 땅이 바로 저주받은 인간사의 한 페이지"라고 기록을 남긴 덕분에 오늘날 우리는 간도 참변을 기억할 수 있게 되었다.

간도 참변에서 많은 한인이 희생당했음에도 불구하고, 자유시 참변을 겪은 독립군들이 다시 돌아오자 독립군을 다독여주고 지원하였다. 간도 주민들의 적극적인 지지와 지원 활동 덕분에 1920년대에도 독립군은 참의부, 정의부, 신민부 3부를 간도에 조직하고 일제에 맞서 싸울 수 있었다.

◆3부의 성립
1922년부터 만주 지역의 독립군은 통합 운동을 통해 3부(참의부, 정의부, 신민부)를 구성하였다. 3부는 행정·입법·사법 조직을 갖추었으며, 동포들이 내는 세금으로 조직과 군대를 운영하는 사실상의 정부였다.

★ 한눈에 보는 역사

간도 참변과 자유시 참변	
간도 참변 (1920)	독립군 기반을 무너뜨리기 위한 간도 한인 마을 방화 및 학살
자유시 참변 (1921)	독립군 밀산 집결 → 대한 독립군단 조직(총재: 서일) → 자유시로 이동 → 지휘권 분쟁 → 러시아 적군에 의해 무장해제

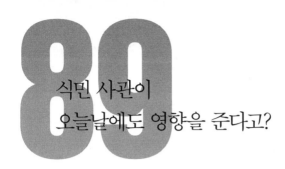

식민 사관이
오늘날에도 영향을 준다고?

· 일제강점기

식민 사관

중요도 : ★★★

일제는 한국을 통치하면서 자신들보다 사회·문화적으로 발달한 한국에 콤플렉스를 느끼고 자괴감에 빠졌다. 여기에 한국인들이 민족에 대한 자부심을 가지고 일본을 낮춰 보는 모습에 자존심을 다치며 한국 통치에 어려움을 겪었다. 일제는 한국인을 수월하게 지배하기 위해서는 일본의 역사를 높이고 한국의 역사는 왜곡·축소해야 한다는 결론을 냈다.

이를 위해 일제는 1916년 발족한 조선반도사 편찬위원회를 1922년 조선사 편찬위원회로 이름을 바꾸었다. 1925년에는 조선사 편수회라는 이름으로 우리의 역사를 왜곡하고 축소한

《조선사》,《조선사료총간》,《조선사료집진》등을 발행하였다. 이 책의 내용은 타율성론·정체성론·당파성론 크게 세 가지의 주제로 구성되었다.

타율성론은 우리 민족이 외세의 간섭과 압력이 있어야만 변화가 이루어지는 수동적인 역사를 가지고 있다는 주장이다. 근거로 대륙이나 해양 세력의 간섭과 지배를 받는 지형적 특성을 제시하였다. 타율성론이 오늘날까지 영향을 주고 있음을 보여주는 것이 "한국 사람은 말로 하면 못 알아들어. 때려야 말을 듣지."라는 말이다. 또한 언론매체에서 한국은 중국과 러시아 그리고 미국과 일본의 눈치를 살펴야 살아남을 수 있다는 뉘앙스의 뉴스를 내보내기도 한다. 이 또한 대륙 세력(중국·러시아)과 해양 세력(미국·일본)의 영향을 받아 한국의 역사가 만들어졌다는 타율성론에서 크게 벗어나지 못하고 있음을 보여준다. 하지만 고대 그리스와 로마는 반도 국가였지만 대륙과 해양 양쪽으로 국력을 뻗어 나갔다. 이는 반도라서 타율성을 갖게 된다는 것 자체가 말이 되지 않는 주장임을 보여준다.

정체성론은 한국이 세계의 보편적 법칙을 따라가지 못하고 과거에 머물러 있다는 주장이다. 한국은 주변국과는 달리 봉건 사회 단계를 경험하지 못했기에 근대사회로 진입할 수 없었다는 것이다. 그리고 봉건사회로 진입하지 못한 낙후된 조선을 일본이 근대화시켜 우리가 과거보다 자유롭고 풍요로운 삶을 살 수 있게 만들었다고 홍보하였다. 이 식민 사관도 오늘날까지 영향을 주고 있다. 일부 사람들이 "일제가 철도와 도로를 만들어 주었으니 우리가 이렇게 잘 살 수 있는 것이다."라고 말한다. 그러나 정체성론도 자세히 살펴보면 어떤 근거도 없는 허구임을 쉽게 파악할 수 있다. 우리는 조선 후기 대동법의 실행으로 화폐가 유통되고, 상품작물이 장시에서 팔리면서 서민들의 생활수준과 의식이 성장하였다. 그리고 덕대나 거상 같은 전문적인 경영인이 등장하여 중국과 일본과의 국제교역을 주도하는 등 사회적인 변화가 이루어지고 있었다. 또 순조 때에 공노비가

◆사료 보기

조선의 문화는 그 연원이 매우 오래고, 우수한 것도 적지 않으며, 정치·경제·문학·예술·풍속·가요 등에서 각각 그 특색을 갖고 있지만, 그것을 학술적으로 연구한 것이 없고, 수천 년에 달하는 문화변천의 흔적을 더듬을 만한 사승(史乘)을 찾아볼 수 없음은 실로 유감으로 여기는 바이다. 일한병합이 되자 데라우치 총독은 시정을 시작함에 있어서 조선에 가장 적절한 새로운 정치를 펴기 위해 먼저 취조국을 설치하여 구관 제도의 조사를 행하게 하였고, 아울러 조선사의 편찬을 계획하였다.

출처: 조선사 편수회 사업 개요

해방되어 상민으로 상승하는 구체적인 증거도 있다. 반대로 일본의 주장대로라면 임진왜란 이후 천문학적인 비용을 들여 조선에 통신사를 왜 초청했는지 묻고 싶다. 왜의 통신사 요청은 조선의 선진 문물을 수용하면서, 막부의 정통성을 확인받기 위한 목적이었음을 본다면 한국이 10세기에 머무르고 있다는 일제의 정체성론에 대한 주장이 침으로 무색해진다. 하지만 아직도 식민 사관을 진실로 믿고 우리의 민족성이라 이야기하는 사람이 있다는 사실에 씁쓸해진다.

★ 한눈에 보는 역사

식민 사관	
타율성론	한국사는 외세의 간섭과 압력에 의해 타율적으로 이루어짐
	반도 국가로서 대륙 및 해양 세력의 간섭과 지배를 받는 운명
정체성론	한국사는 왕조 교체에도 불구하고 역사는 정체됨
	일본과 같은 지방 분권적 봉건 사회 단계에 도달하지 못함
	10세기 말 일본 수준과 비슷한 역사 발전 단계
당파성론	지배자들의 사적인 이해관계로 대립한 당쟁의 역사
	당쟁으로 나라도 멸망
	당파성은 한국인의 민족성으로 단결이 불가능한 민족

누가 식민 사관에 맞섰나?

90

· 일제강점기

식민 사관

중요도 : ★★★★

일제의 식민 사관에 맞서 우리의 역사를 바로잡고자 하는 사학자와 독립운동가들이 등장하였다. 이들이 식민 사관에 어떻게 대처했느냐에 따라 민족주의 사학자가 되기도 하고, 사회경제 사학자가 되기도 한다. 박은식, 신채호, 백남운, 정인보 등 많은 민족 사학자 중에서도 민족주의 사학자의 박은식과 사회경제 사학자 백남운은 식민 사관에 맞서 우리의 역사를 바로 정립하려 애쓴 분들이다.

박은식(1859~1925)은 황해도의 작은 마을에서 태어나 훈장이던 아버지에게 유학을 배우며 성장하였다. 당시 황해도 지역에서 신동이 났다는 말을 들을 정도로 명석했던 박은식은 성리학에 국한되지 않고 다양한 학문을 익혔다. 성인이 되어서는 서울로 올라와 독립협회 간부로 자주독립을 부르짖고, 한성 사범학교의 교사로 미래의 인재를 양성하는 데 힘을 기울였다. 1908년에는 서북협성학교와 오성학교의 교장으로 활동하며 많은 애국지사를 양성했으나, 신민회를 해체하려는 105인 사건으로 고초를 겪기도 하였다. 1910년 경술국치 이후에는 서간도로 넘어가 독립운동을 펼치면서 고대사 연구의 결과물인 《동명성왕실기》, 《개소문전》, 《발해태조건국지》 등을 저술하였다. 그는 3·1절 기념사에서 요동의 역사를 잃었기에 오늘날 요동을 잃고, 1억이 될 인구가 2천에 그쳤다고 연설하며 역사의 중요성을 강조하였다. 박은식은 연설에 그치지 않았다. 1913년에는 《안의사중근전》을 저술하여 독립운동가의 활동을 기록하고 알렸다. 1915년에는 최고의 역작이라 할 수 있는 《한국통

◆사료 보기

옛사람이 말하기를 나라는 멸망할 수 있으나 그 역사는 결코 없어질 수 없다고 했으니, 이는 나라가 형체라면 역사는 정신이기 때문이다. (중략) 정신은 살아남아야 할 것이다. 이것이 내가 역사를 쓰는 까닭이다. 정신이 살아서 없어지지 않으면 형체도 부활할 때가 있을 것이다.

출처: 《한국통사》

사》에 1864년 흥선대원군부터 경술국치 직후인 1911년까지의 역사를 기록하였다.《한국통사》서문에 "정신이 살아서 없어지지 않으면 형체도 부활할 때가 있을 것이다."라고 밝히면서 독립에 대한 희망도 담았다. 1919년에는《한국독립운동지혈사》를 통해 갑신정변부터 3·1운동까지의 역사를 기록하여 우리 민족의 독립 활동과 의지를 알렸다.

백남운(1895~1979)은 전북 고창 출신으로 일본 유학을 통해 학문을 익힌 후 연희전문학교 교수로 재직하였다. 1933년 식민 사관 중 정체성론에 대응하는 한국사회 경제사를 연구하여《조선사회경제사》를 발표하였다. 이 책에서 한국이 세계의 역사 흐름에 따라오지 못한다는 일제의 주장을 마르크스의 유물사관과 계급투쟁론의 입장에서 반박하였다. 우리나라의 역사는 원시 공산사회-노예사회-봉건사회-자본주의사회라는 보편적 발전을 해왔다고 주장하였다. 그리고 기존의 왕조와 정치사 중심으로 역사를 서술하는 것을 지양하고 민중의 역사에 맞추어 우리의 역사를 분석하였다.

1937년에는《조선봉건사회경제사》를 통해 고려 사회 농민을 봉건적 농노라고 규정하고, 한국이 자체적으로 발전해왔음을 일제에 보여주었다. 그러나 1938년 '경제연구회사건'으로 일제에 체포되면서 조선 시대의 연구 성과는 더 나오지 못하였다. 백남운은 전반적으로 사관에 의한 역사 서술을 경계하여 일제의 식민 사관과 함께 박은식·신채호의 민족 사관도 비판하였다. 이것은 한쪽에 치우치는 사관이 가져올 문제들을 경계했기 때문이다. 백남운은 광복 직후 조선학술원과 민족문화연구소를 설립하여 민족의 역사를 바로잡으려는 노력과 함께 건국을 위한 정치 활동에 뛰어들었다. 하지만 자기 뜻대로 일이 이루어지지 않자 1948년 월북하였다. 이후 북한에서 초대 교육상 등을 역임하며 활동하다가 1979년 죽었다.

박은식과 백남운은 자신만의 생각과 방법으로 우리의 역사를 써 내려갔다. 둘은 역사를 바라보고 서술하는 과정은 너무도 극명하게 달랐지만, 일제의 식민 사관에 맞서 우리의 역사를 바로 세우려는 점은 같았다.

◆사료 보기
다소의 차이는 인정되더라도, 외관적인 소위 특수성은 다른 문화 민족의 역사적 발전 법칙과 구별되어야 하는 독자적인 것이 아니며, 세계사적·일원론적인 역사 법칙에 의하여 다른 제 민족과 거의 동일한 발전 과정을 거쳐 온 것이다.
출처:《조선사회경제사》

★ 한눈에 보는 역사

일제강점기 한국사 연구	
민족주의 사학	특징: 한국사의 독자성·주체성 강조, 독립운동의 일환
	학자: 신채호(저서 – 조선사연구초, 조선상고사)
	박은식(저서 – 한국통사, 한국독립운동지혈사)
	계승: 정인보, 안재홍, 문일평 등
실증 사학	특징: 객관적 사실 강조 → 사료 비판과 해석을 통한 역사 연구
	학자: 이병도, 손진태 등 → 진단 학회
사회 경제 사학	백남운: 유물 사관 수용, 세계사의 보편적 발전 법칙에 한국사 적용 → 식민 사관의 정체성론 비판

91

백정은 왜 형평사를 조직했을까?

· 일제강점기

형평사

중요도 : ★★★★

조선 시대 사람 취급받지 못하던 백정들은 1894년 갑오개혁으로 신분제가 폐지되자 사람답게 살 수 있다는 희망을 품었다. 백정들도 마을에 자유롭게 드나들고 자식들을 학교에 보낼 수 있겠다는 꿈이 지금 당장은 아니겠지만 조금만 시간이 지나면 이루어질 것이라 믿었다. 그러나 사회·제도가 변한다고 해서 의식이 바로 바뀌는 것은 아니었다. 갑오개혁 이후에도 여전히 백정은 사람 취급받지 못하고 무시와 멸시 속에서 살아가야 했다.

일제가 국권을 강탈한 뒤에도 백정의 사회적 위치와 처지는 바뀌지 않았다. 이제는 일본인들에게까지 무시를 당해야 했다.

특히 1920년대에 들어서 일제의 식민통치방식이 민족분열통치로 변화되었다. 우리 민족을 이간질하고 분열시켜 한국인이 하나로 뭉치지 못하도록 하는 정책이었다. 이 과정에서 일제는 신분 간의 갈등을 부추겼고, 그 대상 중 하나가 백정이었다.

일제는 호적·입학원서·관공서 제출 서류에 백정의 신분을 표시하여 여러 불이익을 받게 했다. 무엇보다도 백정을 가장 힘들게 한 것은 자녀를 학교에 보낼 수 없는 현실이었다. 교육만이 백정의 삶을 변화시킬 수 있는 유일한 통로라 여기던 상황에서 자녀를 학교에 보내지 못한다는 것은 백정이라는 신분과 차별을 대물림해야 한다는 것을 의미하였다.

당시 경상남도 진주에 뛰어난 상술과 부지런함으로 백정이라는 한계를 뛰어넘어 엄청난 부를 축적했던 이학찬이 있었다. 돈은 많이 벌었지만, 백정에 대한 차별이 변하지 않는 현실

◆일제강점기 백정의 차별
백정은 기와집에서 살거나 비단옷을 입을 수 없었고, 외출할 때는 상투를 틀지 않은 채 패랭이를 써야 했다. 장례 때도 상여를 사용할 수 없었다. 또한 학교나 교회에서 일반 사람들과 함께 수업을 받거나 예배를 볼 수 없었고, 상민들과 떨어져 집단으로 거주하였다. 호적에도 백정은 이름 앞에 붉은 점을 찍어 표시하거나 도한으로 기재하였다.

에서 자식의 삶이 크게 걱정되었다. 자식이 백정이라는 차별을 받지 않고 사람답게 살기 위해서는 학교에서 교육을 받는 것이 최고의 방법이었다. 하지만 이학찬의 바람은 백정의 자식은 학교에 입학할 수 없다는 통보에 무너져 내렸다. 아무리 많은 돈이 있어도 백정이라는 한계는 여전히 깨지지 않았다.

이학찬은 백정에 대한 차별이 자신만의 문제가 아님을 인식하고 백정들을 모아 1923년 조선 형평사를 조직하였다. 저울처럼 모두가 평등한 세상을 만들자는 이름의 형평사는 평등한 세상을 요구한 사회운동이자 신분 차별 반대 운동이었다. 조선 형평사가 만들어지자 수많은 백정이 동참하여 그동안의 설움과 울분을 토해냈다. 조선 형평사의 활동은 지식인과 학생들에게 깊은 공감과 울림을 주면서 단순한 신분 차별 철폐 운동을

◆사료 보기

공평은 사회의 근본이고 애정은 인류의 본령이다. 그러한 까닭으로 우리는 계급을 타파하고 모욕적 칭호를 폐지하여, 우리도 참다운 인간이 되는 것을 기하자는 것이 우리의 주장이다. 지금까지 조선의 백정은 어떠한 지위와 압박을 받아 왔는가? 과거를 회상하면 종일 통곡하고도 피눈물을 금할 수 없다. (중략) 직업의 구별이 있다고 한다면, 금수의 생명을 빼앗는 자는 우리만이 아니다.

출처: 조선 형평사 설립 취지문(1923)

넘어서 항일 운동으로 발전하였다.

국제적 연대도 모색하여 일본에서 하층민을 차지하던 부락민 차별에 반대하며 만들어진 수평사(1922)와 정보를 교환하며 신분 해방 운동을 이끌었다. 형평사는 전국에 지사를 세우며 성장했고, 광범위한 지지 여론을 받았다.

하지만 일제는 조선 형평사의 활동이 마음에 들지 않았다. 조선 형평사에 대한 일제의 탄압이 점차 심해지자 활동이 위축되기 시작하였다. 결국 조선 형평사는 일제의 탄압과 국내다른 계층의 발발로 초기에 의도했던 성과를 얻지 못하고 해산되었다. 그러나 독립운동의 일원으로 백정이 참여하여 활동할 수 있는 길을 만들었다는 점에 의의가 있었다.

★ 한눈에 보는 역사

형평 운동	
민족주의 사학	백정에 대한 사회적 차별 심화
실증 사학	조선 형평사 결성(1923) – 이학찬 주도 진주의 백정들이 주도 평등 사회·인권 보장 요구 노동·농민 운동과 연계

92 우리는 왜 김원봉에 주목해야 할까?

・**일제강점기**

의열단, 조선의용대

중요도 : ★★★★★

과거 냉전체제가 지속되던 시기 김원봉은 우리 사회에서 함부로 이야기하면 안 되는 인물이었다. 자칫하면 빨갱이로 몰려서 곤욕을 치를 수도 있었다. 그렇다고 김원봉이 북한에서 환영받은 것도 아니다. 김원봉은 남북한 모두에게 버림받았다. 독립운동에서 김원봉을 빼놓고는 어느 것도 완벽하게 설명할 수 없는데 무슨 이유로 역사에서 한동안 감추어져야 했던 것일까?

약산 김원봉은 경남 밀양 출신으로 1898년에 태어났다. 김원봉은 밀양 공립 보통학교에 다니던 어린 시절 일장기를 변소에 버린 일로 퇴학을 당할 정도로 항일투쟁 의식이 남달랐다. 일제에 많은 것을 빼앗기고 억압받는 과정을 직접 보면서 성장했던 김원봉은 3·1운동을 통해 민족의 독립 의지를 확인한 뒤, 의열단을 조직하고 단장에 취임하였다. 이 당시 김원봉의 나이가 21살로 젊은 사람의 치기로 간주할 수도 있었다. 그러나 신채호가 1923년 의열단에 써 준 '조선 혁명 선언'을 통해 기존의 민족 지도자들이 의열단에 건 기대가 얼마나 컸는지 알 수 있다.

의열단은 조선 총독 이하 고관, 군부 수뇌, 대만 총독, 매국적, 친일파 거두, 적의 밀정, 반민족적 토호를 처단하는 7가살과 조선총독부, 동양척식주식회사, 매일신문사, 각 경찰서, 기

◆사료 보기

강도 일본을 쫓아내려면 오직 혁명으로만 가능하며, 혁명이 아니고는 강도 일본을 쫓아낼 방법이 없는 바이다. (중략)

민중은 우리 혁명의 대본영(大本營)이다.

폭력은 우리 혁명의 유일한 무기이다.

우리는 민중 속으로 가서 민중과 손을 맞잡아 끊임없는 폭력-암살, 파괴, 폭동-으로써 강도 일본의 통치를 타도하고, 우리 생활에 불합리한 일체의 제도를 개조하여, 인류로서 인류를 압박하지 못하며, 사회로써 사회를 박탈하지 못하는 이상적 조선을 건설할지니라.

출처: 조선 혁명 선언

타 외적 주요기간을 파괴하는 5파괴를 내세웠다. 그리고 박재혁의 부산경찰서 투척(1920), 김익상의 조선총독부 투탄(1921), 김상옥의 종로경찰서 폭탄 투척(1923) 등 우리가 익히 알고 있는 수많은 의거 활동을 수행하였다.

김원봉은 6년간 의거 활동을 진행하면서, 개인의 의거 활동으로는 독립을 이끌어내기 어렵다는 사실을 체감하였다. 김원봉은 의열단의 노선을 변경하여 1926년 중국의 황푸군관학교에 입학하여 군사훈련을 받았다. 그리고 1927년 국민당의 북벌에 합류하여 예전보다 조직적이고 체계적으로 일본에 맞서 싸웠다. 1935년에는 신한독립당·한국독립당·대한독립당·조선혁명당·의열단을 규합하여 한국민족혁명당(뒤에 조선민족혁명당으로 변경)을 조직하여 독립운동의 결집에 힘썼다.

독립을 향한 그의 노력은 멈추지 않고 1937년 조선민족전선연맹을 결성하여 무장 투쟁 세력을 규합하였다. 이를 바탕으로 중국 국민당의 지원을 받아 조선의용대를 편성하였다. 조선의용대는 일본군을 맞아 큰 활약을 벌였지만, 국민당 정부가 항일투쟁보다는 공산당 토벌에 힘을 기울이자 일부 세력이 이탈하였다. 김원봉은 국민당의 지원 없이는 효과적인 독립투쟁을 할 수 없다고 생각하고, 국민당의 전폭적인 지원을 받는 대한민국임시정부와 연계를 맺고 한국광복군 창설에 동참하였다.

김원봉은 대한민국임시정부의 군무부장이자 광복군 제1지대장 및 부사령관이 되어 미국과 영국을 도와 대일전을 전개하였다. 그 결과 제2차 세계대전 이후의 국제질서 재편을 위한 카이로회담에서 한국의 독립을 약속받는 중요한 성과를 가져왔다. 이처럼 큰 활약을 펼쳤던 김원봉은 일제에 아주 큰 위험인물로 간주되어, 100만 원의 현상금이 걸려 있었다. 윤봉길 의거 활동의 배후로 김구에게 걸렸던 60만 원의 현상보다도 훨씬 높은 금액으로 현재 가치로 300~400억 정도에 달한다.

이처럼 의거 활동과 무장 독립 투쟁 그리고 중국 국민당과의 연계를 통해 독립운동을 멈추지 않던 김원봉은 광복 직후 많은 시련을 겪게 된다. 광복 이후 미·소에 의해 남북한이 분단될 것을 우려했던 김원봉은 좌우합작 운동에 적극적으로 참

◆조선의용대

조선의용대는 주로 중국 군대를 도와 포로 심문, 후방 교란, 선전전 등의 첩보 임무를 담당하였다. 하지만 조선의용대원 일부는 이러한 소극적 투쟁과 중국 군의 간섭에 불만이 많았고, 결국 대원의 상당수가 적극적인 항일 투쟁을 전개하기 위하여 화북 지방으로 이동하였다.

여하였다. 그러나 1947년 좌우합작 운동을 주도하던 여운형이 반대 세력에 의해 암살당하고, 남한 단독 정부 수립이 본격화되자 월북해버렸다. 아마도 남한 단독 정부 수립을 반대하고 통일 정부를 세우자는 북한의 표면적인 거짓에 속지 않았을까 싶다. 그래서였을까? 대한민국 수립 이후 북한의 행보에 많은 비판을 하던 김원봉은 김일성에게 1958년 숙청당했다. 이후 독립운동의 큰 축을 담당했던 민족 지도자 김원봉은 남북한 모두에게 한동안 버림받아야 했다.

★ 한눈에 보는 역사

의열단	
결성	김원봉을 중심으로 만주 지린성에서 결성(1919)
행동 지침	신채호의 '조선 혁명 선언': 폭력 투쟁을 통한 민중의 직접 혁명 추구
활동	조선 총독부 고위 관리·친일파 처단, 일제 수탈 기구 파괴 → 김익상, 김상옥, 김지섭, 나석주 등 의거 활동
전개	개인 폭력 투쟁 한계 인식 → 1920년대 체계적인 군사 훈련을 통한 무장 투쟁 추구 황푸군관학교 입학, 조선혁명간부학교 설립

93

일제가 너무 빨리 망했다고?

> · **광복**
> 남북 분단
> 중요도 : ★★★★

제2차 세계대전에서 가장 큰 수혜자는 미국과 소련이었다. 양국 모두 막대한 인적·물적 피해를 봤지만, 전쟁을 통해 이류 국가에서 세계를 이끌어가는 중심 국가로 부상했기 때문이다. 그러나 제2차 세계대전이 끝나기도 전에 자유 민주주의를 대표하는 미국과 사회주의를 대표하는 소련이 세계 패권을 두고 경쟁하기 시작하였다. 두 국가는 독립하는 신생 국가들을 자신의 세력권에 포함하기 위해 치열하게 경쟁하였다. 이후 미·소의 경쟁은 1991년 소련이 해체될 때까지 지속되었는데, 이를 냉전(Cold War)체제라고 한다. 일제의 식민지에서 벗어나 독립된 나라를 세우려던 우리도 냉전체제에서 벗어날 수 없었다. 동아시아 패권을 두고 미국과 소련이 치열하게 경쟁하는 한복판에 한국이 있었다.

분단 비극은 광복 이전에 이미 시작되고 있었다. 독일의 패망 이후에도 일제의 저항이 계속되자, 미국은 소련에 일본과 싸울 것을 요구하였다. 소련도 이 요구를 받아들여 1945년 8월 8일 일제에 선전포고를 하며 만주의 관동군을 담당하기로 하였다. 소련의 선전포고를 받은 일제는 긴급히 한반도 이북에 있던 일본군을 관동군에 편입시키며 소련군의 남하에 대비하였다. 그러나 미국이 원자폭탄을 히로시마와 나가사키에 투하하자 일제는 갑작스러운 무조건 항복을 해버렸다.

미국은 일제가 항복을 할 것이라 예상하지 못했다. 소련군이 8월 11일에 한반도로 들어올 때에도, 미군은 오키나와에

◆사료 보기
* 우리는 완전한 독립 국가 건설을 기함.
* 우리는 전 민족의 정치적·경제적·사회적 기본 요구를 실현할 수 있는 민주주의 정권 수립을 기함.
* 우리는 일시적 과도기에 있어서 국내 질서를 자주적으로 유지하며 대중 생활의 확보를 기함.
출처: 조선건국준비위원회 강령

여전히 주둔하고 있었다. 당시 미 육군 작전국 장교로 있던 러스크의 증언에 따르면, 미국은 일제의 갑작스러운 항복 소식에 한반도 전체를 소련에 빼앗길 것을 우려하여 남북한 분할을 요구하는 38도선을 급하게 제의했다고 한다. 그와 함께 조선 총독부에게 미군이 한반도로 진주할 때까지 38도선 이남에서 총독부 체제를 유지하라고 지시하였다.

이처럼 갑작스러운 일제의 패망은 우리의 독립운동에도 부정적인 영향을 미쳤다. 당시 대한민국임시정부 산하의 한국광복군은 국내 정진군을 조직하여 미국의 OSS와 함께 국내에 침투하여 무장 투쟁의 거점을 확보하고, 우리 힘으로 일본군을 몰아내려고 준비하고 있었다. 국내에서는 조선건국준비위원회가 광복 당일 조선 총독을 만나 행정권 이양을 논의하여, 정치 활동의 불간섭과 3개월분의 식량 확보 등 5가지 조건을 약속받아 놓고 있었다. 이 모든 것들이 미군의 조선 총독부 체제

◆사료 보기

왜적이 항복한다 하였다. 아~ 왜적이 항복! 이것은 내게 기쁜 소식이라기보다는 하늘이 무너지는 듯한 일이었다. 천신만고 끝에 수년 동안 애를 써서 참전할 준비를 한 것도 다 허사이다.

출처:《백범일지》

유지 명령으로 수포가 되어버렸다.

　대한민국임시정부 요원은 미 군정의 방침에 따라 개인 자격으로 1945년 11월에 귀국했고, 조선건국준비위원회는 좌우익으로 분열을 일으킨 뒤 세력이 약화하였다. 북한 지역에서도 상황은 별반 다르지 않았다. 소련 군정은 미국과는 달리 인민위원회의 자치를 인정하는 간접 통치 방식을 취했지만, 실제로는 김일성을 내세워 자주적인 나라를 만들려 했던 민족 지도자를 처형하고 수많은 인권탄압을 가했다.

　이후 모스크바 3국 외무 장관 회의 이후 신탁 통치가 결의되고 미·소 공동 위원회가 열렸다. 하지만 미국과 소련의 이해관계가 상충하면서, 논의는 결렬되고 유엔이 인정하는 남한만의 단독 선거로 대한민국이 수립(1948. 8. 15.)되었다. 만약 우리의 힘으로 일제의 항복을 받아냈다면 우리의 역사는 어떻게 변했을까?

★ 한눈에 보는 역사

38도선의 획정과 미·소군의 주둔	
38도선	미국의 38도선 제안과 소련의 수용
미·소군의 주둔	미군: 대한민국임시정부 및 조선 인민 공화국 부인 　　　조선 총독부 관료와 경찰 조직 유지 소련: 간접 통치 방식으로 김일성 등 사회주의 세력의 　　　정권 장악 지원

94 우리는 왜 분단되어야 했을까?

· 대한민국
정부 수립
중요도 : ★★★★★

광복 이후 미국과 소련의 대립이 고조되면서 한국의 문제는 쉽게 풀리지 못하였다. 미국과 소련은 한국의 자주 국가 수립보다는 자신들의 이익을 채우는 데 더 큰 관심이 있었다. 이 상황에서 통일된 자주 국가를 만들기란 매우 어려운 일이었다. 민족 지도자들도 나라를 세우는 방법에 대한 의견이 갈렸다. 우리의 힘으로 남북한 통일 국가를 수립해야 한다는 사람도 있었지만, 미국과 소련의 도움을 받아야 한다는 사람들도 나왔다. 우리의 운명을 스스로 결정하고 실천할 수 없는 상황에서 민족분열은 시작되었다.

당시 민족 지도자들은 여운형을 중심으로 좌우합작 운동을 통해 통일된 정부를 수립하자는 측도 있었지만, 이승만과 한국 민주당처럼 좌익과의 협조를 거부하고 남한만의 단독 정부 수립을 주장하는 사람들도 있었다. 거기에 박헌영으로 대변되는 좌익은 좌우합작을 지지하는 척하면서 소련의 지령을 받아 한반도의 공산화를 계획하고 있었다.

민족 지도자들의 분열과 함께 신탁 통치를 위한 두 차례의 미·소 공동 위원회가 결렬되자 한국의 상황은 누구도 해결할 수 없는 혼돈의 상태에 빠졌다. 이 과정에서 미국은 영향력을 행사할 수 있는 유엔에 한국 문제를 넘겨버렸다. 소련과의 협상이 뜻대로 이루어지지 않는 상황에서 미국의 의도대로 끌고 가기 위한 방법이었다.

유엔 총회에 참가했던 국가들은 한국이라는 나라에 대해서 잘 알지도 못했고 큰 관심도 없었다. 식민지 35년 동안 한국은 세계인의 기억 속에서 사라졌다. 세계적으로 손에 꼽을 정도로 가난하고 문맹률이 높은 나라에 관심을 두는 나라도 없었

◆좌우합작 운동(1946~1947)
여운형과 김규식 등 중도 세력이 주도하여 미 군정의 지원 아래 좌우합작 위원회를 결성하였다. 이들은 좌우합작 7원칙 발표했지만, 미 군정의 지원 철회와 좌우 세력의 외면 그리고 여운형의 암살 등으로 실패하였다.

다. 유엔 총회는 한국의 문제가 크게 불거지지 않고 빨리 매듭 짓기를 희망하였다. 그런 상황에서 내려진 결론은 인구 비례에 따른 남북 총선거를 통한 정부 수립이었다. 그리고 총선거를 문제없이 진행할 수 있도록 유엔 한국 임시 위원단을 파견하여 관리 감독하였다.

하지만 소련과 북한의 입장에서는 유엔 총회의 결정이 미음에 들지 않았다. 소련의 입장에선 자존심이 상하는 것에 그치는 것이 아니라 미국에 주도권을 빼앗길 수 있는 일이었다. 그리고 북한을 공산국가로 만들었던 노력이 수포가 될 수도 있었다. 북한의 입장에서도 인구비례에 따른 총선거로는 사회주의 국가 건설이 불가능했다. 남한이 북한보다 두 배 가까이 인구가 많은 상황에서 국회의원을 선출하는 선거구 설정부터 북측에 너무나 불리하였다. 5·10 총선거 당시 남한은 200명, 북한에는 100석의 국회의원을 배정했던 사실로 봤을 때 북측이 총선거에 동의할 가능성은 희박했다. 이대로 총선거를 치르게 되면 좌익 세력이 질 것은 너무나 뻔한 일이었다.

북한은 필사적으로 유엔 한국 임시 위원단의 입북을 거부하는 경고를 수차례 하였다. 결국 유엔 소총회는 선거가 가능한 지역에서만 총선거를 하도록 결의했고 1948년 5월 10일 역사적인 총선거가 치러졌다. 그리고 대한민국이 수립되었다. 그러나 북한에도 다른 정부가 들어서면서 오늘날까지 분단이 이어지는 아픔이 지속되고 있다.

★ 한눈에 보는 역사

미·소 공동 위원회부터 대한민국 수립까지	
제1차 미·소 공동위원회(1946. 3.)	참여 대상 문제로 결렬
이승만의 정읍 발언(1946. 6.)	남한만의 단독 정부 구성 주장
좌우합작 위원회 구성(1946. 7.)	좌우합작 7원칙 발표
제2차 미·소 공동위원회(1947. 5.)	한반도 문제 유엔 상정
유엔 총회(1947. 11.)	남북한 총선거 시행 유엔 한국 임시 위원단 설치 결정
유엔 소총회(1948. 2.)	남한 단독 총선거 결정
남북 지도자 회의(1948. 4.)	단독 정부 수립 반대 미·소 양군 즉시 철수 결의
5·10 총선거	임기 2년 제헌 의원 선출 최초의 보통·평등 선거
제헌 헌법(1948. 7. 17.)	대통령제(4년 중임) 간선제(국회)
대한민국 정부 수립(1948. 8. 15.)	대통령 이승만 선출 유엔이 인정한 한반도 내 유일한 합법 정부

제주 4·3사건을 얼마나 알고 있을까?

> · **대한민국**
>
> 제주 4·3사건
>
> 중요도 : ★★★★

조선 시대부터 제주도는 수탈의 대상이자, 죄를 지은 사람들이 유배 가는 버려진 땅이었다. 태평양 전쟁 말기에는 일제가 미군을 상대로 최후의 결전을 벌일 장소로 선정하고 비밀 군사기지를 건설하면서 많은 인적·물적 자원을 수탈당했다. 광복 이후에는 일본에 넘어갔던 6만여 명의 한국인들이 돌아오면서 대량 실업 사태와 식량 부족 현상으로 제주도민은 어느 지역보다 힘든 시간을 보내야 했다.

그런 가운데 친일 순사들이 미 군정에 의해 재임용되어 다시 제주도민을 억압하기 시작하였다. 그들은 자신들의 친일 행각을 감추기 위해 제주도민에게 위해를 가하며 괴롭혔다. 그러던 중 1947년 3월 1일, 3·1절 28주년을 맞아 제주도 곳곳에서 기념 집회가 열리는 가운데 관덕정 앞에서 한 어린아이가 말을 타고 행진하던 경찰에 부딪혀 다쳤다. 그런 상황이면 당연히 말에서 내려 쓰러진 아이를 데리고 병원에 가야 했지만, 경찰들은 아이를 그냥 벌레 보듯 내려다본 뒤 지나쳐 갔다. 이에 분개한 제주도민이 돌멩이를 던지며 항의하자, 친일 경찰들은 아무 거리낌 없이 시위 군중에게 총을 발포하였다. 이 과정에서 제주도민 6명이 죽고 6명이 부상을 당했다.

제주도에서 활동하던 남로당은 이를 기회로 민·관 총파업을 주도하자, 제주도 전체 직장의 95%인 166개 기관이 파업에 동참하였다. 이는 제주도민이 사회주의로 넘어갔다기보다는 광복 이후 계속되는 경제적 어려움과 함께 친일파 청산이 이루어지지 않는 것에 대한 항의였다. 하지만 미 군정과 경무부장 조병옥은 제주도의 현실을 고려하지 않고, 단순하게 공산당의 활동으로만 간주하였다. 그리고 공산당 색출이라는 명분으로 내륙에서 응원 경찰을 데려다 1948년 4월 3일까지 2,500여 명을 불법으로 가두고 강제 고문을 자행하였다. 이때 남로당은 총선거를 저지하기 위해 무장대를 조직하고 12개 경찰 지서를 공격하였다. 미 군정은 곧바로 제주도를 봉쇄하고 경찰과 우익

청년단을 투입하였다. 제주도 사정을 잘 모르던 응원 경찰과 우익 청년단은 무고한 제주도민도 공산당으로 몰아 강경 진압하였다.

대한민국이 수립된 후 이승만 정부는 제주도가 5·10 총선거에 참여하지 않은 것은 대한민국 정통성을 부정하는 일이라고 생각하였다. 이에 1948년 10월 17일 제주 해안선 5km 이외의 지점 및 산악지대에 제주도민이 머무르지 못하도록 통행 금지 명령을 내렸다. 금지 기간이 길어지자 산악지대에서 농사와 목축에 종사하던 제주도 사람들은 먹고살기 위해 정부의 명령을 어기고 살던 마을로 몰래 돌아갔다. 하지만 군경은 해안가로 내려온 제주도민에게 생계 대책은 마련해주지도 않은 채, 명령을 어기고 집으로 돌아간 모든 사람을 공산당으로 간

◆아끈다랑쉬 오름과 관련된 4·3사건

제주도의 아끈다랑쉬 오름에는 작은 동굴이 있다. 제주 4·3사건 당시 군경은 순찰 중 마을 사람들이 동굴로 피신한 사실을 알게 되었다. 이들은 마을 주민을 동굴 밖으로 끌어내기 위해 불을 피워 연기를 동굴 안으로 밀어 넣었다. 그러나 공산당으로 오인당하여 고문받을 것이 무서웠던 마을 주민(여성과 아이들)은 한 명도 동굴 밖으로 나오지 않았다. 결국 마을 주민 모두 질식사로 생을 마감했다. 군경은 이런 사실을 기록조차 하지 않고 숨겼다.

주하고 체포 및 사살하였다. 여기에 6·25전쟁이 발발하자 제주도민에 대한 탄압은 더욱 심해졌다. 조사 결과에 따르면 제주 4·3사건의 사망자가 14,000여 명에 달하는 것으로 나타났다.

1999년 '제주 4·3사건 진상 규명 및 희생자 명예 회복을 위한 특별법'이 국회에 통과되고 진상규명을 했다. 그 결과 제주 4·3사건은 국가 권력에 희생된 사건으로 판명되었다. 2003년에는 노무현 대통령이 제주 4·3사건은 국가 권력에 의한 희생이라는 사실을 인정하고 공식적으로 사과했다. 그제야 제주도민은 빨갱이라는 오명을 벗어던지고 숨을 쉴 수 있게 되었다.

◆사료 보기

1947년 3월 1일 경찰의 발포 사건을 기점으로 하여 경찰과 서청(서북 청년회)의 탄압에 대한 저항과 단선·단정 반대를 기치로 1948년 4월 3일 남로당 제주도당 무장대가 봉기한 이래 1954년 9월 21일 한라산 금족 지역이 전면 개방될 때까지 제주도에서 발생한 무장대와 토벌대 간의 무력 충돌과 토벌대의 진압 과정에서 수많은 주민이 희생당한 사건.

출처: 제주 4·3 사건 진상 규명 및 희생자 명예 회복 위원회 보고서(2003)

★ 한눈에 보는 역사

단독 정부 수립을 둘러싼 갈등	
제주 4·3사건 (1948)	남로당 중심의 도민 무장 봉기 5·10 총선거 반대 미 군정의 진압 3개 선거구 중 2곳 선거 진행 안 됨
여수·순천 10·19사건 (1948)	군부대의 제주도 출동 반대 통일 정부 수립 등을 이유로 무장 봉기 지리산으로 도주

96 미국과 이승만 정부는 과거 청산에 왜 소극적이었을까?

· 대한민국
반민특위
중요도 : ★★★★

일제강점기 35년 동안 일제의 앞잡이로 활동했던 수많은 민족반역자를 우리는 친일파라고 부른다. 1945년 8월 15일 일제가 패망하자 많은 한국인은 친일파를 쫓아내고 자주적인 나라를 세울 수 있다고 생각했고, 그리될 거라 굳게 믿었다. 조선건국준비위원회가 친일파 청산에 대한 의지를 확고히 했기 때문이다.

광복 이후 세상이 바뀔 것을 예상한 친일파는 살기 위해 자신들이 가지고 있던 재산도 내팽개치고 사람들이 없는 산과 골짜기로 도피하였다. 대다수 한국인은 정부가 들어서면 도망간 친일파를 처벌하고, 불법으로 모은 그들의 재산을 국고에

환수시킬 것이라 생각하였다. 그러나 광복 직후 우리의 뜻대로 이루어지는 것이 하나도 없었다. 자주 독립 국가 건설은 꿈도 꾸지 못하고 미국과 소련에 의해 군정이 시작되었다. 특히 미 군정은 남한을 자기 뜻대로 움직이기 위해 독립운동가 출신들 보다는 약점 있는 친일파들을 관리로 임용하였다. 그리고 친일 파의 모든 잘못을 덮어주는 것에 그치지 않고 고위 관직으로 의 승진 혜택을 주었다. 친일파들이 앞으로 해야 할 일은 일제 대신 새롭게 등장한 미국에 꼬리를 흔들며 먹이를 기다리는 개 처럼 행동하는 것뿐이었다. 그리고 미군이 물러나면 자신들의 잘못을 영원히 덮어줄 수 있는 정부를 만드는 것이 최대 목표 였다.

　이런 목표는 어렵지 않게 이루어졌다. 독립을 위해 애는 썼 지만 독립을 이루려는 방법이 달라서 여러 민족 지도자에게 인

◆국회 프락치 사건
1949년 3월 반민특위 소속의 국회의원 중 외국 군대 철수, 남북통일 협상 등 공산당의 주장과 일맥상통하는 주장을 한 국회의원이 많았다. 이에 이승만 정 부는 국회 부의장 김약수 등 13명의 국회의원이 공산당과 내통했다는 혐의로 체포하였다. 체포된 국회의원 중에는 친일파 처단을 강력히 주장한 의원이 많 있다.

정받지 못하던 이승만이 대통령에 당선되었기 때문이었다. 이승만은 대한민국임시정부의 초대 대통령 당시에도 독립 자금을 독단적으로 사용하고 위임통치안을 미국에 제출했다가 탄핵당했었다. 1944년 1월 재미 한족 연합 위원회가 이승만에 대한 일체 원조를 단절한다는 전보를 대한민국임시정부에 보냈던 사실들은 이승만의 지지 기반이 약했음을 보여준다.

이승만은 초대 대통령에 당선은 되었지만, 자신을 도와줄 민족 지도자들이 적었다. 특히 국회에 자신을 지지하는 의원이 많지 않아 국정 운영이 매우 어려웠다. 이때 눈에 들어온 사람들이 미 군정에 의해 재임용된 친일파 출신의 관료들이었다. 이승만 정부는 미 군정 아래서 일을 하던 친일파 출신의 관료들을 그대로 흡수해버렸다. 이에 대한 비판과 불만이 들끓었지만

◆사료 보기

제1조 일본 정부와 통모하여 한·일 합병에 적극 협력한 자, 한국의 주권을 침해하는 조약 또는 문서에 조인한 자와 모의한 자는 사형 또는 무기 징역에 처하고 그 재산과 유산의 전부 혹은 2분지 1 이상을 몰수한다.

제3조 일본 치하 독립운동자나 그 가족을 악의로 살상 박해한 자 또는 이를 지휘한 자는 사형, 무기 또는 5년 이상의 징역에 처하고 그 재산의 전부 혹은 일부를 몰수한다.

출처: 반민족 행위 처벌법(1948)

무시했다.

1948년 국회에서 '반민족 행위 처벌법'을 제정하고 국회 직속의 반민족 행위 특별 조사 위원회(반민특위)를 구성하여 친일 반민족 행위자에 대한 조사와 체포에 나섰다. 일제강점기 시절 일본인보다 더 악랄하게 독립운동가를 잡아 고문하던 노덕술이 있었다. 노덕술은 반민특위가 출범하자 백민태라는 청부업자를 고용하여 반민특위 간부를 암살하라고 지시할 정도로 악질 중의 악질이었다. 반민특위는 노덕술을 검거했지만, 이틀 뒤 이승만은 노덕술같이 좌익 반란 분자 색출 경험이 풍부한 반공 투사 경찰관을 잡아들여서는 안 된다는 특별 담화를 발표하며 압박하였다. 그리고 반민특위 국회의원이 공산당과 내통했다는 누명을 만든 뒤, 경찰관들이 반민특위를 습격하여 친일 행위 관련 자료를 마음껏 훼손하며 반민특위를 공식적으로 방해하였다.

이승만 정부의 노골적인 반민특위 방해 활동으로 40만 명이 넘는 친일파 중에서 실형을 선고받은 것은 14명에 불과하였다. 이마저도 1950년 3월까지 형 집행 정지로 모두 석방되었다. 미 군정과 이승만 정부로 인해 반민특위 활동이 실패한 것은 근현대사의 가장 안타까운 일로 남았다.

★ 한눈에 보는 역사

반민특위
반민족 행위 처벌법 제정(1948. 9.)
⇩
반민족 행위 특별 조사 위원회 설치
⇩
국회 프락치 사건(1949. 4.)
⇩
반민특위 습격 사건(1949. 6.)
⇩
반민족 행위 처벌법 공소 시효 단축(1949. 8.)
⇩
반민특위 해체

97

무엇이 6·25전쟁을 일으켰는가?

> · **대한민국**
> 6. 25전쟁
> 중요도 : ★★★★★

1950년 발발한 6·25전쟁은 동족상잔의 비극으로 많은 이들의 가슴을 아프게 했다. 그리고 오늘날에도 그 아픔을 극복하지 못한 많은 사람이 고통받고 힘들어하고 있다. 6·25전쟁의 발발은 수많은 원인이 복합적으로 얽혀 있지만, 가장 본질적인 이유는 미·소가 세계의 패권을 두고 벌인 전쟁이라는 점이다. 더불어 미·소가 직접 맞붙지 않고 약소국을 내세워 누가 강한지 대결한 대리전이었다.

1945년 일제의 패망이 확실해지자 미국과 소련은 세계의 주도권을 독점하기 위해 자유 민주주의와 사회주의를 내세우며, 세계 여러 국가를 자기편으로 만들기 위해 동분서주했다.

동아시아도 이런 냉전 체제에서 비껴갈 수 없었다. 소련은 신해혁명 이후 몽골의 독립을 지원하였다. 1921년 몽골이 공산주의 국가로 독립하면서 소련의 팽창 정책은 순조롭게 진행되어 갔다. 특히 소련은 연해주를 기반으로 우리와 중국의 항일운동에 많은 지원을 해왔기에 동북아시아의 공산화에 큰 어려움이 없어 보였다.

반면 미국은 동아시아에 자신의 영향력을 확대하는 데 어려움이 많았다. 미군을 주둔시킬 영토가 없어 한국·중국·일본 3개국에 각종 지원을 아끼지 않았다. 중국에는 마오쩌둥이 이끄는 공산당에 맞서는 장제스의 국민정부에 엄청난 물자 지원을 하였다. 일본에는 연합군 최고사령부를 설치하고 아시아 진출의 교두보로 삼기 위해, 일왕을 처벌하지 않는 동시에 상징적인 존재로 인정하는 신헌법(평화헌법)을 제정하였다. 그리고 일본의 전범자 처벌에 소극적인 태도를 보이며, 일본 전범들을 아시아를 경영하는 데 필요한 도구로 활용하였다.

◆애치슨 선언
1950년 1월 미국의 국무장관 애치슨은 미국의 태평양 지역 방위선을 발표하였다. 이 발표로 한반도와 타이완은 미국의 태평양 방위선에서 제외되면서 6·25전쟁이 일어날 수 있는 배경이 되었다.

한국은 신탁 통치를 통해 미국의 세력권에 넣으려 했으나, 소련과 북한의 강력한 저항에 막혀 뜻대로 흘러가지 않았다. 결국 한국 문제를 유엔에 이관하여 대한민국 정부를 수립하는 데 일조했지만, 분단이라는 최악의 상황을 만들어놓았다. 이후 동아시아의 정세를 관망하던 미국은 1950년 1월 국무장관 애치슨이 태평양 방위선을 알래스카-일본-오키나와-필리핀을 경계로 한다고 발표하였다.

이 발표가 이루어진 배경에는 중국 장제스가 이끄는 국민 정부의 부정부패와 무능력한 국정 운영이 있었다. 1949년 10월 1일 마오쩌둥이 이끄는 중국 공산당이 국민정부를 타이완으로 내몰고 중화인민공화국을 세우면서, 동북아시아 대부분

◆사료 보기

김일성은 북조선 뒤에 소련과 중국이 있고, 미국 스스로 대규모 전쟁을 벌이려 하지 않을 것이기에 미국이 개입하지 않을 것이라는 견해를 밝혔다. 다음은 두 사람의 대화 내용이다.

김일성: (중략) 마오쩌둥 동지는 중국 혁명만 완성되면 우리를 돕고, 필요한 경우 병력도 지원하겠다는 말을 여러 차례 했습니다.

스탈린: 완벽한 전쟁 준비가 필수입니다. (중략) 이동 전투 수단을 기계화해야 합니다. 이와 관련된 귀하의 요청을 모두 들어주겠습니다.

출처: 소련 공산당 중앙 위원회 국제국

의 국가가 공산화되자 대한민국에 대한 미국의 재논의가 이루어졌다. 미국 입장에서 가난하고 문맹률이 높은 대한민국은 이익보다는 재건에 투입되어야 할 비용이 더 많이 드는 불필요한 나라였다. 또한 이 무렵 소련이 핵무기를 완성하자, 소련과의 직접적인 마찰이 더욱 부담스러워졌다. 결국 미국은 대한민국을 버리는 것이 훨씬 이득이라고 생각했고, 애치슨 선언 이후 한국에 주둔한 미군을 모두 철수시켰다.

북한의 김일성과 박헌영은 이 순간이 적화통일의 적기라고 생각하고, 1950년 4월과 5월 소련과 중국을 연달아 방문하여 남침에 대한 허락과 지원을 약속받았다. 중국은 항일투쟁과 국공내전에서 큰 활약을 펼쳤던 독립군을 북한에 돌려주었고, 소련은 탱크를 비롯한 군사 무기를 전폭적으로 지원해주었다. 막

★ 한눈에 보는 역사

6·25전쟁	
배경	남한: 좌·우익의 대립 지속, 일부 좌익 세력의 게릴라전 북한: 소련과 중국의 지원, 조선의용군의 북한군 편입 미국: 미군 철수, 애치슨 선언 발표
전개	북한 남침(1950. 6. 25.) → 낙동강 방어선 반격 → 인천 상륙 작전 → 압록강 진출 → 중국군 참전 → 1·4후퇴 → 38도선 부근에서 공방전 → 휴전협정(1953. 7. 27.)
영향	인적·물적 피해, 이념 대립 심화

강한 전투력을 가진 군대에 탱크와 같은 우수한 화력이 뒷받침된 북한 인민군에게 남한의 군대는 상대가 되지 못하였다.

6·25전쟁에서 북한에 고전하던 남한은 다행히 유엔군의 도움으로 북한과 중국군으로부터 자유 민주주의 체제를 지켜낼 수 있었다. 그러나 전쟁 후유증은 실로 어마하게 컸다. 남북한 합쳐 오백만 명이 넘는 사람들이 죽고 다쳤으며 실종되었다. 그나마 가지고 있던 경제기반도 무너지면서 경제적으로도 아주 오랫동안 힘든 생활을 해야 했다.

98

이승만을 어떻게 평가해야 할까?

> **· 대한민국**
> 제1공화국의 부정
> 중요도 : ★★★★★

　이승만 대통령이 집권했던 제1공화국은 6·25전쟁을 극복하고 한·미 상호 방위조약과 무상 원조를 미국으로부터 이끌어내면서 대한민국을 수호했다는 평가를 받는다. 하지만 이승만은 자신이 아니면 대한민국이 무너진다는 생각에 유난히 권력에 대한 강한 집착을 보였다. 결국 이승만 정부는 군사적 안보와 경제 위기를 극복하는 데 많은 기여는 했으나, 권력을 독점하고 온갖 부정비리를 통해 국민의 기본권을 짓밟았다는 비판을 받는다.

　6·25전쟁 직전 실시된 제2대 국회의원 선거에서 이승만을 지지하지 않는 국회의원이 대거 당선되었다. 이는 이승만 정부

가 국정을 운영하는 동안 온갖 비리가 끊이지 않았고, 친일파를 처단하려는 반민특위의 활동을 방해하고 위축시켰기 때문이다. 여기에 그치지 않고 6·25전쟁이 발발하자 이승만 대통령은 아무에게도 알리지 않고 제일 먼저 전국 각지로 도망 다니는 무책임한 행동을 보였다. 그 외에도 지휘관의 군수품 횡령으로 1,000명이 굶어 죽은 국민 방위군 사건과 거창 양민 학살 사건 등 이승만 정부가 저지른 수많은 잘못이 연이어 터져 나왔다.

이런 국정 운영을 누구보다 잘 알고 있는 이승만은 국회의원이 대통령을 선출하는 간선제로는 대통령에 재선할 수 없다고 판단했다. 이승만은 재집권을 위해 자유당을 창당하고, 1952년 일부 국회의원을 간첩으로 몰아 구속했다. 그리고 국회의원도 언제 어디서든 체포·구금할 수 있다는 공포 분위기를 조성한 뒤, 기립 투표라는 불법적인 방법으로 대통령 직선제를 통과시켜 버렸다. 국민들에게는 이승만 자신만이 미국을 움직여 전쟁에 승리할 수 있다고 홍보한 결과 제2대 대통령에 당선될 수 있었다.

1954년에는 헌법에 규정된 대통령 횟수 제한을 폐기하기 위해 사사오입 개헌을 벌이기도 하였다. 대통령 3선 금지 조항이 국회에서 정족수 1명이 모자라 부결되자 반올림 셈법으로 헌법을 개정하는 사상 초유의 일이었다. 이런 말도 안 되는 방법으로 제3대 대통령 후보로 출마한 이승만은 강력한 경쟁자였던 민주당 후보 신익희가 갑작스럽게 죽자 1956년 제3대 대통령으로 취임할 수 있었다.

제4대 대통령을 뽑는 1960년에도 민주당 대통령 후보였던 조병옥이 갑작스럽게 죽자, 단독 후보가 된 이승만은 당선이 확실했다. 그러나 문제는 이승만이 고령이라는 점에 있었다. 이승만이 대통령직을 수행하다 죽으면 부통령이 대통령직을 승계해야 하는데, 자유당 부통령 후보였던 이기붕의 지지율이 매우 낮았다는 것이 문제였다. 정상적인 방법으로는 이기붕을 부통령에 당선시킬 수 없었던 정부와 자유당은 공무원, 마을 이장, 경찰, 정치 깡패를 동원하여 온갖 부정행위를 저질렀다. 심지어 선거 당일에는 투표함을 통째로 바꾸기도 하였다.

이처럼 노골적인 부정선거는 국민들의 강한 저항을 불러일

◆사사오입 개헌
당시 개헌 정족수는 재적 의원 203명의 2/3 이상인 136명이었다. 자유당은 203명의 2/3는 135.333명으로 135명이 개헌 정족수라고 주장하며 대통령 3선 금지 조항을 개정하는 안을 통과시켰다.

으켰다. 전국 각지에서 부정선거에 항의하는 시위가 일어나자, 이승만 정부는 부정선거의 책임을 물어 내무부 장관을 사임시키며 진압에 나섰다. 하지만 시위에 나섰다가 실종되었던 고등학생 김주열이 한쪽 눈에 최루탄이 박힌 시신으로 마산 앞바다에 떠오르자 상황은 반전되었다. 김주열 학생이 경찰의 강경 진압에 죽었다는 사실에 국민들은 크게 분노하였다. 시민들이 대통령 집무실인 경무대 앞으로 행진하며 강하게 항의를 하자, 경찰은 시위대를 향해 총을 난사하고 군대를 동원하는 비상계엄을 선포하였다.

다행히 탱크를 앞세워 서울로 들어온 계엄군은 어린아이도 참여하는 시위대를 보면서 계엄령에 명분이 없다고 판단하고 시민을 향한 발포 중단 명령을 내렸다. 이승만 정부는 시국이

◆사료 보기
* 기권 표와 선거인 명부에 허위 기재한 유령 유권자 표 등 총 유권자의 40%에 달하는 표를 자유당 후보에게 기표하여 투표 당일 투표함에 미리 넣어 놓는다.
* 나머지 60%의 유권자는 3인조 또는 9인조의 팀을 편성시켜 공개 투표를 하도록 하고, 매수 혹은 위협을 통해 자유당 후보에게 투표하도록 한다.
* 투표소 부근에 '자유당'이란 완장을 착용한 완장 부대를 배치하여 야당 성향의 유권자를 위협한다.
출처: 《동아일보》, 1960. 3. 4.

생각했던 방향으로 흘러가지 않자, 이기붕 부통령 당선자 사퇴와 이승만의 자유당 총재직 사임으로 마무리 짓고자 하였다. 그러나 국민들은 이승만 정부의 술책에 넘어가지 않고 민주화 시위를 계속 이어 나갔다. 결국 군대를 지휘 통솔할 수 없었던 이승만은 "국민이 원한다면 물러나겠다."라는 성명을 발표하고 미국으로 망명하였다. 그런데 이승만의 "국민이 원한다면 물러나겠다."라는 말은 국민과 대한민국을 위해 자신을 희생하겠다는 의미보다 비겁한 변명으로 들리는 것은 왜일까.

★ 한눈에 보는 역사

헌법 개헌		
제헌 헌법 (1948)	대통령제 임기 4년의 중임 가능 간선제	
제1차 개헌 (1952)	발췌 개헌 대통령 직선제+의원 내각제, 양원제	
제2차 개헌 (1952)	사사오입 개헌 초대 대통령에 한하여 중임 제한 철폐	

99

7·4남북공동성명에
숨겨진 진실은 무엇일까?

> · 대한민국
> 7.4남북공동성명
> 중요도 : ★★★★★

1972년 7월 4일 남북한만이 아니라 전 세계를 깜짝 놀라게 하는 소식이 라디오와 TV를 통해 흘러나왔다. 얼마 전까지 휴전선에서 북한군과의 교전이 심심치 않게 흘러나오던 시기였다. 더욱이 북한에서 남파된 간첩들의 만행으로 전쟁에 대한 불안이 가시지 않던 때에, 평화적인 방법으로 통일을 하겠다는 7·4남북공동성명은 그야말로 대단한 이슈였다.

7·4남북공동성명이 갑자기 이루어진 것은 아니었다. 발표 이전부터 남북한 고위 관리자들이 비밀리에 많은 접촉을 했다. 1971년 11월부터 72년 3월까지 대한적십자사 정홍진과 북한

적십자사 김덕현이 판문점에서 만난 이후 1972년 이후락 중앙 정보부장이 평양을 방문하여 합의문을 조율하였다. 북한도 북한노동당 조직지도부장 김영주를 대신한 박성철이 서울을 방문하여 6월 29일 남북한 합의서에 서명한 뒤, 7월 4일에 발표한 것이었다.

얼마 전까지 남북한 모두 총부리를 겨누고 서로를 못 잡아 먹어 안달이었는데, 갑작스러운 태도 변화를 보인 이유는 무엇일까? 여기에는 남과 북 모두 독재 체제를 완성하고 마무리 짓는 과정에서 국민들의 관심을 다른 곳으로 돌릴 필요성이 커졌기 때문이었다. 다시 말하면 7·4남북공동성명을 통해 전쟁이

◆사료 보기

제39조 대통령은 통일 주체 국민 회의에서 토론 없이 무기명 투표로 선거한다.
제40조 통일 주체 국민 회의는 국회의원 정수의 3분의 1에 해당하는 수의 국회의원을 선거한다.
(중략)
제53조 대통령은 천재지변 또는 중대한 재정·경제상의 위기에 처하거나, 국가의 안전 보장 또는 공공의 안녕질서가 중대한 위협을 받거나 받을 우려가 있어, 신속한 조치를 할 필요가 있다고 판단할 때에는 내정·외교·국방·경제·재정·사법 등 국정 전반에 걸쳐 필요한 긴급 조치를 할 수 있다.
출처: 유신 헌법(1972. 12. 27.)

아닌 평화통일을 하기 위해서는 남북 지도자가 절대 바뀌어서는 안 된다는 확신을 국민에게 심어줘야 했다. 그리고 남북한 모두 독재 체제를 마무리 짓기 위해서는 서로의 체제를 인정하며 전쟁 발발의 위험 소지를 줄여야 한다는 점에 인식을 같이 하였다.

남한은 7·4남북공동성명 발표 직후 국회를 강제 해산하고 10월 유신을 단행하였다. 유신 헌법은 국민들이 대통령을 직접 선출하는 것에서 2,000~5,000명의 대의원으로 구성된 통일 주체 국민 회의를 통해 선출하도록 바꾸었다. 장충체육관이라는 폐쇄된 공간에서 투표가 진행되는 대통령 선거는 박정희의 영구 집권을 보장하였다. 실제 박정희는 99.92%라는 말도 안 되는 놀라운 득표율로 제8대 대통령에 당선되었다. 또한 대

◆사료 보기

7·4남북공동성명(일부, 1972)

① 통일은 외세에 의존하거나 외세의 간섭을 받지 않고 자주적으로 해결해야 한다.

② 통일은 상대를 반대하는 무력행사에 의거하지 않고 평화적 방법으로 실현해야 한다.

③ 사상과 이념, 제도의 차이를 초월하여 하나의 민족으로서 민족적 대단결을 도모하여야 한다.

통령 임기를 6년으로 정하고 중임 제한을 없앴다. 그리고 대통령에게 국회의원 1/3 추천권과 법관 인사권 그리고 국회 해산권을 부여하였다. 이로써 대통령은 행정, 입법, 사법권을 모두 장악하여 황제와 같은 권한을 공식적으로 지니게 되었다. 여기에 대통령은 국민의 기본권을 제한할 수 있는 긴급조치권도 가졌다. 긴급조치권은 초헌법적 권한으로 1979년 12월까지 유신 반대 세력을 탄압하는 도구로 존속하였다.

북한도 1972년 12월 사회주의 헌법을 제정하여 독재 체제를 강화하였다. 사회주의 헌법에 따라 주석은 삼권 분립 위에 존재하는 절대적인 권력자가 되었고, 주체사상이 통치 이념으로 공식화되었다. 이후 주체사상은 사상·정치·경제·군사 방면에서 김일성을 숭배하고 유일 지배 체제 구축 및 반대파 숙청에 이용되었다. 이로써 7·4남북공동성명을 통해 남북한 모두 독재 체제를 마련하고 구축할 수 있었다.

7·4남북공동성명은 남북한 독재체제를 구축하는 데 이용되었지만, 성명 자체가 가지고 있는 의의는 매우 크다. 전쟁 이후 남북한 정부가 최초로 합의한 평화통일 원칙이기 때문이다. 그리고 자주·평화·민족대단결이라는 3대 원칙은 지금도 통일을 위한 기본 방침으로 활용되고 있다.

★ 한눈에 보는 역사

통일을 위한 노력	
박정희 정부	7·4남북공동성명(1972) → 남북 조절 위원회 설치
노태우 정부	남북한 유엔 동시 가입, 남북 기본 합의서 채택(1991)
김대중 정부	금강산 관광 사업(1998), 남북정상 회담(6·15 남북공동선언), 개성공단 건설, 이산가족 상봉

군부는 왜 광주 시민을
공산당이라 불렀나?

· 대한민국
5·18남북공동성명
중요도 : ★★★★

1979년 유신체제는 붕괴 조짐을 여러 곳에서 보이고 있었다. 신민당 총재였던 김영삼이 국회의원직을 박탈당하자 부산과 마산 지역에서 부마항쟁이 일어나는 등 유신체제에 대한 국민들의 거센 저항이 나타나고 있었다. 그러나 대다수 권력층은 이런 움직임을 대수롭지 않게 여겼다. 예전처럼 폭력을 통해 쉽게 해결할 수 있다고 생각하며, 1979년 10월 26일 박정희 대통령과 측근들은 궁정동 안가에서 술판을 벌였다. 이때 중앙정보부장 김재규가 술자리에서 박정희 대통령을 죽이면서 1970년대의 유신체제는 막을 내리고 격동의 시대로 접어들었다.

많은 시민과 학생들은 제4공화국 유신체제가 무너지자, 민주화가 이루어지리라 생각하고 기뻐했다. 그러나 민주화에 대한 기대감은 곧 사라졌다. 보안사령관이던 전두환을 중심으로 노태우 등 신군부가 12·12 쿠데타를 일으켜 권력을 잡으면서 대한민국은 다시 군부 독재 국가로 전락하였다. 군인들의 정치 개입을 저지하기 위해 1980년 5월 15일 전국 학생 연대 등 20여만 명이 서울역에 모여 대규모 민주 항쟁 시위를 벌였다. 이에 신군부는 민주 항쟁을 해산시키기 위해 비상계엄령을 전국에 확대하고 26명의 정치인을 연행하여 감금시켰다.

대부분의 지역에서 시위가 점차 잦아든 것과 달리, 광주는 민주화 시위가 가라앉을 기세가 보이지 않았다. 이에 신군부는 광주에 계엄령을 내리고 광주 인근에 있던 7공수부대를 5월

◆사료 보기

계엄사령관 담화(1980. 5. 21.)

타 지역 불순 인물 및 고정간첩들이 (중략) 계획적으로 지역감정을 자극, 선동하고 난동 행위를 선도한 데 기인된 것입니다. 이들은 대부분이 이번 사태를 악화시키기 위한 불순분자 및 이에 동조하는 깡패 등 불량배들로서, 급기야는 예비군 및 경찰의 무기와 폭약을 탈취하여 (후략)

출처: 5·18 기념 재단(http://www.518.org)

18일 광주에 투입하여 학생들을 진압하였다. 공수부대는 '화려한 휴가'라는 작전명에 따라 광주 시위를 진압하였다. 공수부대가 시민에게 총을 쏘며 진압하려 했지만, 오히려 학생과 시민들의 시위는 더욱 거세어져서 광주에서 쫓겨났다.

12·12 쿠데타를 쉽게 성공했던 신군부는 광주 시민의 거센 저항에 당황하였다. 광주의 소식이 타 지역으로 확산될 것을 우려한 계엄사령부는 광주에 간첩들이 내려와 소동을 벌이고 있다고 언론을 통해 전국에 거짓 발표하였다. 그러면서 광주 시민을 진압할 병력을 보충하였다. 민주화 운동이 간첩에 의한 내란 행위가 되었다는 소식에 광주 시민들은 5월 20일 광주 금남로에 모여 더욱 강한 농성을 벌였다. 이때 모였던 시민들의 숫자가 십만여 명이 넘었다.

신군부는 금남로에 모인 시위 군중에게 어떤 경고도 없이

◆사료 보기
광주 시민 궐기문(1980. 5. 25.)
우리는 왜 총을 들 수밖에 없었는가? (중략) 계엄 당국은 18일 오후부터 공수부대를 대량 투입하여 시내 곳곳에서 학생, 젊은이들에게 무차별 살상을 자행하였으니! (중략) 협상이 올바른 방향대로 진행되면 즉각 총을 놓겠습니다.
출처: 5·18 기념 재단(http://www.518.org)

총을 난사하였다. 이 발포로 많은 사람이 죽자 분노한 시민들은 경찰서에서 탈취한 총으로 무장하고 전남 도청을 점령하였다. 시민군의 무장에 당황한 계엄군은 뒤로 잠시 물러나 무기를 반납할 것을 요구하였다. 계엄군의 요구에 광주의 시민군은 무기 반납을 두고 의견이 둘로 나뉘었고, 끝까지 투쟁을 주장한 시민군은 도청에 남았다.

5월 26일 자정 계엄군은 강력한 화기를 앞세워 도청에 진입하여 시민군을 무차별 학살하였다. 그러나 시민군의 저항도 만만치 않아 새벽 5시가 되어서 총격전이 끝났고, 5·18 민주 항쟁은 막을 내렸다. 그리고 많은 진실이 역사의 어둠 속에 파묻혔고, 일부 사람들에 의해 지금까지도 감추어지고 있다.

★ 한눈에 보는 역사

5·18 민주 항쟁(1980)	
배경	12·12 사태로 전두환 등 신군부가 군권 장악 → 서울의 봄(유신 철폐, 신군부 퇴진 요구)
전개	신군부의 계엄 확대 → 광주 민주화 시위 → 계엄군 발포 → 시민군 저항 → 계엄군의 무력 진압
결과	국가 보위 비상 대책 위원회 조직 → 최규하 사임 → 전두환 대통령 선출

참고 문헌

류승렬, 《뿌리깊은 한국사 샘이 깊은 이야기 1~7권》, 솔출판사, 2003

류승렬, 《뿌리깊은 한국사 샘이 깊은 이야기 2권》, 솔출판사, 2003

류승렬, 《뿌리깊은 한국사 샘이 깊은 이야기 3권》, 솔출판사, 2003

류승렬, 《뿌리깊은 한국사 샘이 깊은 이야기 4권》, 솔출판사, 2003

류승렬, 《뿌리깊은 한국사 샘이 깊은 이야기 5권》, 솔출판사, 2003

류승렬, 《뿌리깊은 한국사 샘이 깊은 이야기 6권》, 솔출판사, 2003

류승렬, 《뿌리깊은 한국사 샘이 깊은 이야기 7권》, 솔출판사, 2003

변태영, 《한국사통론》, 삼영사, 2001

박천욱, 《교과서보다 쉬운 독학 국사》, 도서출판 일빛, 2004

박천욱, 《교과서보다 쉬운 독학 국사-한국 근현대사》, 도서출판 일빛, 2004

도면회 외 7인, 《고등학교 한국사》, 비상교육, 2013

도면회 외 7인, 《고등학교 한국사 자습서》, 비상교육, 2013

정재정 외 4인, 《고등학교 한국사》, 지학사, 2012

권희영 외 5인, 《고등학교 한국사》, 지학사, 2017

이원복, 《신의 나라 인간 나라》, 두산동아, 2003

한철호 외 11인, 《중학교 역사 지도서》, 좋은책신사고, 2013

정선아 외 2인, 《누드교과서》, 이투스, 2004

한영우 외 17인, 《한국사특강》, 서울대학교출판부, 2004

김광동 외 7인, 《한국현대사이해》, 경덕출판사, 2007

이재호, 《삼국유사를 걷는 즐거움》, 한겨레출판, 2009

이강래 옮김, 《삼국사기 I》, 한길사, 2002

유종문 옮김, 《이야기로 풀어쓴 조선왕조실록》, 아이템북스, 2011

이다지 편저, 《이다지도 확실한 이론완성 근현대사》, 박문각, 2018

교양국사연구회, 《이야기 한국사》, 청아출판사, 1995

5·18 기념 재단(http://www.518.org)

원전

경국대전, 고려사, 고려사절요, 삼국사기, 삼국유사, 삼국지 위서 동이전, 광개토대왕릉비문, 충주고구려비문, 한서, 니혼쇼키, 왕오천축국전, 번천문집, 구당서, 신당서, 발해고, 훈요10조, 일성록, 동국이상국집, 조선왕조실록, 율곡전서, 무릉잡고, 퇴계전서, 경국대전, 징비록, 연려실기술, 반계수록, 홍길동전, 황사영백서, 여유당전서, 패림, 치도약론, 갑신일록, 한국독립운동지혈사, 2·8 독립선언 결의문, 조선농정의 과제, 홍범도 일지, 한국민족운동사, 조선사 편수회, 한국통사, 조선사회경제사, 조선 형평사 설립 취지문, 조선혁명 선언, 조선 건국 준비 위원회 강령, 백범일지

한국사 시험에 가장 많이 나오는 100문 100답

초판 1쇄 발행 · 2022년 5월 30일

지은이 · 유정호
펴낸이 · 김동하

펴낸곳 · 책들의정원
출판신고 · 2015년 1월 14일 제2016-000120호
주소 · (03961) 서울시 마포구 방울내로7길 8, 반석빌딩 5층
문의 · (070) 7853-8600
팩스 · (02) 6020-8601
이메일 · books-garden1@naver.com
블로그 · books-garden1.blog.me

ISBN 979-11-6416-106-5 (03910)